Sally ♡

BACKEN
für jeden Anlass

SALIHA ÖZCAN

INHALTSVERZEICHNIS

MEINE REZEPTE IN DIESEM BUCH ♥

MEINE REZEPTE IN DIESEM BUCH ♥

MEINE REZEPTE IN DIESEM BUCH ♥

MEINE REZEPTE IN DIESEM BUCH ♥

LEGENDE

 Stückzahl oder Portionen

 Durchmesser in cm

 Länge x Breite in cm

 Zubereitungszeit in Min.

 Wartezeit in Min.

 Backzeit in Min. oder Std.

 in °C O/U Ober- & Unterhitze

 in °C Heißluft

 in °C Umluft

 oberer | mittlerer | unterer Einschub

 oberer | unterer Einschub

 oberer Einschub

 mittlerer Einschub

 unterer Einschub

 Kühlzeit in Min. oder Std.

 Einfrieren

 1 Tasse

 Mikrowelle

ABKÜRZUNGEN

g	=	Gramm	TK	=	Tiefkühler	z. B.	=	zum Beispiel
kg	=	Kilogramm	evtl.	=	eventuell	od.	=	oder
ml	=	Milliliter	Sek.	=	Sekunden	O/U	=	Ober- & Unterhitze
l	=	Liter	Min.	=	Minuten	Ø	=	Durchmesser
TL	=	Teelöffel	Std.	=	Stunden	P.	=	Packung
EL	=	Esslöffel	S.	=	Seite			

QR CODES

Scanne die QR-Codes im Buch mit deinem Smartphone und schau dir meine Videobotschaften an. ♥

WARUM ICH DIESES BUCH SCHRIEB…

Hallo meine Liebsten! ♥

Ich freue mich wirklich sehr, mit diesem Buch meine neuen, kreativen Ideen und Rezepte mit euch zu teilen. Es erfüllt mich jeden Tag erneut mit Stolz, wenn ich Bilder und Feedback von euch erhalte, in denen ihr meine Rezepte voller ♥- Blut nachbackt oder nachkocht und mir davon berichtet, wie gut eure wunderbaren Back- und Kochergebnisse bei den unterschiedlichsten Anlässen angekommen sind.

Seien es private Anlässe wie Geburtstage, Familienfeste, Hochzeitsfeiern und Hochzeitstage oder berufliche Veranstaltungen und Firmenfeiern, Kindergarten- oder Schulfeste und Veranstaltungen von Vereinen – das Backen verbindet Menschen.

Backen und Kochen sind für mich grundlegend verschiedene Dinge: Ich koche auch mal gerne alleine für mich, damit ich satt werde, aber beim Backen möchte ich anderen eine Freude machen.

Es erfüllt mich mit einem warmen Glücksgefühl, wenn sich Menschen über meine Backwerke freuen – und genau diese Liebe zum Backen teile ich gerne mit euch.

Deshalb war und ist Backen für mich schon immer eine ♥-ensangelegenheit – genau dies soll nun auch das Motto dieses Buches werden. Hätte mir jemand vor einigen Jahren gesagt, dass ich mittlerweile mein fünftes Buch mit Rezepten veröffentlichen werde – ich hätte es nicht geglaubt.

Im Jahr meines zwölfjährigen Hochzeitstages mit Murat verrate ich euch den Spruch, der auf unseren Einladungen stand: „Wir müssen nicht, wir brauchen nicht. Wir wollen ganz einfach verheiratet sein."

Warum ich euch das jetzt sage? Weil es genau zu diesem Buch passt. Ich muss nicht, ich brauche nicht. Ich will ganz einfach meine Rezepte mit euch teilen, weil es mir Freude bereitet. Ich möchte meine Rezepte mit euch teilen und somit eine einzigartige Verbindung zwischen euch und mir entstehen lassen. Ich werde euch in unterschiedlichen Kategorien Backrezepte für verschiedene Anlässe, für jeden Charakter und mit unterschiedlichen Anforderungs- und Schwierigkeitsniveaus vorstellen.

Wie immer freue ich mich über euer Feedback auf YouTube, Instagram und Facebook!

„Das ist jetzt meine neue Lieblingstorte!" – diesen Satz habe ich während dieser Backbuch-Produktion fast jeden Tag gesagt und auch gehört. Jedes Mal dachte ich mir: „Besser als diese Torte geht es gar nicht", und dann, schwupps, kam die nächste geniale Rezeptidee. Wäre ja auch schlimm, wenn es nicht so wäre. In diesem Buch findest du 96 tolle Rezepte – eine richtig große Menge!

Ich konnte mich während des Backvorgangs einfach nicht mehr stoppen und wollte die verschiedenen Kategorien mit vielen Ideen füllen. Die letzten Monate waren sehr backintensiv, Samira und Ela, meine beiden Töchter, wollten natürlich immer mithelfen und mitwerkeln. Ich beziehe sie wirklich gerne mit ein, und ich sehe jetzt schon, wie sich die Back- und Kochleidenschaft in ihnen entwickelt. Ab und zu hatte Ela dann eher Lust auf Kneten und Matschen, was sie nicht unbedingt an meinen Kuchenrezepten ausprobieren sollte. Also haben wir gemeinsam Knete selbst hergestellt, gefärbt, aromatisiert, sodass sie jederzeit damit basteln und spielen konnte. Weil es ein so einfaches Rezept ist, teile ich es gerne auf der nächsten Seite mit euch.

Jetzt lasst uns das große Backen beginnen – ich wünsche euch von ♥-en viel Spaß beim Nachbacken.

eure

Sally ♥

SELBSTGEMACHTE KNETE

500 g Wasser (kochend)
30 g Zitronensäure
400 g Mehl
200 g Salz
50 g Sonnenblumenöl
ein paar Tropfen Lebensmittelfarbpaste
ein paar Tropfen Backaromen

1. KNETTEIG

Verrühre das kochende Wasser mit der Zitronensäure in einer großen Schüssel, damit sie sich auflöst. Füge nun alle Zutaten hinzu und knete den Teig mit den Knethaken durch, bis er geschmeidig ist.

2. FERTIGSTELLEN

Zerteile ihn in einzelne Portionen und färbe ihn nach deiner Wahl mit den Lebensmittelfarbpasten ein. Nach Belieben kannst du auch Backaromen hinzufügen, damit die Knete gut riecht. Ich habe Zitronen- und Orangenaroma verwendet.

Verpacke die Knete luftdicht, so hält sie bis zu sechs Monaten und bleibt schön geschmeidig.

Mein Zutaten-ABC

Einen guten Kuchen kannst du ohne gutes Werkzeug backen, aber nicht ohne gute Zutaten. Daher lege ich beim Backen und auch beim täglichen Kochen besonders viel Wert auf meine Zutaten. Viele Menschen haben kein Problem damit, ein teures Motoröl fürs Auto zu kaufen, sparen dann aber beim Kauf eines guten Speiseöls. Dabei ist die Ernährung das Wichtigste für uns Menschen.
Ich finde es immer wieder faszinierend, welch kreative, lecker schmeckende Gebäcke entstehen, wenn Zucker, Mehl, Eier und andere Zutaten kombiniert werden. Gerade weil keine dieser Zutaten alleine einen einzigartigen, tollen Geschmack hat – erst die Kombination dieser Zutaten schafft dieses Wunder! So ist eine große Vielfalt an süßem und herzhaftem Gebäck mit einer raffinierten Zutatenkombination möglich. Und was ich am besten finde: Es gibt hierbei kein Ende.

Zutaten lassen sich in unterschiedlichster Art und Weise kombinieren. Manche Verbindungen schmecken himmlisch, andere müssen nicht unbedingt sein. In diesem Buch und auch auf meinem YouTube-Kanal findest du natürlich nur Rezepte, welche ich genial finde und welche uns schmecken. Dennoch bin ich immer offen für neue Zutatenkombinationen und auch auf der Suche nach neuen Rezepten.

Zutaten haben gewisse Eigenschaften. Weizen und Dinkel haben beispielsweise die Eigenschaft, dass sie Trieb- und Lockerungsgase, welche während des Backvorgangs entstehen, in den Poren festhalten. Das sorgt dafür, dass die Gebäcke schön locker werden.

Für ein optimales Backergebnis brauchst du qualitativ hochwertige Basiszutaten wie frische Eier, feines Mehl und aromatische Butter. Für Geschmacksvariationen sorgen weitere Zutaten wie Gewürze, Nüsse, Schokolade und Früchte.

Ich möchte dir nun ein paar Zutaten vorstellen und beschreiben, welche ich für das Backen als wichtig erachte und welche bei mir niemals fehlen dürfen – die meisten davon habe ich täglich in meinem Vorrat.

Backzutaten, Werkzeug & Küchenmaschinen findest du auf: www.sallys-shop.de

Gewürze

TONKABOHNEN & TONKA WONKA

- Die Tonkabohne ist, neben der Vanilleschote, mein Lieblingsgewürz in der Küche. Sie schmeckt süßlich, leicht bitter und hat ein einzigartiges Aroma. Mich persönlich erinnert sie an Waldmeister, aber auch Vanillenoten, Mandel- und andere Aromen erahnt man in ihr. Sie ist sehr hart und wird mit einer Muskatreibe fein gerieben. Bei der Verwendung muss man allerdings vorsichtig sein, weil Tonkabohnen, ähnlich wie Zimt, Cumarin enthalten und in hohen Dosen giftig sind. Da Tonkabohnen sehr ergiebig sind, reicht meist eine Prise des Abriebs.

  Alternativ kannst du auch Tonka Wonka verwenden. Diese Paste habe ich aus echten Tonkabohnen herstellen lassen, damit das Dosieren einfacher ist. Hierbei ist auch eine Überdosierung nicht möglich.

VANILLESCHOTEN & VANILLEEXTRAKT

- Vanille wird als die Königin der Gewürze bezeichnet. Du kannst sie als Vanilleschote, -zucker und -extrakt verwenden. Vanillezucker hat zu wenig Geschmack, weshalb ich gerne auf die Schote oder das Extrakt zurückgreife. Bei der Schote ist die Dosierung etwas schwierig: Man schneidet sie auf, kratzt sie aus und weiß oftmals gar nicht, was man mit der übriggebliebenen Schote anfangen soll.

  Daher verwende ich gerne mein eigenes Vanilleextrakt. Überall, wo typischerweise Vanillezucker verwendet wird, kannst du es einsetzen. Es wird aus qualitativ hochwertigen Madagascar-Vanilleschoten hergestellt und ist nicht mit Alkohol verdünnt, wie viele andere Extrakte.

ZIMT

- Zimt, welcher zu den beliebtesten Gewürzen gehört, wird als Zimtstange oder gemahlen verwendet. Achte beim Kauf darauf, dass du den hochwertigen Ceylon-Zimt bekommst, da er kein Cumarin enthält, welches bei Überdosierung giftig ist und beispielsweise Kopfschmerzen verursachen kann.

Zitrusfrüchte & -pasten; Aromen

ZITRUSFRÜCHTE

- Orangen, Zitronen und Limetten kommen bei mir oft zum Einsatz. Diese reibe ich mit einer Küchenreibe ab und verwende dann auch den Saft der Zitrusfrucht. Ausgepresste Zitronenhälften lege ich übrigens als Spülmaschinendeo in die Geschirrspülmaschine. Zitrusabrieb kannst du auch auf Vorrat einfrieren. Wenn du keine Zitrusfrüchte bekommst, deren Schale man verzehren kann, dann verwende die Schale bitte auch nicht! Zitrusfrüchte werden oft mit Pflanzenschutzmitteln gespritzt, damit sie länger haltbar sind. „Unbehandelt" bedeutet nicht, dass man die Schale bedenkenlos verzehren kann. Hierbei werden die Früchte nach der Ernte nur nicht mit Pflanzenschutzmitteln oder Wachs behandelt – so lange sie am Baum hingen, können sie dennoch mit Pestiziden in Kontakt gekommen sein. Ich greife gerne auf Bioprodukte zurück, da diese weder vor noch nach der Ernte mit Pflanzenschutzmitteln behandelt werden dürfen, weil für sie strengere Regeln herrschen. Achte dennoch immer auf den Hinweis „Schale zum Verzehr geeignet". Achte ferner darauf, dass nur die äußere Schale der Zitrusfrucht abgerieben wird. Die weiße Haut ist nämlich bitter.

PASTEN

- Alternativ kannst du bedenkenlos Zitronen- oder Orangenpaste verwenden. Diese habe ich auch immer im Vorrat, falls ich mal keine frischen, zum Verzehr geeigneten Zitrusfrüchte bekomme.

BACKAROMEN

- Backaromen werden als Öl angeboten. Es gibt verschiedene Geschmacksrichtungen wie Bittermandel, Kaffee, Karamell, Zitrone, Orange, Himbeere. Nur 2–3 Tropfen genügen, um ein besonderes Aroma hinzuzufügen. Ich finde sie sehr praktisch, da man z. B. das Aroma von Kaffee verwenden kann, ohne Kaffee zu benutzen – somit enthält das Gebäck kein Koffein. Ebenso bei Bittermandel: Ich erhalte das Amaretto-Bittermandel-Aroma, ohne Alkohol zu verwenden.

Fette & Öle

BUTTER

- ist sehr aromatisch und ihr Geschmack ist in vielen Kuchen und Torten nicht wegzudenken. Margarine ist nur ein billiges Butterersatzprodukt, oftmals mit gesundheitsschädlichen Trans-Fettsäuren. Außerdem wird Butter im kalten Zustand fest, sodass Buttercremes und andere Leckereien im Kühlschrank auch an Festigkeit gewinnen, was bei Margarine nicht der Fall ist.

ÖL

- Zum Backen eignet sich Sonnenblumenöl hervorragend, weil es geschmacksneutral ist und gerade in Rührölteigen, Muffins oder Cupcakes bestens zum Einsatz kommt. Wenn du einen besonderen Geschmack erzeugen möchtest, kann auch Olivenöl verwendet werden – gerade bei herzhaften Gerichten. Achte hier aber darauf, dass du nur raffiniertes Olivenöl verwendest, weil man dieses auf über 200 °C erhitzen darf. Kaltgepresste Olivenöle dürfen nicht so hoch erhitzt werden.

BACKTRENNSPRAY

- Backformen, Pfannen, Grillroste und Küchengeräte können ganz traditionell mithilfe eines Pinsels mit Öl oder Butter eingefettet werden – alternativ kannst du ein Backtrennspray verwenden. Es ist einfach zu dosieren und kommt auch an schwierige Stellen. Es ist vegan und hoch erhitzbar, da Raps- und Kokosöl verwendet werden.

KOKOSFETT BZW. ÖL

- Kokosöl wird auch Kokosfett bezeichnet, weil es bei Raumtemperatur fest ist. Wird es im Sommer im Raum etwas wärmer, dann ist es völlig normal, dass es flüssig ist. Ich nutze Kokosfett gerne zum Braten, Backen oder auch Frittieren, da es hoch erhitzbar ist. Vielleicht sollte ich hier noch ein geläufiges Missverständnis ausräumen. Viele verwechseln Kokosfett mit Palmfett: das sind aber zwei grundlegend verschiedene Öle! Kokosöl wird aus der Frucht der Kokospalme, also der Kokosnuss gewonnen. Palmfett wird aus der Frucht der Ölpalme gewonnen und gilt als Urwald-Killer.

Backtriebmittel

BACKPULVER & NATRON

- Natron ist ein Backtriebmittel, welches schon die Großmütter verwendet haben. Es funktioniert allerdings nur in Verbindung mit Säure.
  Um das Backen zu vereinfachen, wurde Backpulver erfunden, dessen die Inhaltsstoffe von Backpulver meist gleich sind: Natron, Säuerungsmittel und Trennmittel. Ich kaufe Weinsteinbackpulver, weil es phosphatfrei ist und keinen Beigeschmack hat. **Ein Päckchen Backpulver entspricht drei Teelöffel voll.**
  Ich gebe die Menge des Backpulvers immer in Teelöffeln an, damit du die Rezepte auch hoch- und herunterrechnen kannst.

HEFE

- **Hefe** ist sehr temperaturempfindlich.
  Am besten entwickelt sie sich bei 30–35 °C, ab 45 °C stirbt sie ab. Viele lassen den Hefeteig mittlerweile bei nur 15–20 °C, dafür aber viel länger aufgehen, damit das Gebäck ein feineres Aroma bekommt und die Hefe durch das lange Fermentieren bekömmlicher wird.

  Um zu prüfen, ob deine Hefe noch gut ist kannst du einen **Vorteig** erstellen. Verrühre sie dafür mit 1–2 Esslöffeln warmem Wasser und einem Esslöffel Zucker und lasse sie abgedeckt 15–30 Minuten stehen. Entstehen Blasen, dann ist sie gut und der Vorteig kann zum Hefeteig weiterverarbeitet werden. Passiert nach der Zeit gar nichts, solltest du eine andere Hefe benutzen.

- **Frische Hefe:** Ein Würfel frischer Hefe wiegt 42 Gramm. Ich kaufe sie gerne auf Vorrat und friere sie ein. Vor der Verwendung nehme ich sie aus dem Gefrierfach und lasse sie dann entweder bei Raumtemperatur in einer Schale auftauen, oder in warmem Wasser.

- **Trockenhefe:** 1 Päckchen Trockenhefe entspricht einem halben Würfel, also 21 Gramm frischer Hefe. Trockenhefe lässt sich prima lagern und kann in jedem Rezept anstelle von frischer Hefe verwendet werden.

Mehl, Stärke & Zucker

MEHL

- **Weizenmehl 405**: Das herkömmliche Mehl ist für alle Teige und Massen geeignet. Idealerweise sollte es gesiebt werden. Dieses Mehl verwende ich standardmäßig in allen Rezepten.

- **Instantmehl 405:** Oft werde ich gefragt, warum mein Mehl so „fein" sei. Das liegt daran, dass ich oft Instantmehl verwende, welches doppelgriffig ist und nicht gesiebt werden muss. Es rieselt ganz fein und macht Biskuit und Rührkuchen ganz locker. Für Mürbeteige wird es aber nicht verwendet, da es hier den Teig zu krümelig macht.

- **Weizenmehl 550:** Dieses Weizenmehl verwende ich auch gerne für Hefegebäcke, aber auch für Rührmassen, Biskuit und Mürbeteig. Es ist griffiger und nimmt Feuchtigkeit beim Aufgehen langsamer auf, dadurch wird der Teig stabiler. Besonders Brötchen, Baguette und Hefeteige gelingen mit dem 550er Mehl besser.

- **Dinkelmehl 630:** Dieses Mehl kannst du immer anstelle von Weizenmehl verwenden. Hier achte ich darauf, dass ich ein Urdinkel verwende, bei welchem nur alte Schweizer Dinkelsorten gemahlen werden, die nicht mit modernen Weizensorten gekreuzt wurden.

STÄRKE

- Die allgemein übliche Speisestärke wird meist aus Mais hergestellt und ist somit glutenfrei.

ZUCKER

- **Puderzucker** verwende ich gerne in Cremes oder Glasuren, weil er sich schnell auflöst.

- **Süßer Schnee:** Puderzucker schmilzt auf Gebäck, wenn es nicht sofort verzehrt wird. Daher verwende ich zum Bestäuben gerne süßen Schnee. Das ist ein Zucker, welcher mit Fett und Stärke behandelt ist und auf Oberflächen nicht schmilzt.

- **Glitzerschnee** ist **süßer Schnee**, jedoch in Verbindung mit Glitzer und macht das Gebäck noch schöner. ☺

Bindemittel

Am liebsten arbeite ich mit Agaragar, da es rein pflanzlich ist und vor allem schnell bindet. Hin und wieder kommt aber auch Gelatine zum Einsatz, weil sie andere Eigenschaften hat und Cremes dadurch luftiger und mousseartig werden.

Achte bei der Verwendung von Gelatine und Agaragar bitte immer auf die Herstellerhinweise.

Von Marke zu Marke unterscheiden sich nämlich die Bindeeigenschaften – ein Richtwert ist meist auf der Verpackung angegeben.

AGARAGAR

- Agaragar ist ein pflanzliches Geliermittel und wird aus den Zellwänden einiger Algenarten gewonnen. Es wird gemahlen oder sogar als Blattvegatine angeboten. Agaragar muss sprudelnd kochen, damit es bindet.

GELATINE

- **Blattgelatine** lässt sich gut portionieren. Sechs Blatt binden etwa 500 Milliliter Flüssigkeit. Gelatine darf niemals kochen.

- **Gemahlene Gelatine** wird meist in kleinen, 10-Gramm-Packungen angeboten. Hier gibt es auch Halal-Gelatine.

SAHNESTANDMITTEL

- Zum Sahnesteifen nehme ich Sanapart, ein Sahnestandmittel auf Basis von Stärke, Mehl und Zucker. Damit lassen sich Milchprodukte wie Sahne, Quark, Mascarpone, Frischkäse und viele weitere festigen.

- Pro 100 Gramm Masse wird ein Teelöffel Sahnestandmittel verwendet.

Milchprodukte

MILCH

- In meinen Rezepten ist es in der Regel egal, ob du Milch mit 1,5 oder 3,5 % Fettanteil verwendest.

SAHNE

- **Sahne** sollte frisch verwendet werden. Normale Schlagsahne hat einen Fettgehalt von etwa 30–33 %. Zum Steifschlagen muss sie immer kühlschrankkalt sein.

- **Saure Sahne, Schmand und Crème Fraîche** sind besondere Formen der Sahne, hierbei werden der Sahne Milchsäurebakterien zugesetzt. Diese haben einen unterschiedlichen Fettgehalt.
  Welche Milchproduket du in welchem Rezept verwendest, ist oftmals Geschmacksache, da die einen eher säuerlich und die anderen süßlich schmecken.

QUARK

- Quark gibt's in verschiedenen Fettstufen: Ich verwende in der Regel Magerquark, welcher einen Fettgehalt von etwa 1–2 % hat. Es gibt auch Sahnequark mit 20 oder 40 %.

FRISCHKÄSE

- Frischkäse nutze ich auch gerne zum Backen und verwende hierbei den Frischkäse in Doppelrahmstufe. Er macht Cremes besonders geschmeidig und passt, durch den leicht salzigen Geschmack, perfekt zu süßen Rezepten.

JOGHURT

- Joghurt nutze ich auch gerne zum Backen oder Füllen von Torten und nehme entweder einen Sahnejoghurt (10 %) oder einen Naturjoghurt (3,5 %).

Früchte & Eier

FRISCHE FRÜCHTE UND OBST

- Frische Früchte und Obst verwende ich nur saisonal, weil es zum einen nachhaltiger ist, da man keine Importware bekommt und zum anderen schmecken sie aromatischer. Mittlerweile haben wir einen eigenen Garten, und ich freue mich immer darauf, unsere eigenen Lebensmittel zu ernten. Obstsorten, welche wir nicht anbauen, kaufe ich regional beim Bauern ein.

TIEFGEFRORENE FRÜCHTE

- Tiefgefrorene Früchte (TK) habe ich immer vorrätig. TK-Früchte sind günstiger als frische Früchte, und sie schmecken hervorragend, weil sie direkt erntefrisch eingefroren werden. Nur für die Dekoration eignen sie sich nicht, da sie beim Auftauen zermatschen. Legt man tiefgefrorene Früchte aber kurz vor dem Verzehr auf den Kuchen, dann bekommen sie einen weißen Film aus Reif, was auch super aussieht!
Zum Dekorieren eignen sich **gefriergetrocknete Früchte** hervorragend – ihnen wurde nämlich die gesamte Flüssigkeit entzogen – somit kann man sie gut zerbröseln und sie zermatschen nicht.

EIER

- Eier spielen gerade beim Backen eine wichtige Rolle. Hierbei solltest du ganz besonders auf die Qualität achten. Ich verwende nur Bio-Eier aus Freilandhaltung und kaufe sie meist beim Bauern vor Ort.
Ich verwende in allen Rezepten standardmäßig Eier der Gewichtsklasse M, diese wiegen mit Schale zwischen 53 und 65 Gramm. Das Eiweiß wiegt etwa 35 Gramm und das Eigelb 15 Gramm. Diese Angaben helfen dir dabei, die richtige Eiermenge zu verwenden, auch wenn du mal Eier der Güteklasse S oder L zur Hand hast. Ob Eier noch gut sind, erkennst du am Wassertest: Fülle ein hohes Gefäß mit Wasser und lege das Ei hinein – bleibt es am Boden, dann ist es noch gut und kann verwendet werden. Schwimmt es an der Oberfläche, dann ist es leider schon schlecht.
In manchen Rezepten benötigst du nur das Eiweiß oder Eigelb. Was nicht verwendet wird, kann bis zu fünf Tage im Kühlschrank (getrennt) aufbewahrt oder sogar eingefroren werden.

Nüsse & Schokolade

NÜSSE

- Haselnüsse und Mandeln kaufe ich im Ganzen, um sie selbst zu mahlen, weil sie dann ihr volles Aroma entfalten können. Aber auch gestiftet, gehobelt oder gehackt kommen sie bei mir zum Einsatz. Vor Verwendung röste ich sie gerne in einer Pfanne ohne Fett, bis sie lecker duften. Dadurch intensiviert sich ihr Aroma.

- Die Kokosnuss habe ich meist als Kokosraspel im Vorratsschrank – so ist sie auch lange haltbar. Manchmal reibe ich das Fleisch der Kokosnuss aber selbst und röste es, weil es so ein einzigartiges Aroma erhält.

SCHOKOLADE

- **Kakao:** Zum Backen verwende ich ausschließlich Backkakao, der nicht gezuckert ist. Hier eignet sich der „stark entölte" ganz besonders.

- **Nougat** besteht hauptsächlich aus Haselnüssen, Zucker und Kakaomasse. Achte beim Kauf auf qualitativ hochwertigen Nougat und einen hohen Haselnussanteil, damit er seinen typischen nussigen Geschmack hat. Hochwertige Hersteller rösten ihre Haselnüsse schonend, damit sich die Aromen entfalten können.

- **Marzipan** besteht aus Mandeln, Zucker und, je nach Herkunft, Wasser oder weitere Aromastoffe. Ein hochwertiges Marzipan enthält einen hohen Mandelanteil – ich verwende nur Marzipanrohmasse mit einem Mandelanteil von mindestens 50 %.

- **Schokolade:** Mittlerweile gibt es vier Schokoladensorten: weiß, Vollmilch-, Zartbitter- und Ruby-Schokolade. Letztere wurde erst kürzlich entwickelt und ist die rosa Schokoladensorte. Zum Backen nehme ich größtenteils Zartbitterschokolade, welche einen höheren Kakaoanteil hat und somit schokoladiger schmeckt.

  Auf backfeste Schokodrops greife ich auch gerne zurück, da sie beim Backen ihre Form behalten und nach dem Abkühlen schön bissfest sind.

Schokolade temperieren

■ Kuvertüre wird temperiert, damit sie beim Abkühlen keinen Grauschleier bekommt und auch bei Raumtemperatur ihre Form behält. Oftmals gelingen Schokoladendekorationen nur nicht, weil die Kuvertüre nicht richtig temperiert wurde. Kuvertüre enthält mehr Kakaobutter als Schokolade und ist besonders zum Überziehen von Gebäck, aber auch zum Herstellen von Schokoladendekorationen geeignet.

Die besten Weiterverarbeitungstemperaturen für Kuvertüre und Schokolade sind:
- weiße Schokolade 29 °C
- Vollmilchschokolade 30 °C
- Zartbitterschokolade 31 °C

Die Werte sind Richtwerte und können auch um 1 °C abweichen.

SCHOKOLADE & KUVERTÜRE TEMPERIEREN

Es gibt verschiedene Methoden, um Schokolade und Kuvertüre zu temperieren. Die einfachste Methode für zu Hause ist die Impfmethode, bei welcher du auch ohne Thermometer auskommst.

■ **Anleitung:** Hacke oder reibe die Kuvertüre fein und schmilz zwei Drittel davon über einem warmen, aber nicht kochenden Wasserbad. Ich lasse gerne vorher das Wasser im Topf kochen und schalte den Herd dann aus, damit wirklich kein Wasser in die Schokolade gelangt! Nimm die flüssige Schokolade vom Wasserbad herunter und rühre das restliche Drittel ein. In manchen Rezepten empfiehlt es sich, noch etwas Kokosöl hinzuzufügen, damit die Kuvertüre flüssiger wird. Mit der Impfmethode kann jede Schokoladensorte perfekt temperiert werden.

Werkzeug

Es gibt Rezepte, welche ohne großartiges Werkzeug auskommen. Wenn ich an meine Mama denke, dann weiß ich, dass sie ohne großartig besonderes Werkzeug fast alles backen konnte. Allerdings buk sie auch nie aufwendige und kreative Torten, sondern war eher die „Trockenkuchen"-Spezialistin, und dafür reichte eine einzige Backform oder ein Blech aus. Wenn man selten bäckt, dann muss man sich auch nicht zwingend Werkzeug zulegen.

Wer aber regelmäßig bäckt, kann sich mit den Alltagshelfern die Arbeit in der Küche erleichtern.

Ich selbst backe mittlerweile täglich für unsere Familie, für die vielen Videos, für meine Bücher, für Veranstaltungen … Ich verwende das Werkzeug, um meine Torten und Kuchen in möglichst wenig Zeit schön und einfach zu gestalten. Für mich lohnt es sich, weil ich dadurch erheblich Zeit spare und das Ergebnis perfekt wird.

Ein bisschen Küchengrundausstattung sollte jedoch vorhanden sein, damit man beim Backen nicht nur auf das mitgelieferte Ofenblech und einen Esslöffel beschränkt ist.

Ich stelle euch nun meine ausgewählten Werkzeuge vor: Meine Grundausstattung und die erweiterte Ausrüstung, für all diejenigen, die häufiger backen.

Backzutaten, Werkzeug & Küchenmaschinen findest du auf www.sallys-shop.de

Die Grundausstattung

(5) Küchenschürze

(3) Alublech

(1) Premium-Backblech

(2) Backfolie

(4) Backofenhandschuhe

BLECHE, HANDSCHUHE UND SCHÜRZE

- Zur Grundausstattung gehört definitiv mein perforiertes **(1) Premium-Backblech**, welches eine große Backfläche (37x32 cm) hat. Es kann durch ausziehbare Bügel individuell an die Backofengröße angepasst werden. Durch die Lochung entsteht eine perfekte Hitzezirkulation im Backofen, wodurch das Gebäck gleichmäßig durchgart und die Backzeit sogar verkürzt wird.
  Das Lochblech kann ein herkömmliches Backofenblech ersetzen und bietet noch mehr Vorteile: Verkürzte Backzeit, perfektes Rechteck, gleichmäßige Hitzezirkulation, gerade Fläche (auch zum Pizza- oder Flammkuchenbacken geeignet) und es kann umgedreht als Abkühl- und Abtropfgitter genutzt werden.

- Ich kombiniere das Premium-Backblech (auch Lochblech genannt) gerne mit der **(2) Backfolie**, die bis zu eintausend Mal wieder verwendet werden kann.

- Statt des **(1) Premium Blechs** kann auch das **(3) Alublech** verwendet werden. Dieses ist aus kostengünstigerem Material, ist kleiner (passt auch in herkömmliche Gefrierfächer) und sollte auf einen Backofenrost gestellt werden.

- **(4) Backofenhandschuhe** und eine **(5) Küchenschürze** gehören für mich ebenfalls zur Grundausstattung in der Küche – zum Eigenschutz und zum Schutz der Kleidung.

(1) tiefe Ofenbleche

(2) flache Pizzableche

EMAILLE OFEN- UND PIZZABLECHE

■ Die runden Emaille-Bleche können für süße und herzhafte Gerichte verwendet werden. Sie haben gute Backeigenschaften, weil der Metallkern die Wärme gut annimmt und die Antihaft-Glasoberfläche die Reinigung vereinfacht. Ich liebe die Bleche, weil ich darin auch beispielsweise Butter auf dem Herd (sogar auf dem Induktionsherd) erwärmen kann und sie vielseitig einsetzbar sind. In den **(1) tiefen Ofenblechen** kann ich Aufläufe, Gratins, Buchteln und andere Gebäcke herstellen, in den **(2) flachen Pizzablechen** eher flaches Gebäck. Die flachen Bleche eignen sich auch hervorragend als Servierplatte.

(2) Emaille-Schüsseln

(1) Emaille-Schalen

Emaille-Schalen

Kleine und große **(1) Schalen** und **(1) Schüsseln** erleichtern mir das Backen, weil ich alle Zutaten immer vor dem Backen abwiege. Große Metall- und Glasschüsseln benutze ich gerne zum Verrühren und Kneten von Teigen und Cremes, kleinere Schüsseln zum Abwiegen von Zutaten. Emaille-Schüsseln haben den Vorteil, dass sie ofenfest sind und du sie auf dem Herd, auch mit Induktion, zum Erwärmen von Zutaten verwenden kannst.

Wenn ich etwas warme Milch brauche, wiege ich sie direkt in eine Emaille-Schüssel und erwärme sie kurz auf dem Herd – schneller geht's kaum.

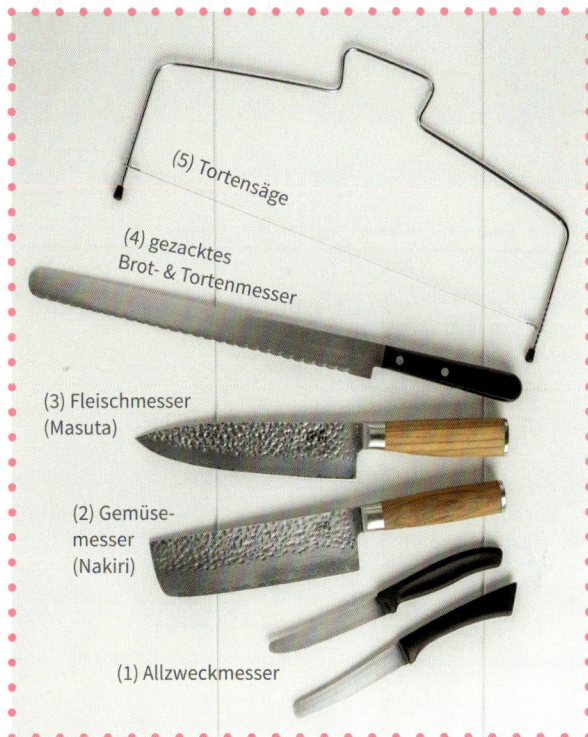

(5) Tortensäge

(4) gezacktes Brot- & Tortenmesser

(3) Fleischmesser (Masuta)

(2) Gemüsemesser (Nakiri)

(1) Allzweckmesser

MESSER

■ Gute Messer gehören in jede Küche. Im Prinzip reicht es vollkommen aus, wenn du vier Messer besitzt:
(1) Allzweckmesser
(2) Gemüsemesser (Nakiri)
(3) Fleischmesser (Masuta)
(4) gezacktes Torten- und Brotmesser.
Mithilfe einer **(5) Tortensäge** kann man Tortenböden gleichmäßig schneiden, da der Draht dazwischen höhenverstellbar ist.

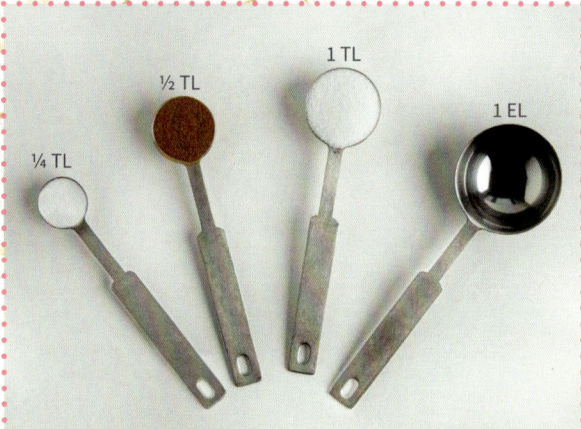

Messlöffel

Viele Zutatenangaben wie Salz, Backpulver, Natron oder auch Gewürze werden in Teelöffeln und Esslöffeln gemacht. Weil aber jeder Haushalt ein anderes Besteck hat, benutze ich zum Backen meine einheitlichen Messlöffel, damit die Angaben immer exakt gleich sind.

So verwende ich einen viertel (¼ **TL**), einen halben (½ **TL**) und einen ganzen (**1 TL**) Teelöffel und einen Esslöffel (**1 EL**).

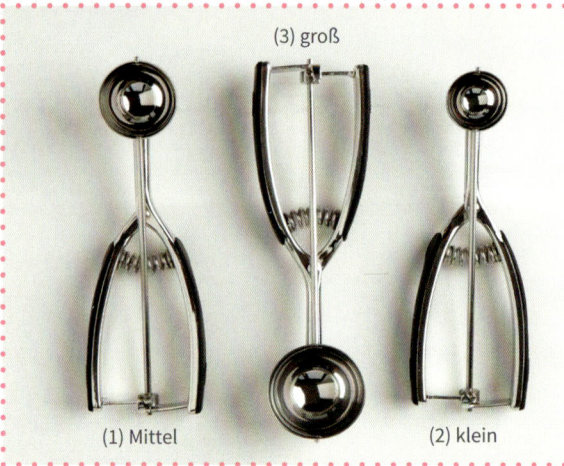

Portionierer

Du wirst dich jetzt vielleicht wundern, warum ausgerechnet „Eisportionierer" zu meiner Grundausstattung gehören.
Lass es mich erklären: Die **Portionierer** kommen bei mir täglich zum Einsatz; nicht weil Samira und Ela täglich Eis essen, sondern, weil ich damit so gut wie ALLES portioniere.
Muffins-Teig, Fleischklöße, Gemüsepasten, Rumkugeln, Frischkäse fürs Frühstück, und vieles mehr.

Alles, was gleichmäßig eingeteilt werden soll, wird bei mir mit den Eisportionierern in drei Größen portioniert.

- Ø 3,5 cm: perfekt für Rumkugeln, Schneebälle und kleine Hackbällchen
- Ø 4,5 cm: perfekt für Linsenbällchen, Fleischklöße und Gemüsefrikadellen
- Ø 5,5 cm: perfekt für Muffins und Burgerpatties

Staybowlizer & Rührschüsseln

Der hitzebeständige **(1) Staybowlizer** sorgt in der Küche dafür, dass Rührschüsseln nicht verrutschen und somit eine Hand frei bleibt. Ich verwende ihn auch gerne für das Wasserbad, damit die Schüssel auf dem Topf richtig passt, nicht verrutscht und nicht kratzt. Auch auf der Tortendrehplatte ist er echt hilfreich, weil die Tortenplatte nicht herunterrutschen kann. Meine **(2) Rührschüssel** hat keinen flachen, sondern einen runden Boden – so kommen Schneebesen und andere Rührelemente überall dran und die Zutaten bleiben nicht am Boden kleben. Diese Schüssel kann auch ideal für Kuppeltorten verwendet werden.

Küchenwerkzeug

Mit einem **(1) Schneebesen** verrühre ich flüssige Zutaten, hebe Mehl in den Biskuit unter, schlage Eiweiß oder Sahne steif oder verrühre auch trockene Zutaten untereinander. Ein **(2) Backpinsel** aus Silikon ist hygienisch, haart nicht und einfach immer praktisch. **(3)+(4) Teigschaber** nutze ich in klein und groß und mit der **(5) Kitty Professional** können auch Rührelemente gut von Teig befreit werden.

Der **(6) Backlöffel** mit dem Loch in der Mitte ist mein Lieblingslöffel, um auch mal einen Muffins-Teig ohne Küchengerät zu verrühren und die **(7) Schöpfkelle** kommt nicht nur bei Suppen, sondern auch beim Einfüllen von Teig, Fruchteinlagen oder Ähnlichem zum Einsatz.

Die **(8) Teigkarte** besteht aus festem Kunstoff, damit kratze ich gerne Hefe- oder Mürbeteig aus der Schüssel und portioniere sie.

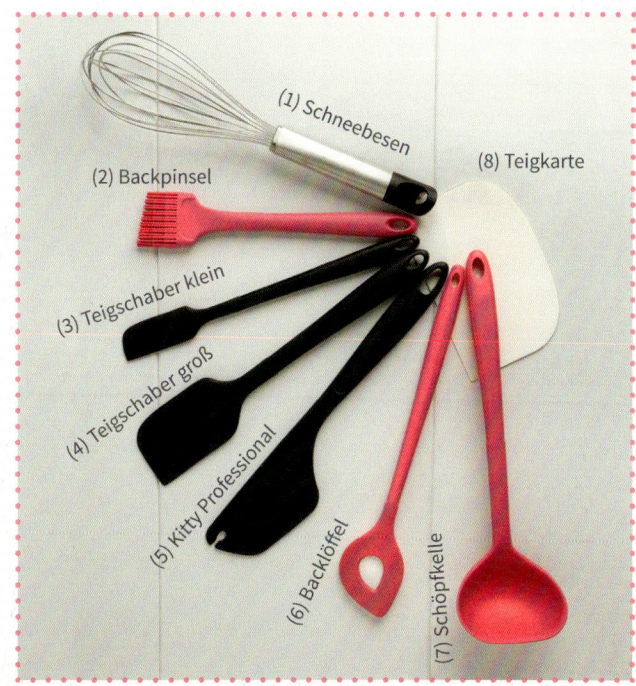

(1) Schneebesen
(2) Backpinsel
(8) Teigkarte
(3) Teigschaber klein
(4) Teigschaber groß
(5) Kitty Professional
(6) Backlöffel
(7) Schöpfkelle

(1) Backring
(2) Backrahmen

Backring und -rahmen

Ich kombiniere den stufenlos verstellbaren, skalierten **(1) Backring** mit meinem Lochblech und einer Backfolie. Mit dem Ring lassen sich Kuchen und Torten von 18–30 cm Durchmesser backen. Diese Kombination erspart dir Springformen in verschiedenen Größen. Der Vorteil des Backrings ist, dass der Teig gleichmäßiger und ohne Hubbel in der Mitte backt. Außerdem kannst du ihn direkt als Tortenring zum Befüllen der Torte verwenden.

Der stufenlos verstellbare und skalierte **(2) Backrahmen** wird ebenfalls mit dem Lochblech und der Backfolie kombiniert. Dieser ersetzt das typische Backofenblech und ist in vielerlei Hinsicht hilfreicher. Mein Backrahmen hat eine Skalierung, und somit können auch Blechkuchen ganz einfach in halber Menge gebacken werden.

Der Rahmen ist so hoch, dass auch eckige Schnitten und Torten ganz einfach hergestellt werden können. Auch backen darin die Kuchen und Tortenböden gleichmäßiger, sie haben einen rechten Winkel, und die Kuchenstücke lassen sich einfacher entnehmen – anders als bei einem herkömmlichen, tiefen Backblech.

Die erweiterte Ausstattung

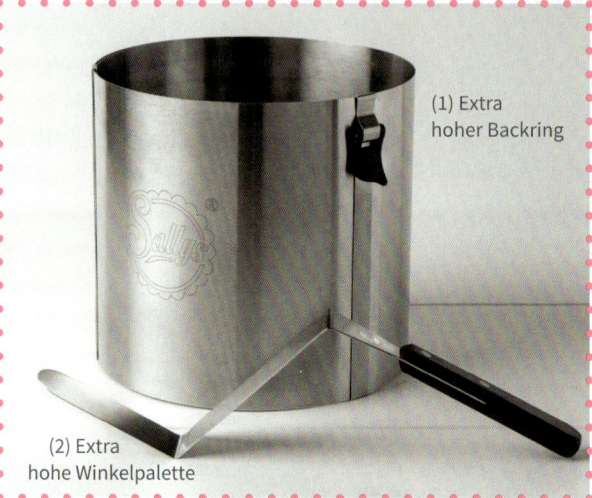

(1) Extra hoher Backring

(2) Extra hohe Winkelpalette

■ Der **(1) hohe Backring** und die **(2) hohe Winkelpalette** sind für Backprofis geeignet, die extra hohe, moderne Torten zubereiten möchten. Der hohe Backring ist natürlich skaliert und hat meinen patentieren Klemmhebel, damit er fest zusammenbleibt.

(1) Muffinblech

(2) Mini-Muffinblech

(4) Gugelhupf

(3) Kastenform

(3) Baguette-Blech

BACKFORMEN

■ Es sind wirklich wenige Backformen, welche man zusätzlich zum Backring und -rahmen benötigt, um alle Kuchen und Gebäckstücke herzustellen.
Ein **(1) Muffinblech, (2) Mini-Muffinblech**, eine **(3) Kastenform**, ein **(4) Gugelhupf** und mein absoluter Favorit: ein **(5) Baguette-Blech.**
Im besten Fall bestehen die Backformen aus Emaille oder haben eine Antihaftbeschichtung, damit sich das Gebäck gut löst.

■ **Silikonformen**
Silikonformen benutze ich zum Backen nicht, da ich mit dem Ergebnis bislang nicht zufrieden bin und viele Silikone bei hoher Temperatur ausdünsten.
Zum Füllen von kalten Speisen und Eis finde ich sie allerdings sehr praktisch, weil man mit ihnen eine schöne Form erstellen kann.

Mit dem **(3) Einhandsieb** lassen sich Mehl, Puderzucker, Kakao und andere trockene, pulvrige Lebensmittel mit nur einer Hand ganz **einfach und fein sieben**. Durch den Deckel und die Bodenabdeckung bleibt die Arbeitsfläche sauber. Somit kannst du das Sieb mit den Zutaten füllen, bereitstellen und dann beim Backen verwenden, indem du die Bodenabdeckung entfernst.

Die **(4) Tortenecke** schützt angeschnittene **Torten vor dem Austrocknen** und hält sie stabil.

Ein **(5) Gasbrenner** ist zum Karamellisieren und Flambieren super geeignet.

■ **Kleine Küchenhelfer**

Weitere Küchenhelfer, die den Alltag erleichtern sind das **(1) Pizzarad** und **(2) Wellenrad**, mit denen man nicht nur Pizzastücke, sondern auch Teig-, Marzipan- oder Fondantdecken schneiden kann.

Das sogenannte **(3) Bisiklet** ist ein Werkzeug, welches mit seinen fünf Pizzarädern gleichzeitig und gleichmäßig in **individuell eingestellter Breite schneidet**.

(4) Kugelausstecher in klein und groß sind hervorragend geeignet, um **Obst und Gemüse kugelrund auszustechen**, aber auch, um Vertiefungen und Löcher in den Kuchen zu stechen.

(5) Sparschäler sind ebenfalls Multifunktionswerkzeuge, weil sie Obst und Gemüse schälen, aber man damit **auch tolle Schokoladenröllchen** herstellen kann.

(2) Ausroll-stab

(3) Abstandsringe

(1) Silikonmatte

(5) Gasbrenner

(3) Einhandsieb

(2) Burger-presse

(4) Tortenecke

(1) Teigkarten

■ **(1) Skalierte Teigkarten aus Edelstahl** in klein und groß dienen als **Lineal, als Teigportionierer**, als Teigkarte und sind hervorragende **Hilfsmittel** zum **Torten glattstreichen**.

Die **(2) Burgerpresse** ist mein bester Freund wenn es darum geht, **Keksböden glatt zu drücken**.

■ **(1) Die Backmatte** gibt's in zwei verschiedenen Größen. Auf der Antihaft-Oberfläche rolle ich gerne mit ganz wenig Mehl meine Teige aus und nutze hierbei die aufgedruckte Skalierung – so weiß ich ganz genau wie groß der Teig bereits ausgerollt ist.

Die rutschfeste Matte schützt deine Arbeitsplatte außerdem vor Kratzern.

Die **(2) Ausrollstäbe** besitzen **(3) Abstandsringe**, mit denen man den Teig oder die Marzipandecke auf **3, 5, 8 oder 10 Millimeter** ausrollen kann. So ist das Ergebnis immer gleichmäßig dick. Auch ohne die Abstandsringe können die Ausrollstäbe verwendet werden, sodass du Teige und Massen auch extrem dünn ausrollen kannst.

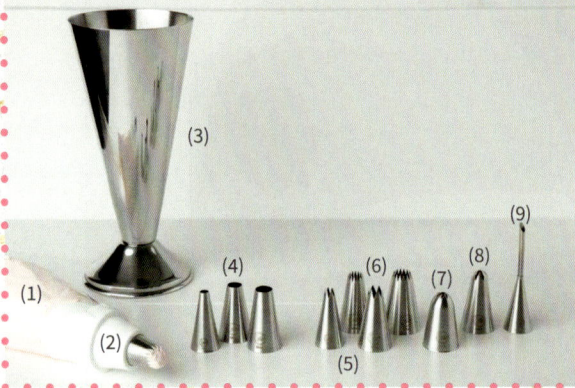

Spritzbeutel & Tüllen

Zum Aufspritzen verschiedener Dekorationen und Cremes verwende ich **(1) Einwegspritzbeutel.** Die Qualität ist sehr gut, sodass ich sie auch öfter verwenden kann. Ein **(2) Adapter** empfiehlt sich immer nur dann, wenn die Tüllen während des Gebrauchs auch getauscht werden. Damit das Einfüllen einfacher ist, benutze ich einen **(3) Spritzbeutelständer.**
Ein paar Tüllen genügen schon, um besonders dekorative Ergebnisse zu erzielen: **(4) Lochtülle, (5) Sterntülle, (6) fein gezackte Sterntülle, (7) Rosettentülle, (8) Blütentülle und (9) Fülltülle.** Die Fülltülle ist ideal, um Berliner, Krapfen oder Muffins zu befüllen.

Tarteformen mit Hebeboden

Tarteformen mit Hebeboden verwende ich gerne für herzhafte und süße Tartes und Quiches. Die Perforierung sorgt dafür, dass der Teig außen schön knusprig und goldbraun wird. Durch den Hebeboden wird ein Herausstürzen überflüssig. Die Gebäckstücke werden beim Entnehmen aus der Form nicht beschädigt.

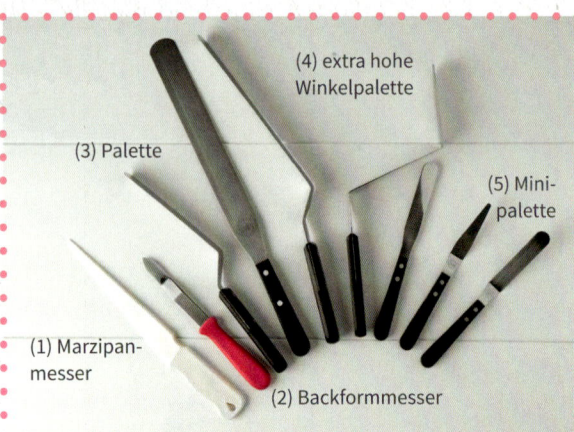

Tortenplatten

Machst du dir die Mühe und backst eine Torte, präsentiere sie dementsprechend. Deine Torten und Kuchen kommen auf Tortenplatten richtig schön zur Geltung.

Paletten und stumpfe Messer

Mit dem stumpfen **(1) Marzipanmesser** kann ich auch auf der Backfolie oder Backmatte schneiden, ohne dass ich diese verletze oder die Arbeitsfläche zerkratze. Das **(2) Backformmesser** benutze ich, um Kuchen- und Tortenböden aus dem Backring oder -rahmen zu lösen. Kleine und große **(3) Paletten** und **(5) Minipaletten** sind hervorragend geeignet, um Teige oder Cremes zu verstreichen. Die **(4) extra hohe Winkelpalette** kann auch Teig in der Backform verstreichen, wo üblicherweise kein anderes Werkzeug gut ran kommt.

Tortendrehteller: Er ist sinnvoll, wenn du oft Torten backst. Er erleichtert dir, die Arbeitsschritte flüssiger durchzuführen. Er ist rutschfest und massiv, sodass die Torte dort bleibt, wo du sie haben möchtest.

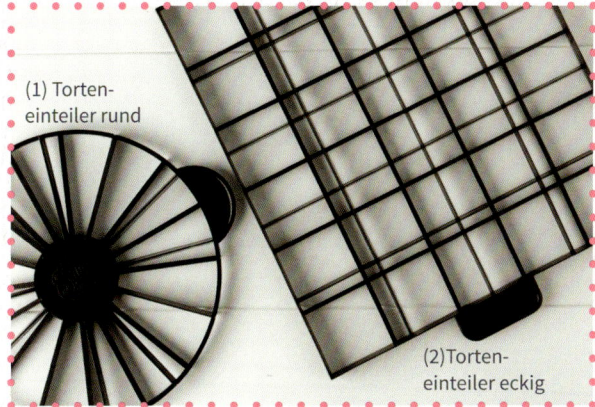

(1) Torteneinteiler rund

(2) Torteneinteiler eckig

(2) flotte Lotte

(4) Haarsieb

(3) fleißiges Lieschen

(1) Whacker

■ Torteneinteiler

Den **Torteneinteiler** habe ich in **(1) rund** und **(2) eckig** herstellen lassen – beide sind beidseitig verwendbar. Hiermit lassen sich Kuchen und Torten in gleichmäßige Stücke (rund 12 & 16; eckig 20 & 30) einteilen – so hat jeder ein gleichmäßig großes Kuchenstück. Aber auch zum Arbeiten finde ich sie ideal, weil ich damit ausgewellten Teig gut portionieren kann, ohne dass ich ein Lineal benötige.

■ Früchte verarbeiten

Ein häufig genutztes Werkzeug ist mein **(1) Whacker**, den ich nicht nur zum Verrühren und Zerkleinern von Hackfleisch in der Pfanne oder zum Zerstampfen von Gemüse verwende, sondern auch beim Einkochen von Früchten und Marmelade.

Durch eine kleine Drehbewegung werden die Früchte im Topf beim Kochvorgang zerkleinert. Meist passiere ich diese dann durch die **(2) flotte Lotte**, welche eher grob ist, oder durch das **(3) fleißige Lieschen**, welche ein feines Sieb hat. Somit werden Kerne und Reste von Obst- und Fruchtschalen entfernt. Das fleißige Lieschen verwende ich auch, um Pudding und Cremes zu passieren. Das feinmaschige **(4) Haarsieb** ist der perfekte Helfer um Mehl, Puderzucker, Kakao und andere trockene, feinpudrige Zutaten zu sieben oder über das Gebäck zu Bestäuben.

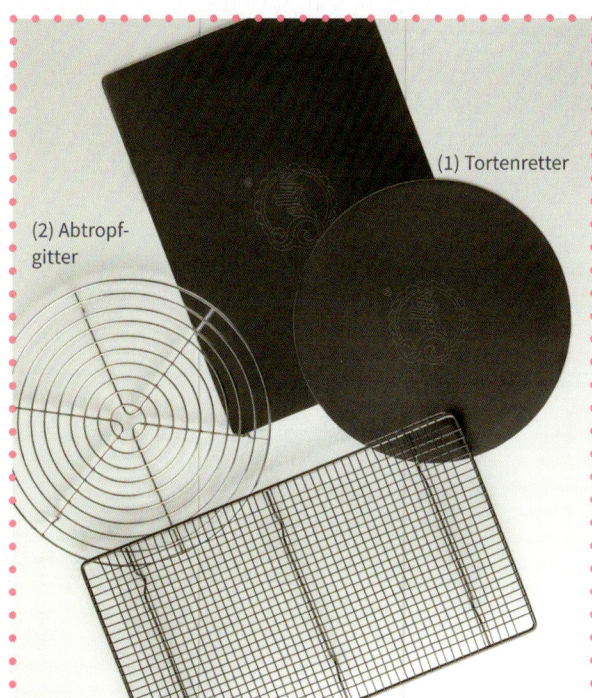

(1) Tortenretter

(2) Abtropfgitter

■ Tortenretter und Abtropfgitter

Die (1) Tortenretter sind im wahrsten Sinne des Wortes die Helden. ☺ Auf ihnen **arbeite** ich, **schneide, transportiere** Kuchenböden von A nach B und und nutze sie zum **Servieren** oder auch **Stürzen** von Torten. Die (2) Abtropfgitter verwende ich, wenn ich Kuchen mit einem Guss oder Schokolade überziehe und lasse auf ihnen auch Kuchen abkühlen.

(3) Zestenreißer

(1) Zitruspressen

(2) Küchenreibe

■ Zitrufrüchte

(1) Zitruspressen habe ich in drei verschiedenen Größen für Orangen, Zitronen und Limetten, eine feine **(2) Küchenreibe** für den Abrieb und einen **(3) Zestenreißer** für dekorative Anwendungen.

Küchengeräte

(2) Stabmixer

(1) Manueller Zerkleinerer

(3) Hochleistungsmixer

(1) MANUELLER ZERKLEINERER

- Der **manuelle, handliche Zerkleinerer** hat den Vorteil, dass er ohne Strom funktioniert und somit überall einsetzbar ist. Die Version, welche ich habe, funktioniert mit einem Seilzug und somit kann ich alle möglichen Zutaten gleichmäßig zerkleinern. Besonders zum Kekse zerkleinern - für einen No-Bake-Crunch-Boden, ist er ideal geeignet.

(2) STABMIXER

- Der **Stabmixer** hat verschiedene Aufsätze. Mein genutztes Modell verfügt über einen Akku, sodass ich damit kabellos und überall arbeiten kann. Besonders Flüssigkeiten und Fruchtpürees lassen sich damit hervorragend mixen.

(3) HOCHLEISTUNGSMIXER

- Der **Hochleistungsmixer** verfügt über verschiedene Programme (z. B. Smoothie, Crushed Eis, Suppen, verschiedene Geschwindigkeitsstufen) und püriert alles samtfein, sogar Himbeerkerne.

(1) Handrührgerät

(2) Rührstäbe

(3) Schneebesen

(4) Knethaken

HANDRÜHRGERÄT

- Ein **(1) Handrührgerät** gehört zur Basisausstattung in jeden Haushalt. Die verschiedenen Rührelemente werden für verschiedene Massen und Teige verwendet.

- **(2) Rührstäbe**
  Für festere Massen und Teige wie Rührteig, oder auch zum Verrühren von Mascarpone.

- **(3) Schneebesen**
  Zum Rühren und Steifen von flüssigen Lebensmitteln wie Sahne oder Eischnee.

- **(4) Knethaken**
  Für Knetteige wie Mürbeteig oder Hefeteig. Bei festeren Hefeteigen muss man die restliche Mehlmenge per Hand einkneten, damit das Gerät nicht überlastet wird.

KENWOOD

- Die **(1) Kenwood Cooking Chef Gourmet** ist eine vielseitige Küchenmaschine mit einer Hitzefunktion bis 180°C.

  Darin kannst du kochen, garen, dämpfen und die Maschine auch zum Rühren, Kneten, Schlagen, Raspeln und für vieles mehr verwenden.
  Vor allem bei Massen, welche erhitzt werden, finde ich sie sehr praktisch.

  Ich lasse darin gerne Hefeteig kneten, der anschließend bei kuscheligen 34°C aufgehen kann – somit spare ich Zeit und Arbeit. Zum Temperieren von Schokolade und Eiermassen ist die Maschine auch bestens geeignet.

Das große Fassungsvermögen lässt auch größere Teig- und Crememengen zu. Die verschiedenen Rührelemente werden vielseitig verwendet:

- **(2) Flexi-Rührer:** Diesen verwende ich für Rührteige und auch, um weiche Butter schaumig zu rühren.

- **(3) K-Haken:** Der Flachrührer kommt bei Mürbeteigen, Streuselteigen oder auch anderen, festen Massen zum Einsatz. Ich lasse darin gerne Hefeteig kneten, der anschließend bei kuscheligen 34°C aufgehen kann – somit spare ich Zeit und Arbeit.

- **(4) Schneebesen:** Zum Verrühren von flüssigen Zutaten oder zum Rühren und Steifschlagen von Cremes, Sahne und Eiweiß.

- **(5) Knethaken:** Mein Lieblings-Rührelement zum Kneten von Hefeteig, oder auch von festem Nudelteig.

(1) Kenwood Cooking Chef Gourmet

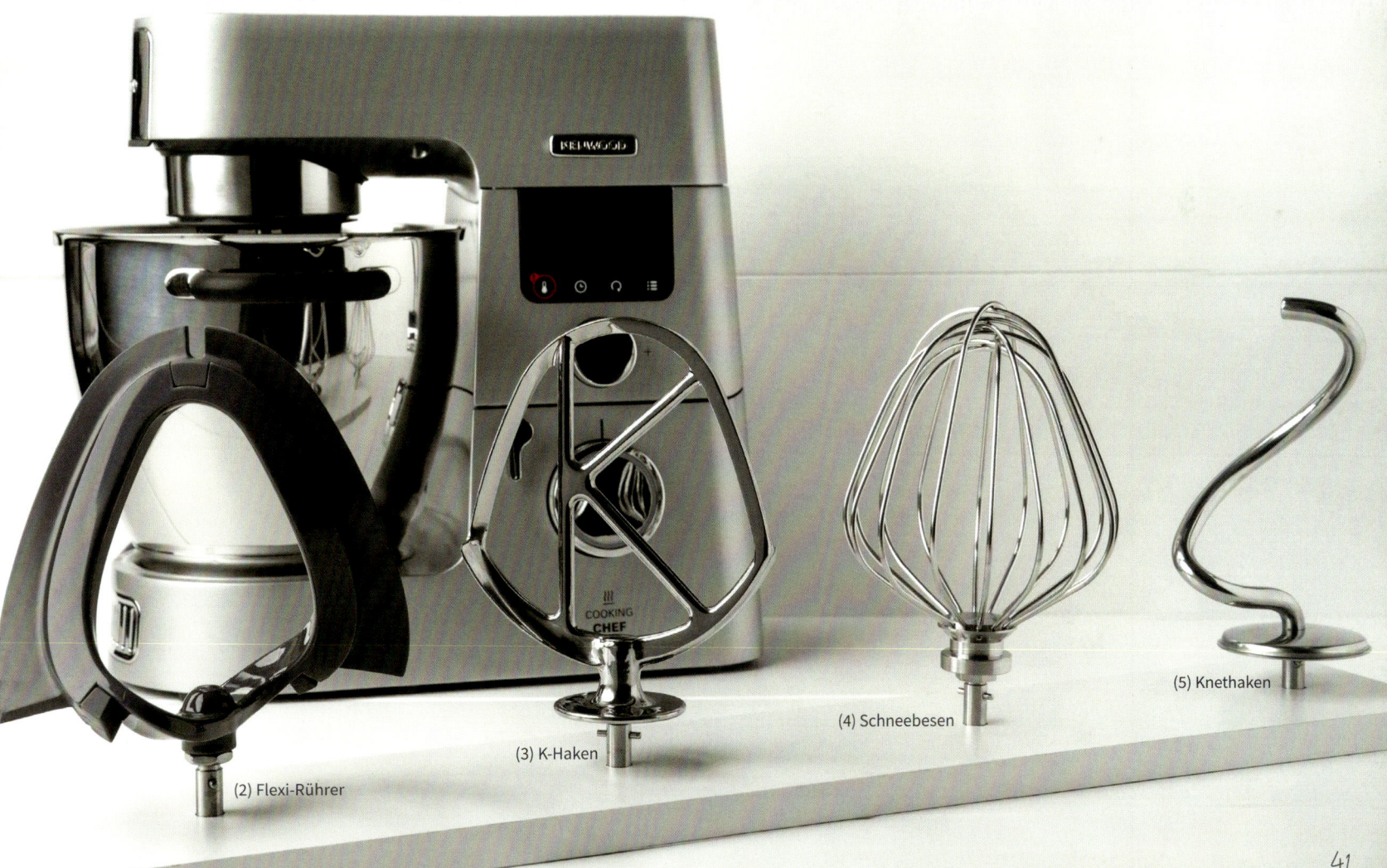

(2) Flexi-Rührer

(3) K-Haken

(4) Schneebesen

(5) Knethaken

KITCHENAID

- Die **(1) KitchenAid** ist ein sehr stylischer Küchenhelfer, der ebenfalls sehr vielseitig ist.
Die KitchenAid gibt's in verschiedenen Farben, und dafür gibt's verschiedene Aufsätze und Zubehörteile, welche die Maschine erweitern: Dazu gehören Zubehörteile zum Nudel walzen, Gemüse und Obst zerkleinern und vieles mehr. Die verschiedenen Rührelemente werden vielseitig verwendet:

- **(2) Flexi-Rührer**: Diesen verwende ich für Rührteige und auch, um weiche Butter schaumig zu rühren.

- **(3) Flachrührer**: Der Flachrührer kommt bei Mürbeteigen, Streuselteigen oder auch anderen, festen Massen zum Einsatz.

- **(4) Schneebesen**: Zum Verrühren von flüssigen Zutaten oder zum Rühren und Steifschlagen von Cremes, Sahne und Eiweiß.

- **(5) Knethaken**: Mein Lieblings-Rührelement zum Kneten von Hefeteig und festem Nudelteig.

(1) KitchenAid Artisan

(2) Flexi-Rührer

(3) Flachrührer

(4) Schneebesen

(5) Knethaken

Backtipps

GROSSE ODER KLEINE TORTEN?

♥ Falls dir eines meiner Tortenrezepte zu groß oder zu klein ist, dann nutze einfach meine Sallys Welt App, um die Mengen ganz einfach umzurechnen.

VORBEREITUNG

♥ Lies die Rezepte vor dem Zubereiten einmal gründlich durch und stelle alle Zutaten abgewogen bereit, damit beim Backen keine Zeit verloren geht und du auch keine Zutaten vergisst.
Wenn du gut vorbereitet bist und deine Zutaten parat stehen, geht der Backvorgang an sich auch schneller und du bist sicherer. So passiert es auch nicht, dass du während der Zubereitung feststellen musst, dass dir Zutaten fehlen oder sie nicht ausreichen.

VORHEIZEN

♥ Denke immer daran, den Ofen rechtzeitig vorzuheizen – außer es ist im Rezept anders angegeben. Der Ofen sollte immer die perfekte Temperatur haben, damit das Backergebnis gut wird.

HEIZART

♥ Bei den meisten Rezepten verwende ich die Heizart O/U (Ober- und Unterhitze), weil hierbei das Gebäck gleichmäßig bräunt und nicht austrocknet.

Möchte ich Baiser trocknen oder auf mehreren Ebenen gleichzeitig backen, dann verwende ich gerne die Heißluft (neuerdings auch als 4D-Heißluft bekannt).

BACKZEIT

♥ Jeder Backofen bäckt anders, meine Backzeitangaben beziehen sich auf meinen Ofen – es kann also sein, dass dein Ofen ein paar Minuten länger oder kürzer backt, das ist ganz individuell.
Außerdem backe ich all mein Gebäck auf dem perforierten Blech mit den Backringen und -rahmen. Dadurch verkürzt sich allgemein die Backzeit um etwa 20 Prozent.

GRAMM ODER MILLILITER?

♥ Backen ist Maßarbeit, und das richtige Abwiegen der Zutaten trägt maßgeblich dazu bei, ob ein Rezept gelingt oder misslingt.
Weil viele Messbecher zu ungenau sind, habe ich es mir angewöhnt, alle Zutaten, auch Flüssigkeiten, in Gramm anzugeben.
Wundere dich also nicht darüber, dass alle Zutaten mit einer Waage abzumessen sind, das ist einfach genauer.

BACKOFENTÜR

♥ Öffne die Ofentür niemals zu früh, damit das Gebäck nicht zusammenfällt. Öffne die Ofentür frühestens nach zwei Dritteln der Backzeit.

BACKFORMEN EINFETTEN

♥ Fette die Backformen nur dann ein, wenn ich es im Rezept schreibe. Backringe und Backrahmen müssen nicht gefettet werden. Der Teig „klettert" am Rand hoch und fällt nicht zusammen.

TEMPERATUR DER ZUTATEN

♥ Bei den meisten Rezepten, vor allem bei Teigen, werden Eier, Milch und Butter als **zimmerwarme Zutaten** verwendet, weil sie sich voluminöser aufschlagen lassen. Denke also rechtzeitig daran, die Zutaten aus dem Kühlschrank zu holen. Der einzige Teig, bei dem kalte Zutaten verwendet werden, ist der Mürbeteig.

EIER

♥ Eier lassen sich schnell auf Raumtemperatur bringen, wenn sie in eine große Schale mit warmem Wasser gelegt werden.

BUTTER

♥ Butter lässt sich schnell auf Raumtemperatur bringen, wenn sie mit einer Küchenreibe gerieben wird.

KUCHENBÖDEN STÜRZEN & SCHNEIDEN

♥ Lasse die Kuchen- & Tortenböden nach dem Backen etwa 5–10 Minuten abkühlen, löse den Rand mit einem Backformmesser, entferne den Backring oder -rahmen und stürze sie dann auf ein Abkühlgitter. Lege ein sauberes Geschirrtuch darunter, damit die oberste Kuchenschicht nicht am Gitter klebt. Lasse den Kuchen abgedeckt abkühlen, damit er nicht austrocknet. Verpacke ihn nach dem Abkühlen luftdicht – schneide ihn am besten erst am nächsten Tag mit einer Tortensäge oder einem Tortenmesser durch. So krümelt der Anschnitt nicht.

MÜRBETEIG

♥ Für diese Teigart sollten die Zutaten möglichst kalt sein. Knete den Teig immer nur kurz und am besten mit einer Küchenmaschine oder einem Handrührgerät. Kühle den Teig, damit er mürbe wird.

RÜHR- & BISKUITMASSE

♥ Hier sollten die Zutaten möglichst zimmerwarm sein, damit die Teige besser gelingen. Eier lassen sich voluminöser aufschlagen, wenn sie zimmerwarm sind. Besonders bei der Rührmasse müssen alle Zutaten gleichwarm sein, damit die Masse nicht gerinnt.

EINSCHUBHÖHE

♥ Nicht nur Heizart und Backtemperatur sind wichtig, sondern auch die Einschubhöhe. Je nach Rezept und Teigart wähle ich zwischen der unteren, mittleren und oberen Einschubhöhe aus. Diese Angaben findest du bei jedem Rezept, in welchem der Backofen benutzt wird.

TORTENPLATTE

♥ Lege Backpapierstreifen unter die Torte und bestreiche diese erst dann mit der Creme oder dekoriere sie. So bleibt deine Tortenservierplatte sauber. Entferne die Backpapierstreifen erst, wenn du fertig bist.

STÄBCHENPROBE

♥ Stich mithilfe eines Zahnstochers oder Schaschlik-Spießes mittig in die höchste Stelle des Kuchens: Wenn nichts daran haftet, ist der Kuchen gar und kann aus dem Ofen genommen werden, wenn noch Krümel dran hängen, dann sollte er noch ein paar Minuten weiterbacken.

♥ Beachte hierbei aber auch, dass Zutaten wie backfeste Schokoladendrops oder auch Früchte das Ergebnis beeinflussen können. Mitgebackene Schokolade haftet natürlich immer am Stäbchen, weil sie im Ofen flüssig ist. Achte einfach nur darauf, dass der Teig nicht mehr daran haftet.

GELIERPROBE

♥ Wenn ich Massen und Cremes mit Agaragar oder Gelatine binde, überprüfe ich gerne, ob sie auch fest werden, führe also die Gelierprobe durch. Fülle einen kleinen Teller oder ein Schälchen mit etwa einem Esslöffel der verarbeiteten Masse und stelle diesen Teller in den Kühlschrank. Nach etwa ein bis zwei Minuten sollte die Masse bereits gelieren und fest werden. Tut sie es nicht, sollte weiteres Geliermittel zugefügt werden.

BACKFOLIE & BACKPAPIER

♥ Wenn eine Rühr- oder Biskuitmasse etwas flüssiger ist, schlage ich meine Backringe in Backpapier ein, damit die Masse nicht ausläuft.

Da ich meine Biskuitmasse immer sehr lange aufschlage, ist der Vorgang meist nicht nötig. Bei Rührmassen und vor allem auch Rührölmassen, bei denen mit Flüssigkeiten gearbeitet wird, empfehle ich das Einschlagen mit Backpapier sehr.

Stelle hierfür den Backring auf ein (am besten strukturiertes) Backpapier, halte ihn mit einer Hand fest und schlage das Backpapier mit der anderen Hand in faltenden Bewegungen um den Backring.

Für festere Teige und für alles andere nehme ich Backfolie, da ich diese mehrfach verwenden kann.

WASSERBAD

♥ Über einem warmen oder kochenden Wasserbad
werden Zutaten geschmolzen, erhitzt, cremig oder
schaumig gerührt. Fülle einen Topf etwa fünf Zentimeter hoch mit Wasser und stelle eine hitzebeständige
Metall- oder Glasschüssel darüber. Ich verwende hierbei auch gerne den Staybowlizer, der verhindert, dass
die Schüssel verrutscht oder kratzt.

SCHOKOLADENRÖLLCHEN

♥ Mit einem glatten Sparschäler kannst du ganz einfach
Schokoladenröllchen selbst herstellen. Verwende
hierfür Kuvertüre und ziehe die Röllchen vorsichtig mit
dem Sparschäler ab.

KUCHENEINTEILER

♥ Mit einem Kucheneinteiler portioniere ich Kuchen
und Torten, damit jeder ein gleichmäßig großes Stück
bekommt. Aber auch Teig kannst du prima damit portionieren, um gleichmäßige Teigkugeln oder gleichmäßige Hörnchen herzustellen – da spart man sich Küchen-
waage und Lineal.

HEFETEIG

♥ Damit der Hefeteig schneller aufgeht, kannst du
die Dampffunktion des Backofens verwenden, falls
eine vorhanden ist.

Manche Backöfen haben eine „Gärstufe", sodass die
Gärzeit von einer Stunde auf die Hälfte gekürzt werden
kann. Durch den Wasserdampf und die konstant warme Temperatur von etwa 34 °C geht der Teig gut auf,
und vor allem trocknet die Teigoberfläche durch den
Wasserdampf nicht aus.

Ich verwende die Gärstufe immer, weil sie zeitsparend
ist. Hefeteig mag übrigens keine Zugluft. Achte also
darauf, dass alle Fenster und Türen verschlossen sind,
wenn du mit ihm arbeitest.

SIEBEN UND BESTÄUBEN

♥ Siebe die trockenen Zutaten vor der Verwendung,
damit sich keine Klumpen bilden. Das gilt vor allem für
Mehl, Stärke, Kakao, Backpulver und Puderzucker.
Wenn du nur eine kleine Menge an Zimt, Kakao oder
beispielsweise Puderzucker über dein Gebäck streuen
willst, dann kannst du ein Sieb verwenden. Fülle das
Sieb mit trockenen Reiskörnern oder Linsen und gib
dann die Zutat hinzu. So siebst du die Zutaten in kleinen Mengen und gleichmäßig über dein Gebäck.

Kreative Torten
bis zum ♥-Klopfen

KREATIVE TORTEN

bis zum ♥-Klopfen

Diese Kategorie steht ganz unter dem Motto „Kreativität bis zum ♥-Klopfen". Wenn ich koche oder backe, dann genieße ich es danach auch sehr, in die Gesichter meiner Liebsten zu blicken und in ihren Augen das bewundernde und begeisterte Leuchten zu sehen. Wie viele von euch, gehe ich beim Backen voll und ganz auf – Murat vergleicht mich dann gerne mal mit einem Hefeteig. ☺

Ich kann mich mehrere Stunden und Tage in ein Backwerk vertiefen und bin danach auch immer ganz stolz auf das jeweilige Ergebnis. Vielleicht wollt ihr ja auch gerne eure Familien, allen voran eure Schwiegermutter, Freunde und Kollegen beeindrucken oder überraschen? Mit den folgenden Rezepten gelingt euch das mit Sicherheit. Ich möchte euch gerne besondere Torten vorstellen, die ihr je nach Anlass kreativ und aufwendig gestalten könnt.

Ein kleines Geheimnis verrate ich euch vorneweg: Manchmal sind die Torten und Backwerke gar nicht so aufwendig, wie sie aussehen – das muss die ♥-ensgute Schwiegermutter ja aber nicht wissen.

AMARENA-KIRSCH-TORTE

mit Schokoladenrand

Diese Torte sticht jedem sofort ins Auge, weil der Rand mit einer tollen Schokoladentechnik verziert ist. Diese ist in der Herstellung aber ganz einfach: Dafür verwende ich nämlich lediglich einen Ausrollstab. Wenn du jemanden mit einer Torte beeindrucken möchtest, dann ist die Amarena-Kirsch-Torte mit den saftigen Schokoladenböden genau richtig. Auch die Höhe der Torte macht sie optisch so besonders.

 12 Stück   2 x 20 cm   Zubereitung: 120 Min.   Backzeit: 18–20 Min.

 180 °C O/U   unterer Einschub   Kühlzeit: 4 Std.

SCHOKOLADENBISKUIT

6 Eier
1 Prise Salz
150 g Zucker
100 g Mehl
50 g Kakao

AMARENA-KIRSCHEN

1 Glas Schattenmorellen (680 g)
40 g Stärke
50 g Amaretto (mit od. ohne Alkohol)

VANILLECREME

750 g Magerquark
1 TL Vanilleextrakt
150 g Puderzucker
750 g Sahne
15 TL Sanapart

SCHOKOLADENSPLITTER

300 g Zartbitterkuvertüre
10 g Kokosöl

DEKORATION

8–12 Kirschen mit Stiel

AMARENA-KIRSCH-TORTE

1. SCHOKOLADENBISKUIT

Stelle zwei Backringe auf 20 cm ein und setze sie auf ein mit Backfolie belegtes Lochblech. Heize den Ofen auf 180 °C O/U vor.

Verrühre die zimmerwarmen Eier mit dem Salz und dem Zucker in 15 Minuten zu einer dicken, weißcremigen Masse. Verrühre das Mehl mit dem Kakao und siebe es auf die Eiermasse. Hebe es vorsichtig mit einem Schneebesen unter. Fülle die Biskuitmasse gleichmäßig in die Tortenringe und streiche sie vorsichtig glatt.

2.

Backe sie im vorgeheizten Ofen für etwa 18–20 Minuten. Nimm die Biskuitböden aus dem Ofen, lasse sie fünf Minuten abkühlen und löse dann den Rand des Biskuits mit einem Backformmesser vom Backring – entferne ihn aber noch nicht. Lasse die Böden vollständig abkühlen.

3. AMARENA-KIRSCHEN

Verrühre den Saft der Schattenmorellen mit der Stärke und dem Amaretto. Lasse die Mischung in einem Topf aufkochen und eindicken. Rühre dann die Kirschen ein. Nimm die Amarena-Kirschen vom Herd herunter und lasse sie abkühlen. Rühre ab und zu durch, damit sich keine Haut bildet und die Kirschen gleichmäßig abkühlen.

4. VANILLECREME

Verrühre den Magerquark mit dem Vanilleextrakt und dem Puderzucker und gieße langsam die Sahne hinein. Gib das Sanapart dazu und schlage die Creme steif.

Entferne die Backfolie und die Backringe und schneide die Böden jeweils ein Mal mit einer Tortensäge durch.

5. ZUSAMMENSETZEN DER TORTE

Lege den ersten Tortenboden auf einen Tortenretter und verteile ein Drittel der Amarena-Kirschen darüber – lasse hierbei einen einen cm breiten Rand frei.

Lege einen hohen Tortenring um die Torte, damit du sie einfacher füllen kannst. Verteile nun so viel Creme darüber, dass die Kirschen gerade so bedeckt sind und setze den nächsten Boden auf. Fülle so die gesamte Torte und schließe mit dem letzten Tortenboden ab.

DIESEN OBERSTEN BODEN LEGE ICH IMMER MIT DER UNTERSEITE NACH OBEN AUF DIE CREME, DAMIT DIE TORTE GANZ GLATT ABSCHLIESST.

Lasse die Torte abgedeckt etwa drei Stunden im Kühlschrank ruhen. Hebe die übrige Creme auf und stelle sie ebenfalls abgedeckt in den Kühlschrank.

6. SCHOKOLADENSPLITTER

Temperiere die Kuvertüre mit dem Kokosöl wie auf Seite 27 beschrieben. Gieße sie auf eine Backfolie, lege eine zweite Folie darauf und verstreiche die Kuvertüre dazwischen.

AMARENA-KIRSCH-TORTE

♡ Tipp ♡

MÖCHTEST DU DIE TORTE NICHT SO HOCH ZUBEREITEN?
DANN VERÄNDERE DIE MENGE DER ZUTATEN NICHT, SONDERN
VERWENDE EINEN BACKRING MIT 26 CM DURCHMESSER.
DARIN WIRD AUF EIN MAL DIE GESAMTE BISKUITMENGE GEBACKEN
UND SOMIT WIRD DIE TORTE STANDARDMÄSSIG NICHT SO HOCH.
DIE MENGE DER AMARENA-KIRSCHEN UND DER VANILLECREME
BLEIBEN EBENFALLS GLEICH.

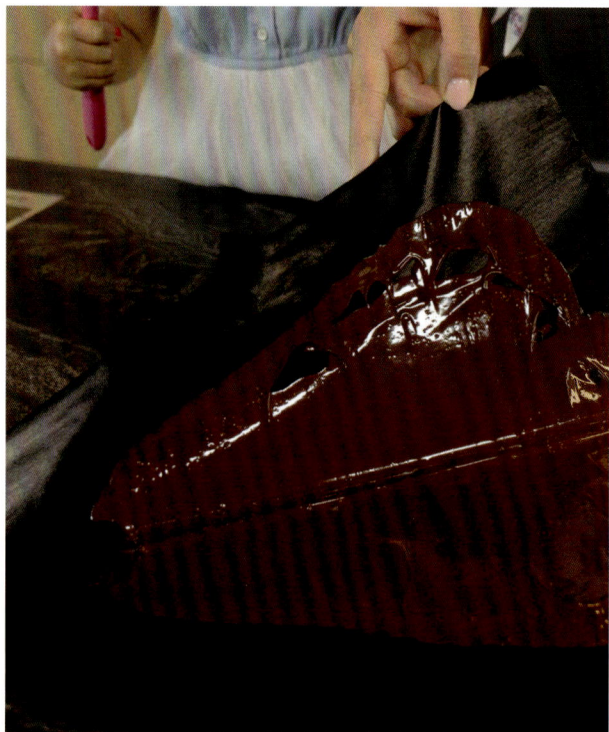

Löse die Folien voneinander – so wird die Schokoladen-
menge halbiert.

Lege nun jeweils eine weitere Folie auf die flüssige Schokolade und wickle die Folien um einen langen Ausrollstab
herum auf.
Lasse die Kuvertüre um den Ausrollstab gewickelt im
Kühlschrank fest werden.

7. DEKORATION

Bestreiche den Rand und die Oberfläche der
Torte mit der Creme. Fülle die restliche Creme in einen
Spritzbeutel mit großer Sterntülle ein und spritze acht
bis zwölf Tupfen auf die Oberfläche der Torte.

Lege jeweils eine Kirsche auf die Tupfen. Rolle die
Kuvertüre vom Ausrollstab ab, hierbei bricht sie in
lange Streifen.
Dekoriere den Rand der Torte mit den Schokoladen-
splittern.

HIMBEER-BLAUBEER-TORTE

himmlisch cremig und fruchtig

Diese leckere Torte glänzt schon auf dem Buchcover – und ich muss sagen – zu Recht. Die fruchtige Füllung aus Himbeeren und Blaubeeren passt echt super zum Mandelboden. Besonders frisch und fruchtig schmeckt sie durch die Dekoration aus Himbeeren und Blaubeeren, die von einem feinen Tupfenkranz eingerahmt sind.

 12 Stück   26 cm   Zubereitung: 60 Min.   Backzeit: 40–45 Min.

 170 °C O/U   unterer Einschub   Kühlzeit: 2,5 Std.

MANDEL-RÜHRÖLTEIG

4 Eier
200 g Kokosblütenzucker
1 Prise Salz
2–3 Tropfen Karamellaroma
200 g Buttermilch
200 g Sonnenblumenöl
300 g Mehl
2 TL Backpulver
130 g Mandeln (gemahlen)

FRUCHTFÜLLUNG

300 g Himbeeren
300 g Heidelbeeren
100 g Zucker
½ TL Zitronensaft

CREME

500 g Magerquark
250 g Sahnequark (40 %)
50 g Puderzucker
1 TL Vanilleextrakt
600 g Sahne
14 TL Sanapart

DEKORATION

200 g Himbeeren
100 g Heidelbeeren

HIMBEER-BLAUBEER-TORTE

1. MANDEL-RÜHRÖLTEIG

Heize den Backofen auf 170 °C O/U vor und schlage einen Backring mit 26 cm Durchmesser mit Backpapier ein. Lege ihn anschließend auf ein Lochblech.

Gib die Eier zusammen mit dem Kokosblütenzucker, dem Salz und dem Karamellaroma in eine Rührschüssel und rühre so lange, bis die Eiermasse weißcremig wird. Füge die Buttermilch und das Öl zum Teig hinzu und rühre alles kurz unter. Siebe das Mehl und das Backpulver hinzu und rühre es zusammen mit den Mandeln unter.

Fülle den Teig in den Backring ein und ziehe den Teig am Rand des Backrings etwas nach oben, damit er möglichst gleichmäßig aufgeht. Backe den Teig im vorgeheizten Backofen bei 170 °C für 40–45 Min.

Nimm den Mandelboden aus dem Ofen, lasse ihn komplett abkühlen, löse den Backring und schneide ihn ein Mal waagerecht durch.

Verwende hierbei beispielsweise den Whacker, um die Früchte zu zerdrücken.

Bestreiche die Schnittfläche der beiden Tortenböden mit etwas abgekühltem Fruchtpüree – lasse dabei rundherum einen Rand frei. Streiche das restliche Fruchtpüree durch ein feines Haarsieb, um es zu passieren und lasse es abkühlen.

2. FRUCHTFÜLLUNG

Gib die Himbeeren und Heidelbeeren gemeinsam mit dem Zucker und dem Zitronensaft in einen Topf. Lasse die Früchte nun aufkochen und so lange einkochen, bis fast keine Flüssigkeit mehr vorhanden ist.

3. CREME

Verrühre beide Sorten Quark mit dem Puderzucker und dem Vanilleextrakt. Füge die Sahne langsam hinzu und schlage die Creme mit dem Sanapart steif.

Fülle etwa ein Viertel der Creme in einen Spritzbeutel mit einer großen Lochtülle und spritze die Creme nun gleichmäßig auf den unteren Tortenboden. Streiche sie danach mit einer Palette glatt.

Setze den zweiten Boden mit der Oberseite nach unten auf die Creme.

Verrühre das kalte Fruchtpüree mit der restlichen hellen Creme und streiche die Torte damit komplett glatt.

Stelle sie für etwa 30 Minuten in den Kühlschrank.

Fülle einen Spritzbeutel mit einer großen, feingezackten Sterntülle mit der restlichen Fruchtcreme und spritze damit in Vorwärts- und Rückwärtsbewegungen einen Kranz auf die Torte. Belege die Innenseite mit Himbeeren und Heidelbeeren und stelle die Torte für mindestens zwei Stunden kühl.

AMARETTINI-APFELTORTE

mit Vanillecreme

Für diese fruchtige Apfeltorte verwende ich in den Böden aromatische Amarettini-Kekse, deren Geschmack perfekt zu Äpfeln passt. Die fruchtigen Apfelstücke bleiben auch schön knackig, da sie nur kurz gekocht werden. Damit die Torte schön cremig wird, fülle ich sie mit einer Vanillecreme. Ich habe lange überlegt, ob ich die Torte, ähnlich wie bei einer Käsesahnetorte, auf der Oberfläche mit süßem Schnee bestreue – schlussendlich habe ich mich doch für den Apfelguss entschieden. Dieser rundet den Geschmack vollkommen ab.

 12 Stück   24 cm   Zubereitung: 90 Min.   Backzeit: 18–20 Min.

 180 °C O/U   unterer Einschub   Kühlzeit: 4 Std.

BISKUITBODEN

4 Eier
1 Prise Salz
100 g Zucker
100 g Amarettini-Kekse
100 g Mehl

AMARETTINI-BODEN

200 g Amarettini-Kekse
150 g Löffelbiskuits
150 g Butter

APFELFÜLLUNG

400 g Äpfel (geschält & entkernt, Braeburn)
370 g Apfelsaft od. nach Belieben Amaretto
½ Zitrone (Saft & Abrieb)
12 g Agaragar

ZUM BESTREICHEN

50 g Aprikosenmarmelade

VANILLECREME

250 g Magerquark
80 g Puderzucker
1 TL Vanilleextrakt
300 g Sahne
5,5 TL Sanapart

APFELGUSS & DEKORATION

250 g Apfelsaft
30 g Stärke
40 g Amarettini-Kekse

AMARETTINI-APFELTORTE

1. VORBEREITUNG

Heize den Ofen auf 180 °C O/U vor. Stelle einen Back-ring auf 24 cm Durchmesser ein und setze ihn auf ein mit Backfolie belegtes Lochblech.

2. BISKUITBODEN

Schlage die Eier zusammen mit der Prise Salz und dem Zucker etwa 10–15 Minuten weißcremig.

Mixe die Amarettini-Kekse ganz fein oder gib sie in einen Gefrierbeutel, über den du mit einem Ausrollstab rollst. Die Krümel sollten ganz fein sein.
Hebe das gesiebte Mehl und die Keksbrösel vorsichtig mit einem Schneebesen unter die Eiermasse.

Fülle den Teig in den Backring und streiche ihn leicht am Rand hoch. Backe ihn im vorgeheizten Ofen für 18–20 Minuten.

Nimm den Biskuit aus dem Ofen heraus, lasse ihn fünf Minuten abkühlen und löse dann den Rand mit einem Backformmesser vom Backring. Entferne den Backring aber erst nach dem vollständigen Abkühlen.

3. AMARETTINI-BODEN

Stelle einen Backring auf 24 cm Durchmesser ein. Setze ihn auf einen Tortenretter und schlage diesen in Backpapier ein.
Mixe die Amarettini-Kekse und das Löffelbiskuit ganz fein oder gib sie in einen Gefrierbeutel, über den du mit einem Ausrollstab rollst.

Schmilz die Butter auf dem Herd oder in der Mikrowelle und verrühre sie mit den Kekskrümeln.
Fülle die Masse in den Tortenring und drücke sie mit einer Burgerpresse oder einem Glas fest.

Stelle den Amarettini-Boden für 30 Minuten in den Kühlschrank.

4. APFELFÜLLUNG

Schneide die Äpfel in feine Würfel. Gib den Apfelsaft oder nach Belieben den Amaretto sowie den Saft und den Abrieb der halben Zitrone und das Agaragar in einen Topf und verrühre die Zutaten klümpchenfrei.

Gib die Apfelwürfel hinzu und lasse die Masse mindestens zwei Minuten sprudelnd kochen, damit das Agaragar seine Wirkung entfalten kann. Lass die Masse lauwarm abkühlen und rühre sie ab und zu durch, damit sich keine Haut bildet und sie gleichmäßig kühlt.

Tipp

FÜHRE EINE GELIERPROBE WIE AUF
SEITE 46 BESCHRIEBEN DURCH.

5. TORTE FÜLLEN

Schneide den Biskuitboden ein Mal waagerecht in der Mitte durch. Streiche die Aprikosenmarmelade auf den Amarettini-Keksboden. Entferne den Tortenring dabei nicht. Lege den Deckel des Biskuitbodens mit der Oberfläche nach unten darauf.
Verstreiche die lauwarme Apfelfüllung darüber. Stelle die Torte für eine Stunde in den Kühlschrank.

6. VANILLECREME

Verrühre den Quark mit dem Puderzucker und dem Vanilleextrakt. Gib die Sahne langsam hinzu und schlage die Creme mit dem Sanapart steif. Verstreiche die Vanillecreme über der Apfelcreme mit einer Winkelpalette glatt.

AMARETTINI-APFELTORTE

8. APFELGUSS

Verrühre den Apfelsaft mit der Stärke in einem Topf klümpchenfrei. Lasse den Guss ein Mal unter ständigem Rühren aufkochen.

Gieße den Apfelguss auf die Oberfläche der Torte und streiche ihn glatt. Stelle die Torte für mindestens zwei Stunden in den Kühlschrank.

7.

Lege nun den Biskuitboden mit der Unterseite nach oben auf die Creme, sodass die Tortenoberfläche schön glatt ist.
Stelle die Torte in den Kühlschrank und stelle den Apfelguss her.

9. DEKORATION

Zerdrücke die Amarettini-Kekse grob mit der Hand und lege sie an den Rand der Oberfläche.
Entferne den Backring mit einem Backformmesser und serviere die Torte.

KOKOSTORTE

mit Karamellcreme und Bananen

Diese Kokostorte gehört zu meinen absoluten Favoriten in diesem Buch. Die Kombination aus Kokos, frischen Bananen und Karamellcreme ist ein absoluter Traum. Die Kokosraspeln habe ich aus einer Kokosnuss selbst hergestellt. Wenn du kein Fan von Bananen bist, dann kannst du zur Erdbeersaison auch Erdbeeren verwenden – diese passen geschmacklich auch hervorragend dazu.

 12 Stück   22 cm   Zubereitung: 90 Min.   Backzeit: 20 Min.

 170 °C Heißluft   oberer, mittlerer und unterer Einschub   Kühlzeit: 4 Std.

KOKOS-MANDEL-BÖDEN

65 g Mandeln (gemahlen)
65 g Kokosraspeln
5 Eiweiß
1 Prise Salz
160 g Zucker
½ TL Vanilleextrakt
50 g Puderzucker
25 g Mehl

FÜLLUNG

8–10 Bananen
1–2 Zitronen (Saft)

KARAMELL-CREME

500 g Quark
80 g Puderzucker
4 Tropfen Karamellaroma
500 g Sahne
10 TL Sanapart
50 g Schokoladenstreusel

DEKORATION

200 g Kokosraspeln
(selbstgemacht)

KOKOSTORTE

♡ *Tipp* ♡

FALLS DIE BÖDEN NICHT SCHÖN RUND GEWORDEN SIND, KANNST
DU EINEN BACKRING MIT 22 CM DURCHMESSER DARAUF STELLEN
UND DIE BÖDEN NACHSCHNEIDEN.

1. KOKOS-MANDEL-BÖDEN

Heize den Ofen auf 170 °C Heißluft vor. Röste die
Mandeln und Kokosraspeln in einer Pfanne ohne Fett, bis
sie lecker duften. Lasse sie anschließend abkühlen.
Schlage das Eiweiß mit dem Salz steif.
Füge den Zucker langsam hinzu und rühre die Baisermas-
se etwa zehn Minuten weiter, bis sie schön glänzt und
steif ist.
Hebe das Vanilleextrakt, den gesiebten Puderzucker, das
Mehl, die Kokosraspeln und die Mandeln unter.
Fülle die Baisermasse in einen Spritzbeutel mit mittel-
großer Lochtülle ein.

2.

Verwende nun drei Backpapierbögen. Lege ein Backpapier auf meine Silikon-Backmatte und spritze mithilfe des Aufdrucks einen 22 cm großen Baiserkreis.

Stelle so insgesamt drei Böden her und streiche sie bei
Bedarf mit einer Palette glatt. Ziehe die Backpapierbögen auf Lochbleche und backe sie gleichzeitig im Ofen
für etwa 20 Minuten. Sie sollten sich dann leicht vom
Papier lösen lassen, aber auch nicht zu dunkel geworden
sein.

Nimm die Böden aus dem Ofen und lasse sie komplett
abkühlen.

3. TORTE FÜLLEN

Setze den ersten Boden auf einen Tortenretter. Schäle die Bananen und schneide sie in zwei cm breite Stücke.

Stelle die Bananenstücke mit der Schnittkante auf den Tortenboden und bestreiche sie direkt mit dem Zitronensaft, damit sie nicht braun werden.

Stelle einen sauberen Backring außenherum.

4. KARAMELL-CREME

Verrühre den Quark mit dem Puderzucker und Karamellaroma, gieße langsam die Sahne hinzu und schlage die Creme mit Sanapart steif.
Lege nun ein Drittel der Creme zur Seite und und hebe in die restliche Creme die Schokoladenstreusel ein, so entsteht eine Stracciatella-Creme.

5.
Streiche nun etwas von der Stracciatella-Creme über die Bananen, um die Lücken mit Creme zu füllen.

Lege den zweiten Kokos-Mandel-Boden auf und bestreiche ihn mit der restlichen Stracciatella-Creme.

Lege den letzten Kokos-Mandel-Boden mit der Unterseite nach oben gedreht auf die Creme, damit die Torte schön glatt wird.
Stelle sie für drei Stunden in den Kühlschrank.

KOKOSTORTE

8. TORTE DEKORIEREN

Bestreiche den Rand und die Oberfläche der Torte mit der übrigen Karamellcreme glatt. Drücke die Kokosraspeln an die Torte und serviere sie.

6. KOKOSRASPELN

Röste die Kokosraspeln in einer Pfanne ohne Fett oder im Backofen bei 180 °C Heißluft, bis sie goldfarben sind. Lasse die Kokosraspeln anschließend gut abkühlen.

Hierfür habe ich eine Kokosnuss ausgehöhlt und das Kokosfleisch selbst gerieben. Du kannst aber auch Kokosraspeln kaufen und diese verwenden.

7. TORTE HERAUSLÖSEN

Entferne den Backring mithilfe eines Backformmessers und setze die Torte mit dem Tortenretter auf eine Tortendrehplatte.

BROMBEER-SCHOKOLADEN-TORTE

mit Ombré-Effekt

Die Idee zur Brombeer-Schokoladen-Torte kam mir sehr spontan. Ich bin ein Fan der klassischen Sachertorte und habe die feinen, zarten Böden für diese Torte gebacken. Gefüllt habe ich sie mit einem selbstgekochten Brombeer-Curd, welches auch als Brotaufstrich hervorragend schmeckt.

Als Kontrast dient die Baiserschicht, welche einen Ombré-Effekt (Farbverlauf) bekommt.

 12 Stück   2 x 20 cm   Zubereitung: 120 Min.   Backzeit: 35 Min.

 160 °C O/U   unterer Einschub   Kühlzeit: 3 Std.

SCHOKOLADENBÖDEN

240 g Zartbitterschokolade
10 Eiweiß
1 Prise Salz
100 g Zucker
240 g Butter (weich)
100 g Puderzucker
1 TL Vanilleextrakt
10 Eigelb
220 g Mehl
1 EL Rum od. Milch

BROMBEER-CURD

250 g Brombeeren (frisch od. TK)
25 g Zitronensaft
50 g Zucker
2 Eier
15 g Stärke
125 g Butter (kalt)

BAISER & DEKORATION

4 Eiweiß
1 Prise Salz
150 g Zucker
2–3 Tropfen Lebensmittelfarbpaste rot
3–4 Brombeeren
5 g gefriergetrocknete Früchte
(z. B. Heidelbeeren)

BROMBEER-SCHOKOLADEN-TORTE

1. SCHOKOLADENBÖDEN

Heize den Ofen auf 160 °C O/U vor. Schlage zwei Backringe mit 20 cm Durchmesser in Backpapier ein und setze sie auf ein Lochblech.

Schmilz die Schokolade in der Mikrowelle oder über einem warmen Wasserbad. Sie muss nicht temperiert werden, da sie mitgebacken wird.

Schlage das Eiweiß mit dem Salz steif, füge den Zucker langsam hinzu und rühre den Eischnee kurz weiter – aber nicht zu lange. Hier ist es sogar von Vorteil, wenn der Eischnee etwas „schlotzig" ist, denn so lässt er sich besser unterheben.

Verrühre die weiche Butter mit dem Puderzucker und dem Vanilleextrakt etwa 5–6 Minuten weißcremig. Rühre jedes Eigelb einzeln für etwa 30 Sekunden ein. Füge nun die flüssige, aber nicht zu heiße Schokolade hinzu und rühre sie kurz ein. Siebe das Mehl und hebe es gemeinsam mit der Milch oder dem Rum und dem Eischnee in 2–3 Portionen vorsichtig mit einem Schneebesen unter.

Fülle die Masse direkt in die beiden Backringe ein und backe sie für etwa 35 Minuten.

Nimm die Böden aus dem Ofen heraus, lasse sie fünf Minuten kühlen und löse den Rand mit einem Backformmesser vom Backring.

Entferne diesen, stürze die Böden direkt auf ein sauberes Küchentuch und lasse sie auf einem Abkühlgitter abkühlen.

2. BROMBEER-CURD

Püriere die Brombeeren mit dem Zitronensaft, dem Zucker, den Eiern und der Stärke in einem Topf. Lasse diese Mischung nun bei mittelhoher Hitze unter ständigem Rühren ein Mal aufkochen, sodass eine Art Pudding entsteht.
Streiche den Pudding durch ein Haarsieb, um grobe Stücke zu entfernen. Rühre die in Würfel geschnittene, kalte Butter ein und fülle das Brombeer-Curd in Gläser ab. Im Kühlschrank ist es etwa eine Woche haltbar.

3. TORTE FÜLLEN

Schneide die Tortenböden jeweils zwei Mal durch, sodass sechs dünne Böden entstehen.

Bestreiche jeden Boden –außer den Tortendeckel –gleichmäßig mit dem abgekühlten Brombeer-Curd und staple die Böden möglichst gerade übereinander. Schließe die Torte mit der glatten Seite des Tortendeckels ab. Fülle eventuelle Lücken am Rand mit dem Brombeer-Curd und stelle die Torte für etwa zwei Stunden in den Kühlschrank.

BROMBEER-SCHOKOLADEN-TORTE

4. BAISER

Verrühre das Eiweiß mit dem Salz und dem Zucker in einer Metallschüssel und stelle es auf ein Wasserbad.

Rühre nun mit dem Handrührgerät und erwärme das Baiser über dem kochenden Wasserbad für zehn Minuten, damit mögliche Keime abgetötet werden und das Baiser standfest wird.
Alternativ kannst du eine Küchenmaschine mit Hitzefunktion verwenden und die Baisermasse für zehn Minuten bei 70 °C erhitzen.
Nimm das Baiser anschließend vom Wasserbad herunter und rühre es so lange, bis es wieder kalt ist.

Färbe etwas Baiser mit der Lebensmittelfarbpaste ein und streiche das gefärbte Baiser fleckig an den Rand der Torte. Drehe nun die Tortenplatte und setze hierbei eine kleine Palette an, um einen Marmor-Farbverlauf zu erhalten. Setze eine Metall-Teigkarte am Rand an und ziehe die Torte glatt.

Setze die Torte mit dem Tortenretter auf einen Tortendrehteller und bestreiche sie am Rand und auf der Oberseite mit dem Baiser glatt.

5. TORTE DEKORIEREN

Dekoriere die Torte mit den zerdrückten, gefriergetrockneten Früchten und den Brombeeren.

HASELNUSSTORTE

mit Nussnougatcreme

Wer Nüsse und Nougatcremes liebt, sollte diese Haselnusstorte definitiv ausprobieren. Die einfachen Zutaten hast du wahrscheinlich größtenteils zu Hause, das Dekorieren der Torte ist auch nicht all zu schwer. Also trau dich ruhig daran – es wird sich auf jeden Fall lohnen.

 12 Stück   20 cm   Zubereitung: 60 Min.   Backzeit: 40 Min.

 170 °C O/U   unterer Einschub   Kühlzeit: 3 Std.

 **Tipp**

DU KANNST 50 GRAMM DER BUTTERMILCH DURCH 50 GRAMM HASELNUSSLIKÖR ERSETZEN, UM DEN NUSSIGEN GESCHMACK HERVORZUHEBEN.

HASELNUSSBODEN

3 Eier
150 g Zucker
1 Prise Salz
150 g Buttermilch
150 g Sonnenblumenöl
225 g Mehl
1 Prise Zimt
1,5 TL Backpulver
100 g Haselnüsse (gemahlen)

NUSSNOUGATCREME

300 g Nutella (Nussnougatcreme)
500 g Mascarpone
500 g Sahne
8 TL Sanapart

ZUM DEKORIEREN

150 g Haselnüsse (gehackt, geröstet)
20–22 Giotto (Haselnuss-Süßigkeit)

HASELNUSSTORTE

1. HASELNUSSKUCHEN

Heize den Ofen auf 170 °C O/U vor und schlage einen auf 20 cm Durchmesser eingestellten Backring in Backpapier ein. Lege ihn auf ein Lochblech.

Verrühre die Eier mit dem Zucker und dem Salz in 5–7 Minuten weißcremig. Rühre die Buttermilch und das Öl bei niedriger Stufe kurz ein.

Verrühre das Mehl mit dem Zimt und dem Backpulver und siebe es zur Rührmasse. Rühre es gemeinsam mit den Haselnüssen kurz in die Masse ein.

Fülle die Rührmasse in den Backring ein, streiche sie leicht am Rand hoch und backe sie für etwa 40 Minuten. Nimm den Rührkuchen aus dem Ofen heraus und lasse ihn komplett abkühlen.

2. NUSSNOUGATCREME

Verrühre die Nussnougatcreme mit dem Mascarpone und rühre dann langsam die Sahne hinzu. Schlage die Creme mit Sanapart steif. Achte darauf, nicht zu lange zu rühren, damit die Creme nicht gerinnt.

Bestreiche den Boden etwa fünf Millimeter dick mit der Creme, setze den zweiten Boden auf und fülle so die gesamte Torte. Bestreiche sie rundherum mit der Nougatcreme.

Setze eine kleine Palette am Rand an, drehe die Torte auf der Tortenplatte und ziehe die Palette dabei hoch, sodass am Rand und an der Oberfläche ein Muster entsteht.

3. TORTE FÜLLEN

Schneide den Tortenboden drei Mal durch, sodass vier Böden entstehen. Lege den ersten Boden auf einen Tortenretter und stelle diesen auf die Tortendrehplatte.

Bestreue den Rand der Torte mit gehackten Haselnüssen und setze die Giotto auf die Torte.

SCHOKOLADEN-KUPPELTORTE

mit Bananen

Für die beliebte Kuppeltorte verwende ich einen luftigen Schokoladenbiskuit. Reife Bananen als Füllung passen perfekt zur Schokoladencreme. Die Kuppeloberfläche kannst du entweder ganz glatt streichen oder mit einem hübschen Muster versehen. Zum Schluss wird Kakao auf die Kuppel gestreut. Das gibt der Torte den letzten, edlen Schliff.

 12 Stück   20 cm   Zubereitung: 60 Min.   Backzeit: 15–18 Min.

 180 °C O/U   unterer Einschub   Kühlzeit: 2,5 Std.

SCHOKOLADENBISKUIT

3 Eier
75 g Zucker
1 Prise Salz
1 TL Vanilleextrakt
50 g Mehl
25 g Kakao

SCHOKOLADENCREME

500 g Milch
50 g Zucker
1 TL Tonka Wonka
1 Prise Salz
45 g Stärke
3 Eigelb
200 g Zartbitterschokolade
320 g Butter (weich)

FÜLLUNG & DEKORATION

2–3 Bananen
1 EL Kakao

SCHOKOLADEN-KUPPELTORTE

1. VORBEREITUNG

Heize den Ofen auf 180 °C O/U vor. Stelle einen Backring auf 20 cm Durchmesser ein und setze ihn auf ein mit Backfolie belegtes Lochblech.

2. SCHOKOLADENBISKUIT

Schlage die Eier gemeinsam mit dem Zucker, dem Salz und dem Vanilleextrakt in 8–10 Minuten weißcremig. Siebe das Mehl und den Kakao zu der Eiermasse und hebe es vorsichtig unter.
Fülle den Teig in den Backring ein und backe ihn im vorgeheizten Ofen für 15–18 Minuten.

Nimm den Boden aus dem Ofen heraus, entferne den Backring und lasse den Boden vollständig abkühlen.

Schneide ihn nach dem Abkühlen ein Mal waagerecht durch.

3. SCHOKOLADENCREME

Verrühre die Milch mit dem Zucker, dem Tonka Wonka, dem Salz, der Stärke und dem Eigelb klümpchenfrei in einem Topf und lasse die Masse ein Mal unter ständigem Rühren zu einem Pudding aufkochen.

Ziehe den Pudding vom Herd herunter und rühre die in Stücke gebrochene Schokolade ein.
Streiche den Pudding durch ein Haarsieb und decke ihn direkt an der Oberfläche mit Frischhaltefolie ab, damit sich keine Haut bildet. Lasse den Pudding komplett abkühlen.

Verrühre die weiche Butter in 3–5 Minuten weißcremig, rühre den Pudding kurz geschmeidig und füge ihn nun esslöffelweise zur Butter hinzu.

4. TORTE FÜLLEN

Schäle die Bananen und halbiere sie längs. Belege den Tortenboden damit und lasse hierbei einen etwa zwei Zentimeter breiten Rand frei. Streiche etwa die Hälfte der Schokoladencreme kuppelförmig auf die Torte.

Schneide den Biskuitdeckel mithilfe des Torteneinteilers in zwölf gleichmäßige Tortenstücke und lege sie auf die Kuppel, drücke sie vorsichtig an.

Bestreiche die Torte nun mit der restlichen Creme, lasse aber ein Drittel davon übrig. Ziehe die Torte mit einer Teigkarte glatt oder verwende hierfür ein ausgeschnittenes Stück eines leeren Joghurt-Eimers – dieses ist flexibel, und somit wird die Kuppel perfekt glatt.

Stelle die Torte für eine Stunde in den Kühlschrank. Bewahre die übrige Schokoladencreme bei Raumtemperatur auf.

SCHOKOLADEN-KUPPELTORTE

5. TORTE DEKORIEREN

Setze die Torte nun auf eine Tortenplatte und lege ringsherum Backpapierstreifen, damit die Platte sauber bleibt.

Bestreiche die Kuppeltorte mit der übrigen Creme und ziehe mit einem Esslöffel Muster hinein.

Bestreue sie mit Kakao – das geht am besten mit einem kleinen Sieb, welches mit einem Esslöffel ungekochtem Reis oder mit Linsen gefüllt wird. So fällt der Kakao nicht direkt aus dem Sieb heraus und kann prima verstreut werden.

Entferne das Backpapier und serviere die Torte.

BUCHSTABENTORTE

mit Erdbeer-Yogurette

Diese Torte ist die „ich möchte jemandem eine Freude machen"-Torte schlechthin! Mit diesem Grundrezept lässt sich hervorragend ein Buchstabe backen, eine Form – beispielsweise ein Herz – oder auch eine Zahl.
Egal ob Geburtstag, Hochzeit, Verlobung, Schwiegermamabesuch, Baby-Party oder Taufe – es gibt immer einen Anlass für die Buchstabentorte. Ein Crowdfeeder ist diese Torte übrigens auch.

Ich liebe die Kombination aus Mürbeteig und frischer Creme. Die Torte kann (und sollte sogar) gerne am Vortag zubereitet werden, damit die Böden gut durchziehen können und sie sich einfacher schneiden lässt.

 20–25 Stück   Größe ca. 25 x 35 cm   Zubereitung: 2,5 Std.   Backzeit: je 12–18 Min.

 170 °C O/U   mittlerer Einschub   Kühlzeit: 6 Std.

MANDELMÜRBETEIG

240 g Butter (kalt)
120 g Puderzucker
1 Prise Salz
½ TL Vanilleextrakt
1 Ei
380 g Mehl
120 g Mandeln (gemahlen)

YOGURETTE-CREME

300 g Sahne
200 g Yogurette (Erdbeer-Schokoladenriegel)
1 TL Sanapart

ERDBEERCREME

300 g Erdbeeren (TK)
350 g Frischkäse
70 g Puderzucker
1 TL Vanilleextrakt
600 g Sahne
15 TL Sanapart

FÜLLUNG

200 g Erdbeeren

DEKORATION

4 Yogurette
50 g Erdbeeren
essbare Blüten
6 rosa Macarons
(Mandelgebäck)

BUCHSTABENTORTE

1. VORBEREITUNG

Zeichne deine ausgewählte Form (Buchstabe, Ziffer oder Symbol) auf ein Papier oder drucke sie. Schneide die Schablone aus. Mein Buchstabe B war etwa 35 x 25 cm groß und die angegebene Zutaten-Menge bezieht sich darauf.

2. MANDELMÜRBETEIG

Verknete die Butter mit dem Puderzucker, dem Salz und dem Vanilleextrakt. Füge das Ei hinzu und rühre die Masse kurz durch. Füge nun das Mehl und die gemahlenen Mandeln hinzu und knete daraus rasch einen Mürbeteig. Decke ihn ab und stelle ihn für mindestens eine Stunde in den Kühlschrank.

Lege nun die Schablone auf und schneide insgesamt zwei Mal die Form aus. Mein Buchstabe B ist breit, daher passt nur jeweils ein Buchstabe auf ein Backpapier.

Knete ihn kurz durch und rolle ihn auf einem leicht bemehlten Backpapier etwa fünf mm dünn aus.

Friere die ausgeschnittenen Formen auf Alublechen für mindestens 30 Minuten ein und backe sie anschließend nacheinander im vorgeheizten Ofen bei 170 °C O/U für 12–18 Minuten, bis der Rand leicht braun wird.
Lasse die beiden Kekse danach vollständig erkalten.
Aus dem restlichen Teig kannst du Kekse backen oder den Teig einfrieren.

3. YOGURETTE-CREME

Lasse die Sahne in einem Topf kurz aufkochen und nimm sie vom Herd herunter.

Rühre die Yogurette ein, bis sie komplett geschmolzen ist, und stelle die Creme in den Kühlschrank, bis sie wieder kühlschrankkalt ist.
Schlage sie anschließend mit dem Sanapart steif.

4. ERDBEERCREME

Lasse die Erdbeeren auftauen und koche sie dann in einem Topf so lange ein, bis die Flüssigkeit fast verkocht ist. Zerdrücke sie hierbei auch, sodass ein Erdbeerpüree entsteht.

Lasse es abkühlen. Verrühre den Frischkäse mit dem Erdbeerpüree, dem Puderzucker und dem Vanilleextrakt. Rühre die Sahne und das Sanapart ein und schlage die Creme steif.
Stelle sie bis zur Weiterverwendung kalt.

5. TORTE FÜLLEN

Entferne das Grün der Erdbeeren und viertele sie.

BUCHSTABENTORTE

Fülle beide Cremes in getrennte Spritzbeutel mit einer jeweils großen Lochtülle.

Spritze nun mit der restlichen Erdbeercreme Tupfen auf die gesamte Oberfläche.

Lege den ersten Mürbeteig-Keks auf eine Tortenplatte. Spritze nun die rosa Erdbeercreme in hübschen Tupfen einmal komplett am äußeren und inneren Rand entlang. Spritze Tupfen der Yogurette-Creme ins Innere und fülle den Keks somit komplett aus.

Lege die geviertelten Erdbeeren darauf und decke sie mit dem zweiten Keks ab.

6. TORTE DEKORIEREN

Ziehe mit einem Sparschäler die kalte Yogurette so ab, dass Röllchen entstehen.

Dekoriere die Torte mit den Schokoröllchen, Erdbeeren, essbaren Blumen, Macarons und mit weiteren Zutaten deiner Wahl.

♡ Tipp ♡

ICH HABE DIE ESSBAREN BLÜTEN AUS MEINEM
HOCHBEET VERWENDET – DAS SIND DIE
BLÜTEN DES PFIRSICHSALBEIS.
ECHT SCHÖN, ODER?

OREO-SCHOKOLADENTORTE

mit Wickeltechnik

Oreo-Kekse liebt so gut wie jeder, da sie sehr schokoladig schmecken. Ihre Farbe ist auch ganz einzigartig dunkel, sodass sie wirklich jeder, sogar zerkleinert in einer Tortencreme, erkennt. Die Torte ist im Innern aufgewickelt, sodass der Anschnitt wirklich mega spannend ist. Die heruntertropfende Schokolade macht doch wirklich jeden Schokoladenliebhaber schwach, oder?

 12 Stück   22 cm   Zubereitung: 2 Std.   Backzeit: je 10–12 Min.

 200 °C O/U   mittlerer Einschub   Kühlzeit: 6 Std.

SCHOKOLADENBISKUIT

8 Eier
1 Prise Salz
1 TL Vanilleextrakt
200 g Zucker
150 g Mehl
50 g Kakao

OREO-CRUNCH-BODEN

250 g Oreo-Kekse
70 g Butter
50 g Zartbitterschokolade

OREO-CREME

290 g Oreo-Kekse
800 g Frischkäse
1 Prise Salz
80 g Puderzucker
800 g Sahne
16 TL Sanapart

ZARTBITTERGANACHE

50 g Sahne
75 g Zartbitterschokolade
10 g Kokosöl

DEKORATION

100 g Sahne
1 TL Sanapart
10 Oreo-Kekse

OREO-SCHOKOLADENTORTE

♥ Tipp ♥

BESSER IST ES, DEN BISKUIT DIREKT ZU BACKEN UND DAS ZWEITE BLECH NICHT WARTEN ZU LASSEN, DAMIT ES NICHT AN VOLUMEN VERLIERT. BEREITE HIERFÜR AM BESTEN ERST DIE HÄLFTE DES REZEPTS ZU, BACKE DEN ERSTEN BODEN UND BEGINNE DANN MIT DER ZUBEREITUNG DES ZWEITEN BODENS. DAS BACKEN BEI HEISSLUFT EMPFEHLE ICH HIER NICHT, DA ES DEN BISKUIT AUSTROCKNEN WÜRDE UND DIESER DANN BEIM AUFROLLEN BRECHEN KANN.

1. SCHOKOLADENBISKUIT

Heize den Ofen auf 200 °C O/U vor und lege zwei Lochbleche mit Backfolie und Backrahmen auf Blech-größe aus.

Verrühre die Eier mit dem Salz, dem Vanilleextrakt und dem Zucker für etwa 15 Minuten zu einer dickflüssigen, weißcremigen Masse. Verrühre das Mehl mit dem Kakao und siebe es zur Eiermischung. Hebe die trockenen Zutaten kurz mit einem Schneebesen unter.

Verteile den Biskuit auf die beiden Formen und streiche ihn glatt. Backe sie nacheinander für etwa 10–12 Minuten. Löse sie direkt nach dem Backen vom Backrahmen und lasse die Böden abgedeckt abkühlen.

2. OREO-CRUNCH-BODEN

Zerkleinere die Oreo-Kekse in einem Mixer sehr fein. Schmilz die Butter bei niedriger Stufe in einem Topf oder einer Schüssel, ziehe sie vom Herd herunter und schmilz die Schokolade darin in der Restwärme. Rühre die Oreo-Brösel ein. Stelle einen 22 cm großen Backring auf einen Tortenretter und schlage ihn mit Backpapier ein.

Fülle die Oreo-Masse hinein und drücke sie mit einem Glas oder einer Burgerpresse flach. Stelle den Crunch-Boden für 15 Minuten kalt. Entferne anschließend den Backring und das Backpapier.

3. OREO-CREME

Zerkleinere die Oreo-Kekse in einem Mixer sehr fein. Verrühre sie mit dem Frischkäse, dem Salz und dem Puderzucker cremig. Füge langsam die Sahne und das Sanapart hinzu und schlage die Creme steif.

4. TORTE FÜLLEN

Stürze die Biskuitplatten auf Tortenretter und schneide sie mithilfe einer Teigkarte in sieben Zentimeter breite Streifen. Streiche die Oreo-Creme etwa fünf Milli-meter dick auf die Biskuitplatte – verwende hierfür eine Winkelpalette und eine Teigkarte, damit die Creme bün-dig zur Biskuitplatte sauber aufgestrichen werden kann.

Rolle den ersten Streifen zu einer Schnecke auf und setze ihn mittig auf den Oreo-Crunch-Boden.

Wickle die übrigen Streifen dicht an dicht rundherum, sodass am Ende eine große Spirale entsteht.

Stelle den Backring erneut um die Wickeltorte herum, sodass sie beim Kühlen Stabilität erhält. Streiche etwas Oreo-Creme auf die Oberfläche, damit sie glatt wird. Stelle die Torte und die restliche Creme abgedeckt für etwa vier Stunden in den Kühlschrank.

OREO-SCHOKOLADENTORTE

♡ *Tipp* ♡

IM SOMMER KANNST DU IN SCHEIBEN GESCHNITTENE ERDBEEREN
ZWISCHEN DIE WICKELSCHICHTEN LEGEN – DIESE PASSEN
HERVORRAGEND ZU DEN OREO-KEKSEN.

5. TORTE BESTREICHEN

Entferne den Backring mit einem Backformmesser und bestreiche die Torte mit der restlichen Oreo-Creme ganz glatt. Stelle sie kühl.

6. ZARTBITTERGANACHE

Lasse die Sahne in einem Topf aufkochen und ziehe sie wieder vom Herd herunter. Rühre die klein gehackte Schokolade und das Kokosöl ein.

Lasse die Ganache lauwarm abkühlen und gieße sie dann mit einem Löffel über den Rand der Torte, sodass sie leicht herunterläuft.

7. DEKORATION

Schlage die Sahne mit dem Sanapart steif und fülle sie in einen Spritzbeutel mit großer Lochtülle ein.

Lege einen Tortenring mit 18 cm Durchmesser mittig auf die Torte, um einen Kreis zu markieren und spritze anschließend etwa 20 Tupfen auf die Torte.

Setze auf jeden zweiten Tupfen einen Oreo-Keks und stelle die Torte bis zum Verzehr kalt.

PFIRSICH-KÄSESAHNE-TORTE

mit Tonkacreme und Knusperboden

Eine Käsesahne-Torte gehört irgendwie in jedes Backbuch. Hier habe ich eine fruchtige Abwandlung für euch. Der knusprige Boden sorgt für einen abwechslungsreichen Crunch – die Pfirsiche passen geschmacklich hervorragend dazu. Vor allem der Kontrast des Tonkabohnenpuddings mit der luftigen Käsesahne macht den Unterschied. Die Torte schmeckt leicht und trifft, denke ich, jeden Geschmack.

 12 Stück   26 cm   Zubereitung: 120 Min.   Backzeit: 35 Min.

 180 °C O/U   unterer Einschub   Kühlzeit: 4 Std.

MANDELTEIG

6 Eier
200 g Zucker
1 TL Vanilleextrakt
1 Prise Salz
100 g Olivenöl
60 g Mehl
2 TL Backpulver
200 g Mandeln
(geschält, gemahlen)

NO BAKE-CRUNCH-BODEN

150 g weiße Schokolade
od. Kuvertüre
30 g Kokosöl
40 g Löffelbiskuit
60 g Mandeln
(geschält, gemahlen)
30 g Amaranth (gepoppt)

TONKACREME

200 g Milch
200 g Sahne
3 Eigelb
40 g Zucker
1 TL Tonka Wonka
30 g Stärke
100 g Butter (kalt)

SAHNECREME

250 g Magerquark
40 g Puderzucker

1 TL Zitronensaft
500 g Sahne
7,5 TL Sanapart

ZUM BEFÜLLEN

480 g Pfirsichhälften (Dose)
100 g Marmelade
(Pfirsich- od. Aprikosen-)

ZUM BESTREUEN

10 g süßer Schnee

PFIRSICH-KÄSESAHNE-TORTE

1. VORBEREITUNG

Heize den Ofen auf 180 °C O/U vor. Schlage einen Backring mit 26 cm Durchmesser in Backpapier ein und stelle ihn auf ein Lochblech.

2. MANDELTEIG

Schlage die Eier gemeinsam mit dem Zucker, dem Vanilleextrakt und der Prise Salz 8–10 Minuten weiß-cremig. Rühre bei niedriger Stufe das Öl ein.
Mische das Mehl mit dem Backpulver und siebe es zu der Eiermasse. Hebe das Mehl, das Backpulver und die gemahlenen Mandeln kurz mit einem Schneebesen unter. Fülle den Teig in den Backring und backe ihn im vorgeheizten Ofen für etwa 35 Minuten.
Nimm ihn aus dem Ofen heraus und lasse ihn vollständig abkühlen. Löse den Backring mit einem Backformmesser und entferne ihn.

3. NO-BAKE-CRUNCH-BODEN

Schlage einen Backring mit 26 cm Durchmesser in Backpapier ein und stelle ihn auf einen Tortenretter. Hacke die weiße Schokolade klein und schmilz sie über einem warmen, aber nicht kochenden Wasserbad. Nimm die Schokolade vom Wasserbad herunter und rühre das Kokosöl ein.

Zerkleinere den Löffelbiskuit in einem Mixer oder fülle ihn in einen Gefrierbeutel, über welchen du mit einem Ausrollstab rollst.
Gib die Biskuitbrösel zusammen mit den gemahlenen Mandeln und dem Amaranth zur Schokolade und rühre die Zutaten ein.

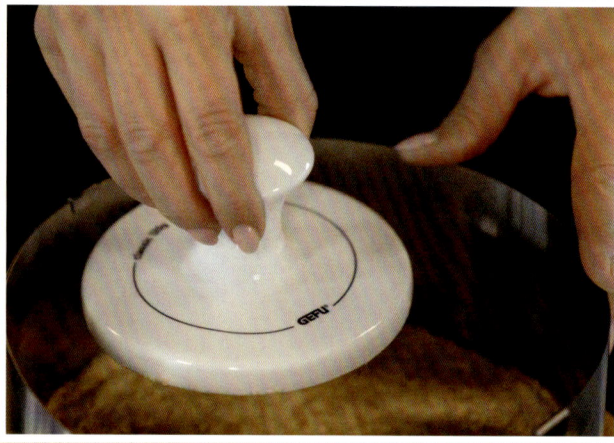

Fülle die Masse in den Backring und drücke sie mit einer Burgerpresse oder einem Glas gleichmäßig fest.
Stelle den Crunch-Boden bis zur Weiterverwendung, aber für mindestens 15 Minuten in den Kühlschrank.

4. TONKACREME

Verrühre die Milch in einem Topf mit der Sahne, dem Eigelb, dem Zucker, dem Tonka Wonka und der Stärke klümpchenfrei.
Erhitze die Masse bei mittelhoher Hitze unter ständigem Rühren, bis sie eingedickt ist – sie darf ein Mal aufkochen.

Streiche den Pudding durch ein Haarsieb und lasse ihn fünf Minuten lauwarm abkühlen. Rühre ihn hierbei immer mal wieder durch, damit sich keine Haut bildet.
Rühre die kalte Butter in den noch warmen Pudding ein.

Lasse ihn etwa fünf Minuten abkühlen.

6. TORTE FERTIGSTELLEN

Schneide den kalten Mandelboden ein Mal waagerecht in der Mitte durch.
Lege nun den Deckel der Torte mit der Oberseite nach unten auf die Tonkacreme. Entferne den Tortenring vom No-Bake-Crunch-Boden dabei nicht.

Bestreiche den Tortenboden mit der Marmelade.

Fülle die Tonkacreme auf den Crunch-Boden und streiche sie mit der Winkelpalette glatt. Stelle die Torte in den Kühlschrank.

5. SAHNECREME

Verrühre den Quark mit dem Puderzucker und dem Zitronensaft. Füge die Sahne und langsam das Sanapart hinzu und schlage die Creme steif.

Lasse die Pfirsiche abtropfen und lege sie mit der Schnittfläche auf den Tortenboden. Lasse dabei einen etwa zwei cm breiten Rand frei, sodass man die Pfirsiche später von außen nicht sieht.

PFIRSICH-KÄSESAHNE-TORTE

Verteile die Sahnecreme vorsichtig über den Pfirsich-hälften und streiche sie glatt. Behalte hierbei etwa vier Esslöffel der Creme für die Dekoration übrig. Fülle diese in einen Spritzbeutel mit einer Rosettentülle.

Dadurch kann die Torte später einfacher angeschnitten werden und wird dabei nicht zerdrückt.

Schneide den zweiten Mandelboden schon jetzt mithilfe eines Torteneinteilers in zwölf gleichmäßige Stücke – drücke den Einteiler ein und schneide die Stücke dann mit einem scharfen Messer durch.

7. SERVIEREN

Lege die Tortenstücke auf die Creme. Decke die Torte ab und lasse sie zwei Stunden kühlen. Entferne den Backring mit einem Backformmesser und bestreue die Torte mit süßem Schnee. Spritze auf jedes Tortenstück einen Cremetupfen und serviere sie.

MIKADO-TORTE

mit bunten Früchten

Viele haben immer Angst davor, eine Torte zu dekorieren – vor allem wenn es darum geht, mit Spritzbeuteln, Winkel-paletten und Teigkarten zu arbeiten. Bei dieser Torte akzeptiere ich wirklich keine Ausreden, denn der Rand wird einfach mit essbaren Mikado-Schokoladenstäbchen verziert und sieht perfekt aus. Vollendet wird die Torte mit frischen Früchten. Damit kann man doch wirklich jeden begeistern, oder?

 12 Stück   22 cm   Zubereitung: 90 Min.   Backzeit: 20 Min.

 200 °C O/U   unterer Einschub   Kühlzeit: 4 Std.

SCHOKOLADEN-BISKUIT

4 Eier
40 g Espresso od. Wasser (heiß)
120 g Zucker
1 Prise Salz
½ TL Tonka Wonka
50 g Stärke
50 g Mehl
50 g Kakao
2 TL Backpulver

FRUCHTSCHICHT

350 g Beerenmix (TK)
30 g Zucker
5 g Agaragar

VANILLE-MASCARPONECREME

250 g Mascarpone
500 g Magerquark
1 TL Vanilleextrakt
70 g Puderzucker
400 g Sahne
10 TL Sanapart

DEKORATION

150 g Mikado-Stäbchen
(Zartbitter)
50 g Heidelbeeren
50 g Erdbeeren
50 g Johannisbeeren
40 g Himbeeren
40 g Brombeeren

MIKADO-TORTE

1. SCHOKOLADENBISKUIT

Heize den Ofen auf 200 °C O/U vor und stelle einen Backring mit 22 cm Durchmesser auf ein mit Backfolie belegtes Lochblech.

Verrühre die Eier mit dem Espresso, dem Zucker, dem Salz und dem Tonka Wonka für 4–5 Minuten weißcremig. Siebe das Mehl mit der Stärke, dem Kakao und dem Backpulver hinzu und hebe es vorsichtig mit einem Schneebesen unter.

♥ Tipp ♥

DU KANNST AUF DAS BACKPULVER IM BISKUIT VERZICHTEN, WENN DU DIE EIER-ZUCKERMASSE ETWA 15 MINUTEN RÜHRST, BIS SIE STABIL UND FAST STEIF IST. DANN SORGT NÄMLICH DIE UNTERGESCHLAGENE LUFT FÜR DAS VOLUMEN. WENN ES ABER MAL SCHNELLER GEHEN SOLL, DARF AUCH GERNE ETWAS WENIGER GERÜHRT UND MIT BACKPULVER NACHGEHOLFEN WERDEN.

2. FRUCHTSCHICHT

Lasse die Früchte auftauen und verrühre sie mit dem Zucker und dem Agaragar. Zerdrücke sie mit dem Whacker und lasse sie in einem Topf aufkochen und mindestens zwei Minuten lang sprudelnd kochen, damit der Agaragar wirken kann.

Streiche das Beerenpüree durch ein feines Haarsieb oder das fleißige Lieschen, um die Kerne zu entfernen und lasse es etwas abkühlen.

3. VANILLE-MASCARPONE-CREME

Verrühre den Mascarpone in einer Schüssel cremig. Füge den Quark, das Vanilleextrakt und den Puderzucker hinzu und rühre die Creme geschmeidig.

Gieße langsam die Sahne dazu und schlage die Creme mit Sanapart steif.

Fülle die Biskuitmasse in den Backring ein und verteile sie vorsichtig. Backe den Biskuit im vorgeheizten Ofen für etwa 20 Minuten und lasse ihn nach dem Herausnehmen vollständig abkühlen.

4. TORTE FÜLLEN

Schneide den abgekühlten Boden mit einer Tortensäge in drei gleichmäßige Böden zu.

Lege den ersten Boden auf einen Tortenretter, setze einen
sauberen Backring außen herum und verteile ein Viertel
der Mascarpone-Creme glatt darin.
Verstreiche die Hälfte des Beerenpürees darüber und lege
den zweiten Boden auf.

Verstreiche das zweite Viertel Creme und das übrige
Beerenpüree darüber und lege den letzten Boden auf.

Verstreiche das dritte Viertel Creme glatt darüber und
stelle die Torte und die übrige Creme abgedeckt für etwa
drei Stunden kühl.

MIKADO-TORTE

Halbiere die Erdbeeren und dekoriere die Oberfläche der Torte mit den gemischten Früchten.

5. TORTE DEKORIEREN

Entferne den Backring mit einem Backringmesser und bestreiche die Torte am Rand glatt mit der restlichen Creme. Setze die Torte auf eine Tortenplatte.

Kürze die Mikados nach Belieben, indem du etwas vom Stab wegschneidest.
Drücke die Mikados an den Rand der Torte.

MANGO-MOUSSE-TORTE

mit Baiserspitzen

Diese Torte gehört geschmacklich zu den leichten Köstlichkeiten. Der duftige Biskuitteig erhält eine fruchtig-leichte Mango-Mousse-Schicht und wird mit weißen Baisertupfen dekoriert. Geröstete Mandelblättchen geben einen hübschen Kontrast und schmecken lecker knusprig zum cremigen Mousse und dem Baiser.

 8–10 Stück   18 cm   Zubereitung: 60 Min.   Backzeit: 15–18 Min.

 180 °C O/U   unterer Einschub   Kühlzeit: 6 Std.

BISKUIT

3 Eier
75 g Zucker
1 Prise Salz
1 TL Vanilleextrakt
75 g Mehl

MANGO-MOUSSE

15 g Gelatine (gemahlen)
120 g Wasser
400 g Mango (geschält, ohne Stein)
250 g Sahne
2 Eiweiß (sehr frisch)
1 Prise Salz
60 g Zucker

DEKORATION

40 g Mandeln (gehobelt)

BAISER

2 Eiweiß
1 Prise Salz
100 g Zucker

MANGO-MOUSSE-TORTE

1. VORBEREITUNG

Heize den Ofen auf 180 °C O/U vor. Stelle einen Back-ring auf 18 cm Durchmesser ein und setze ihn auf ein mit Backfolie belegtes Lochblech.

2. BISKUIT

Schlage die Eier gemeinsam mit dem Zucker, dem Salz und dem Vanilleextrakt in 8–10 Minuten weißcremig. Siebe das Mehl zu der Eiermasse und hebe es vorsichtig unter.

Fülle den Biskuit in den Backring ein und backe ihn im vorgeheizten Ofen für 15–18 Minuten.
Nimm den Biskuit aus dem Ofen heraus, löse den Backring mit einem Backformmesser ab und entferne ihn. Lasse den Biskuit komplett abkühlen.

3. MANGO-MOUSSE

Verrühre die gemahlene Gelatine mit dem Wasser und lasse sie etwa zehn Minuten quellen.

Halbiere die Mango und schäle sie mithilfe eines Glases. Wiege 400 g Fruchtfleisch davon ab.

Püriere die Mango mit einem Mixer und koche sie auf dem Herd ein, bis nur noch 300 g übrig sind. Lasse sie dann lauwarm abkühlen.

Schlage die Sahne steif und stelle sie in den Kühlschrank. Gib das Eiweiß gemeinsam mit der Prise Salz und dem Zucker in eine Metallschüssel. Stelle diese über ein kochendes Wasserbad. Erhitze die Masse nun unter ständigem Rühren für etwa zehn Minuten. So werden mögliche Keime abgetötet und das Eiweiß wird später schön luftig und stabil.

Alternativ kann das Eiweiß in einer Küchenmaschine mit Hitzefunktion (z. B. Kenwood Cooking Chef Gourmet oder Kitchenaid beheizbare Rührschüssel) zehn Minuten lang unter ständigem Rühren auf 70 °C erhitzt werden.

Nimm die Schüssel vom Wasserbad herunter und schlage das Eiweiß weiter, bis es wieder auf etwa 25 °C abgekühlt ist.

MANGO-MOUSSE-TORTE

Rühre die Gelatine in die noch lauwarme Mangomasse ein und löse sie auf. Rühre nun die Eiweißmasse in das Mangopüree ein. Hebe dann die Sahne unter.

❤ Tipp ❤

FÜHRE EINE GELIERPROBE, WIE AUF SEITE 46 BESCHRIEBEN, DURCH, UM ZU TESTEN, OB DIE MASSE FEST WIRD.

Stelle den Tortenboden auf einen Tortenretter oder eine Tortenplatte und lege einen Backring außenherum. Fülle die Creme auf den Tortenboden und streiche sie glatt. Stelle die Torte für mindestens fünf Stunden kalt, damit die Gelatine fest werden kann.

4. DEKORATION

Röste die gehobelten Mandeln in einer Pfanne ohne Fett, bis sie lecker duften. Nimm sie aus der Pfanne heraus und lasse sie abkühlen.

5. BAISER

Gib das Eiweiß gemeinsam mit der Prise Salz und den Zucker in eine Metallschüssel. Stelle diese über ein kochendes Wasserbad und erhitze die Eiweißmasse nun unter ständigem Rühren für etwa zehn Minuten. Nimm die Schüssel vom Wasserbad herunter und rühre das Baiser nun so lange weiter, bis es abgekühlt ist.
Hierfür kann natürlich auch eine Küchenmaschine mit Hitzefunktion verwendet werden.
Löse die Torte aus dem Tortenring.

Fülle die Baisermasse in einen Spritzbeutel mit großer Lochtülle ein und bedecke die gesamte Oberfläche mit Baisertupfen.

Streue die Mandeln darüber und serviere die Torte.

BIRNEN-HIMBEER-TORTE

mit Vanillebuttercreme

Wenn man sich das wunderschöne Bild dieser Torte anschaut, vermutet man zuerst gar nicht, was in ihr steckt. Ich verrate es dir: eine Birnen-Himbeer-Essigfüllung! Ja, du hast richtig gelesen – diese Torte ist mit einer Essigschicht gefüllt. Die Inspiration dafür habe ich mir beim Schokolatier Eberhardt geholt, der ausgefallene Pralinen mit einer Essigfruchtfüllung herstellt. Zuerst war ich skeptisch, weil ich mir den Geschmack von Essig in Kombination mit Schokolade nicht vorstellen konnte. Aber was soll ich sagen? Ich war sichtlich überrascht und habe die Idee der Essigfüllung in dieser Torte umgesetzt. Also gib der Birnen-Himbeer-Torte bitte unbedingt eine Chance und probiere sie genau wie im Rezept beschrieben aus. Damit wirst du alle überraschen!

Diese Torte gefällt mir optisch am besten, wenn sie hoch und schmal ist. Du kannst die gleiche Menge an Zutaten auch mit 26 cm Durchmesser backen, dann sind die Kuchenstücke auf dem Teller auch nicht so hoch und das Portionieren ist einfacher.

 20 Stück   2 x 20 cm   Zubereitung: 120 Min.   Backzeit: 35 Min.

 170 °C O/U   unterer Einschub   Kühlzeit: 4 Std.

MANDEL-RÜHRÖLTEIG

5 Eier
250 g Zucker
1 Prise Salz
1 TL Vanilleextrakt
1 TL Zitronenpaste
250 g Buttermilch
250 g Sonnenblumenöl
375 g Mehl
2,5 TL Backpulver
170 g Mandeln (gemahlen)

CRUNCH-BODEN

150 g weiße Schokolade
20 g Amarath (gepoppt)
10 g Kokosöl
60 g Mandeln (gehackt)

HIMBEER-BIRNEN-FRUCHTEINLAGE

15 g Gelatine (gemahlen)
75 g Wasser
225 g Birnen (reif, geschält)

90 g Zucker
1 Zweig Rosmarin
150 g Zitronensaft
75 g Fruchtessig (z. B. Himbeere)
150 g Himbeeren

VANILLECREME

235 g Eiweiß
375 g Zucker
1 Prise Salz
750 g Butter (weich)

170 g Puderzucker
2 TL Vanilleextrakt

DEKORATION

100 g weiße Kuvertüre
30 g Sahne
1 TL Kokosöl
2–3 Tropfen rote Farbpaste
2–3 Tropfen pinke Farbpaste
je 8–10 Brombeeren, Himbeeren und Heidelbeeren
3 Zweige Rosmarin

BIRNEN-HIMBEER-TORTE

1. MANDEL-RÜHRÖLMASSE

Schlage zwei Backringe mit 20 cm Durchmesser in Backpapier ein und setze sie auf ein Lochblech.

Heize den Ofen auf 170 °C O/U vor.

Verrühre die Eier mit dem Zucker, dem Salz und dem Vanilleextrakt in zehn Minuten weißcremig. Rühre die Zitronenpaste, die Buttermilch und das Öl bei niedriger Stufe ein.

Verrühre das Mehl mit dem Backpulver, siebe es zur Eiermasse und rühre es mit den Mandeln kurz ein.
Fülle die Mandel-Rührölmasse in die zwei Backringe ein, streiche sie leicht am Rand nach oben und backe sie im Ofen für etwa 35 Minuten.

Nimm die Böden aus dem Ofen heraus, lasse sie komplett abkühlen und entferne dann den Backring mit einem Backformmesser.

2. CRUNCH-BODEN

Schmilz die Schokolade über einem warmen Wasserbad und rühre anschließend den Amaranth, das Kokosöl und die Mandeln ein.

Stelle einen Backring auf 20 cm Durchmesser ein und setze ihn auf einen mit Backpapier oder Backfolie belegten Tortenretter.

Fülle die Masse hinein und drücke sie mit einem Glas oder einer Burgerpresse fest. Stelle den Crunch-Boden in den Kühlschrank.

3. HIMBEER-BIRNEN-FRUCHTEINLAGE

Weiche die Gelatine in dem Wasser ein.
Schneide die reifen, geschälten Birnen in kleine Würfel und gib sie zusammen mit dem Zucker, dem Rosmarinzweig, dem Zitronensaft und dem Essig in einen Kochtopf.

Lasse die Masse kurz aufkochen und etwa 2–3 Minuten köcheln, damit die Birnen weich werden und der Rosmarin sein Aroma abgibt. Schalte den Herd aus und lasse die Mischung etwa fünf Minuten stehen.

Entferne den Rosmarinzweig und rühre die gequollene Gelatine und die Himbeeren ein.

Streiche nun so viel Creme darauf, dass die Fruchteinlage komplett bedeckt ist.

4. Fülle die Masse in drei tiefe Teller (16 cm Ø), welche vorher mit Frischhaltefolie belegt wurden. Lasse sie im Tiefkühler vollständig gefrieren. Wichtig ist hierbei nicht die Form des Tellers (gerade oder Kuppel), sondern der Durchmesser. Dieser sollte im Idealfall immer etwa vier cm kleiner sein als die Torte.

Hierbei ist es hilfreich die Creme in einen Spritzbeutel mit großer Lochtülle zu füllen.

5. VANILLECREME

Verrühre das Eiweiß mit dem Zucker und dem Salz in einer Metallschüssel und stelle es auf ein Wasserbad. Rühre nun mit dem Handrührgerät und erwärme die Eiweißmasse über dem kochenden Wasserbad für zehn Minuten, damit mögliche Keime abgetötet werden und das Baiser standfest wird. Alternativ kannst du eine Küchenmaschine mit Hitzefunktion verwenden und die Baisermasse für zehn Minuten bei 70 °C erhitzen.

Nimm es anschließend vom Wasserbad herunter und rühre das Baiser so lange, bis es wieder kalt ist. Rühre die weiche Butter mit dem Puderzucker und Vanilleextrakt etwa 4–5 Minuten in einer separaten Schüssel, bis sie weißcremig ist. Rühre anschließend löffelweise die Baisermasse hinzu, sodass die Buttercreme entsteht.

Fülle nun so die gesamte Torte und schließe mit einem glatten Boden ab. Behalte etwa 6 EL der Creme übrig. Damit die Torte schön gerade wird spanne ich gerne einen Backring außenherum. Lege hierbei einen Bogen Backpapier zwischen Torte und Backring, damit das Entfernen leichter ist. Stelle die Torte für mindestens drei Stunden kalt.

6. TORTE FÜLLEN

Schneide die Mandelböden jeweils ein Mal waagerecht durch. Entferne das Backpapier und den Backring des Crunch-Bodens und setze ihn auf den Tortenretter. Bestreiche ihn mit etwas Vanillecreme und setze einen Mandelboden darauf.

Verteile eine dünne Schicht Vanillecreme darüber und lege eine gefrorene Fruchteinlage in die Mitte.

BIRNEN-HIMBEER-TORTE

7. Entferne den Backring und bestreiche die Torte mit der übrigen Creme. Glätte die Oberfläche mit einer Winkelpalette und ziehe den Rand der Torte mit einer extra hohen Teigkarte glatt. Setze diese am Tortenretter an und arbeite mit dem rechten Winkel der Teigkarte. Stelle die glatte Torte für mindestens eine Stunde in den Kühlschrank.

8. TORTE DEKORIEREN

Setze die glatte Torte nun auf die Tortenplatte, auf welcher du sie anrichten möchtest.
Hacke oder reibe die Kuvertüre fein. Koche die Sahne in einem Topf oder einer Schale auf und ziehe sie vom Herd herunter.

Füge die Kuvertüre und das Kokosöl hinzu und verrühre die Masse so lange mit einem Schneebesen, bis die weiße Kuvertüre komplett geschmolzen ist.

Färbe die Ganache mit den Farbpasten in der gewünschten Intensität ein.

♥ Tipp ♥

BUTTERCREMETORTEN SCHMECKEN AM BESTEN ZIMMERWARM. EINEN SCHÖNEN ANSCHNITT ERHÄLT MAN ALLERDINGS, WENN DIE TORTE KALT GESCHNITTEN WIRD. LEGE DIE GROSSEN TORTENSTÜCKE AUF KUCHENTELLER UND LASSE SIE 5–10 MINUTEN STEHEN, DAMIT DIE CREME IHR VOLLES AROMA ENTFALTEN KANN.

DIE TORTE HÄLT IM KÜHLSCHRANK ETWA 4–5 TAGE.

Lasse die Ganache mit einem Löffel oder mithilfe eines Gefrier- oder Spritzbeutels am Rand der Torte herunterlaufen.

Dekoriere die Torte an der Oberfläche mit den Früchten – lege sie hierbei zu einem Fruchtkranz und stecke kleine Rosmarinzweige dazwischen.
Stelle die Torte bis zum Verzehr kalt.

SCHACHBRETT-TORTE

mit Blaubeercreme

Ich muss zugeben, dass diese kunstvolle Torte sehr aufwendig herzustellen ist, aber man kann wirklich jeden damit beeindrucken! Geschmacklich und optisch ist die Torte hervorragend. Die tolle Farbe bekommt sie durch die tiefgefrorenen Heidelbeeren.

Hast du gewusst, dass früher Heidelbeeren außen und innen blau waren? Die blaue Farbe im Innern wurde aber herausgezüchtet, weil die Menschen keine farbigen Finger oder einen farbigen Mund haben wollten, daher sind Kulturheidelbeeren innen weiß. Mir persönlich gefällt die blau-lila Farbe aber hervorragend, und so kann man sich den Griff zu künstlichen Lebensmittelfarben wirklich sparen – die Natur erledigt das für uns.

Nimm dir Zeit für dieses Kunstwerk und mache den Anschnitt der Torte zu einem besonderen Moment.

 12 Stück   2 x 20 cm   Zubereitung: 3 Std.   Backzeit: 30 Min.

 170 °C O/U   unterer Einschub   Kühlzeit: 6 Std.

RÜHRÖLTEIG
6 Eier
1 Prise Salz
300 g Zucker
150 g Sonnenblumenöl
190 g Buttermilch

HELLER ZITRONENTEIG
190 g Mehl
1,5 TL Backpulver
1 TL Zitronenpaste

SCHOKOLADENTEIG
140 g Mehl
50 g Kakao
1,5 TL Backpulver
1 TL Tonka Wonka

HEIDELBEERQUARK-CREME
300 g Heidelbeeren (TK)
½ Zitrone (Saft)
500 g Magerquark
40 g Puderzucker
500 g Sahne
10 TL Sanapart

ZUM BESTREICHEN
50 g Heidelbeermarmelade

ZARTBITTERGANACHE
200 g Sahne
400 g Zartbitterschokolade

HEIDELBEERGANACHE
50 g Heidelbeeren (TK)
1 TL Zitronensaft
25 g Sahne
75 g weiße Schokolade

DEKORATION
50 g weiße Schokolade od. Kuvertüre
10 Heidelbeeren (frisch)
3–4 essbare Blüten

SCHACHBRETT-TORTE

♡ Tipp ♡

STATT HELLER UND DUNKLER BÖDEN KANNST AUCH LEBENSMITTELFARB-
PASTEN ZUM EINFÄRBEN DER BÖDEN VERWENDEN UND SOMIT EINE BUNTE
SCHACHBRETT-TORTE ERSTELLEN.
DA IST AUCH DER ANSCHNITT EIN MEGA-HINGUCKER!

1. RÜHRÖLTEIG

Heize den Ofen auf 170 °C O/U vor und stelle zwei
mit Backpapier eingeschlagene Backringe mit jeweils
20 cm Durchmesser auf ein Lochblech.
Verrühre die Eier mit dem Salz und dem Zucker in etwa
zehn Minuten zu einer weißcremigen Masse.
Verrühre in der Zwischenzeit das Mehl mit dem Backpulver für den Zitronenteig und das Mehl mit dem Kakao und
dem Backpulver für den Schokoladenteig.

Verrühre das Öl mit der Buttermilch und rühre es ganz
vorsichtig in die Eiermasse ein.
Halbiere nun die Rührölmasse mithilfe einer Waage und
rühre in die eine Hälfte die Mehlmischung und die
Zitronenpaste ein und in die andere Hälfte die Kakaomischung mit dem Tonka Wonka.

Fülle beide Teige jeweils separat in die beiden Backringe
ein und backe sie etwa 30 Minuten im Ofen. Führe die
Stäbchenprobe durch und nimm sie aus dem Ofen heraus. Lasse den hellen und den dunklen Kuchen komplett
abkühlen.
Löse die Kuchenböden mit einem Backformmesser aus
den Backringen heraus und stelle sie abgedeckt für 30 Minuten in den Kühlschrank, damit sie sich besser schneiden lassen. Schneide den hellen Kuchen nun zwei Mal mit
einer Tortensäge durch, sodass drei Böden entstehen.
Stich die einzelnen Böden nun mit runden Ausstechern
(ca. 6,5 und 13 cm) so aus, dass Ringe entstehen.
Halbiere den Schokoladenkuchen, sodass zwei Böden
entstehen.

2. HEIDELBEER-QUARK-CREME

Verrühre die Heidelbeeren mit dem Zitronensaft
und koche sie in einem Topf so lange, bis die Flüssigkeit
fast komplett verkocht ist. Püriere sie und streiche sie
nach Belieben durch ein Sieb, um die Kerne und die
Haut zu entfernen. Lasse das Heidelbeerpüree komplett
abkühlen.
Verrühre es anschließend mit dem Quark und dem Puderzucker, rühre die Sahne und anschließend das Sanapart
ein, damit die Creme steif wird. Fülle sie in einen Spritzbeutel mit großer Lochtülle ein.

3. TORTE FÜLLEN

Setze den dunklen Boden auf einen Tortenretter oder eine Tortenplatte. Bestreiche ihn mit der Heidelbeermarmelade. Lege nun einen großen hellen Biskuitring und das kleine, mittlere Biskuitinnenstück auf die Marmelade und fülle die Heidelbeerquarkcreme mithilfe des Spritzbeutels in die Lücke.

Lege nun einen mittleren Ring auf die Creme und spritze die Heidelbeerquarkcreme in die entstandenen Lücken.

Fülle und stapele nun so die gesamte Torte – schließe mit dem dunklen Kuchendeckel ab. Brauche hierbei die komplette Creme auf.

Lege etwas Backpapier oder Wachspapier um die Torte und stelle anschließend einen Tortenring darum, damit die Torte beim Kühlen Stabilität bekommt. Stelle die Torte für mindestens fünf Stunden – oder sogar am besten über Nacht – in den Kühlschrank.

4. ZARTBITTERGANACHE

Stelle in der Zwischenzeit die Ganache her. Lasse hierfür die Sahne in einem Topf aufkochen und ziehe sie dann wieder vom Herd herunter.

Rühre die in Stücke gebrochene Schokolade ein, bis sie geschmolzen ist. Lasse die Ganache abgedeckt bei Raumtemperatur abkühlen, bis sie streichfähig ist.

5. TORTE BESTREICHEN

Entferne den Backring und das Backpapier. Bestreiche die Torte rundherum mit der Ganache, bis sie glatt ist. Hierfür bestreiche ich sie zuerst mit einer dünnen Schicht, kühle die Torte für 15 Minuten.

Bestreiche sie dann mit der Ganache glatt. Hebe hierbei etwas Ganache auf.

SCHACHBRETT-TORTE

Erwärme die restliche Ganache erneut und fülle sie in einen Spritzbeutel mit kleiner Lochtülle ein. Spritze kleine Ganache-Tupfen an den Rand der Torte. Stelle sie kühl.

6. HEIDELBEERGANACHE

Koche die Heidelbeeren zusammen mit dem Zitronensaft in einem Topf und zerstampfe sie dabei. Koche sie so lange, bis fast die ganze Flüssigkeit verkocht ist. Streiche die Paste durch ein Haarsieb.

Koche die Sahne im gleichen Topf auf und gieße sie über das Heidelbeerpüree. Mit der Sahne „wasche" ich die Heidelbeerreste aus dem Topf und dem Sieb, damit nichts verschwendet wird.
Rühre nun die kleingehackte Schokolade ein und verrühre die Ganache.

Gieße die Heidelbeerganache auf die Oberfläche der Torte und verstreiche sie.

7. DEKORATION

Schmilz die weiße Schokolade und fülle sie in einen Spritz- oder Gefrierbeutel. Schneide eine winzige Spitze ab und gieße die Schokolade auf die Heidelbeerganache.

Dekoriere die Torte mit den Heidelbeeren und essbaren Blüten. Stelle sie bis zum Verzehr kalt.

♥-erwärmende
Kuchen

♥-ERWÄRMENDE KUCHEN

einfache Rezepte für jeden Tag und jeden Anlass

Kuchen sind so vielfältig und abwechslungsreich wie das Leben – klein, groß, weich, fest, rund, eckig, saftig, fluffig, fruchtig, süß – die Liste ließe sich noch nahezu unendlich erweitern.

Wenn bei uns im Familien- und Freundeskreis eine Festlichkeit oder auch nur ein gemütliches Beisammensein ansteht, dann kommt immer die Frage auf: „Kann ich noch einen Kuchen mitbringen?" Kuchen passen zu den unterschiedlichsten Anlässen, egal ob man sich beispielsweise sonntags mit Familie und Freunden trifft oder auch auf größeren Veranstaltungen eingeladen ist, ein leckerer Kuchen eignet sich immer als Mitbringsel.

In dieser Rubrik habe ich es mir zur ♥-ensaufgabe gemacht, euch klassische Kuchen ohne Cremes und Sahne vorzustellen. Der Vorteil an den ausgewählten Rezepten ist, dass sie einfach zuzubereiten und auch über mehrere Tage hinweg haltbar sind. Hand auf's ♥: Wer hat schließlich noch nicht mehrere Tage Kuchenreste essen dürfen oder müssen? Mir schmecken übrig gebliebene Kuchenreste am besten mit einem Glas kalter Milch.

Die meisten Kuchenreste lassen sich auch gut mit Frischkäse oder Quark vermischen, mit Rum verfeinern und zu Rumkugeln verarbeiten. ☺

HIMBEER-SCHMAND-KUCHEN

mit Vanillecreme

Der Himbeer-Schmand-Kuchen schmeckt sehr cremig und vanillig. In Kombination mit den süß sauren Himbeeren ist er wirklich ein Traum. Statt der Himbeeren kannst du auch Mandarinorangen und einen hellen Guss verwenden. Allerdings finde ich gerade die Kombination aus Vanille und Himbeere so genial. Dieses Zusammenspiel mag ich nämlich auch in Panna Cotta – die esse ich nämlich am liebsten mit einer Himbeersoße. Dieser Kuchen schmeckt auch tatsächlich wie ein lockeres, leichtes Pannacotta-Dessert und ist nicht zu süß.

 12 Stück   26 cm   Zubereitung: 60 Min.   Backzeit: 50 Min.

 170 °C O/U   unterer Einschub   Kühlzeit: 2,5 Std.

MÜRBETEIG

100 g Zucker
200 g Butter (kalt)
300 g Mehl
1 Eigelb
1 TL Vanilleextrakt
1 Prise Salz

VANILLE-SCHMANDCREME

500 g Milch
60 g Stärke
100 g Zucker
1 TL Vanilleextrakt
600 g Schmand
1 Ei
1 Eiweiß

HIMBEERBELAG

500 g Kirschsaft
10 g Zucker
15 g Agaragar
250 g Himbeeren (TK)

HIMBEER-SCHMAND-KUCHEN

1. MÜRBETEIG

Verknete den Zucker mit der kalten Butter, dem Mehl, dem Eigelb, dem Vanilleextrakt und der Prise Salz kurz zu einem Mürbeteig.

Drücke ihn flach in einen Teller und lasse ihn abgedeckt im Kühlschrank etwa 30 Minuten ruhen.

2. VANILLE-SCHMANDCREME

Verrühre die Milch mit der Stärke, dem Zucker und dem Vanilleextrakt klümpchenfrei in einem Topf und lasse den Pudding unter ständigem Rühren bei mittelhoher Hitze einmal aufkochen, sodass er eindickt.

Ziehe ihn vom Herd herunter und streiche ihn durch ein Haarsieb, um Klümpchen zu entfernen.

Ich verwende hierbei das fleißige Lieschen, weil es wesentlich einfacher geht und ich die Masse durch die Drehbewegung durchstreichen kann.

Rühre den Schmand, das Ei und das Eiweiß ein und stelle die Füllung beiseite.

3. KUCHEN FÜLLEN

Heize den Ofen auf 170 °C O/U vor, stelle einen Backring auf 26 cm ein und lege eine Backfolie und ein Lochblech bereit.

Knete den Mürbeteig ein Mal kurz durch und rolle ihn dünn aus – ich verwende hierfür den Ausrollstab mit den Abstandsringen.

Stich den Teig nun mit dem Backring aus und knete die Reste wieder zusammen.

Lege die Backfolie darauf und stürze den Mürbeteig nun mithilfe eines Tortenretters und des Backblechs auf die Backfolie. Ziehe die Backmatte weg und lege den Backring nun um den Kreis.

Forme die Teigreste zu langen Rollen, lege sie in den Backring und drücke sie fest, sodass ein Teigrand entsteht. Stich den Teig mehrmals mit einer Gabel ein und fülle nun die Vanillecreme hinein. Backe den Kuchen im Ofen für etwa 50 Minuten.

Schalte den Ofen aus und lasse ihn darin für etwa 30 Minuten abkühlen.

Nimm den Kuchen anschließend aus dem Ofen und lasse ihn komplett erkalten.

4. HIMBEERSCHICHT

Verrühre den Kirschsaft mit dem Zucker und Agar-agar in einem Topf und lasse die Mischung aufkochen und mindestens zwei Minuten sprudelnd einkochen. Ziehe sie dann vom Herd herunter. Füge die Himbeeren dazu, rühre sie kurz ein – die Fruchtmasse kühlt durch die gefrorenen Beeren sehr schnell ab.

Gieße die Fruchtfüllung vorsichtig auf den erkalteten Kuchen. Lasse den Kuchen etwa eine Stunde im Kühlschrank fest werden.

Löse den Backring mit einem Backformmesser und serviere den Kuchen am besten kühlschrankkalt.

SCHOKOLADENKUCHEN

sehr saftig und mega schokoladig

Ein richtig saftiger Schokoladenkuchen gehört einfach in jedes Backbuch. Ich selbst probiere da verschiedene Variationen aus. Dieser hier ist vor allem sehr einfach zuzubereiten, und da ich Öl im Teig verwende, muss ich auch keine zimmerwarme Butter bereithalten. Geht super schnell, die Zutaten sind bei mir immer parat und Schokoladenkuchen schmeckt einfach jedem. Falls du übrigens kein Schmand zur Hand hast, kannst du auch Joghurt, Crème Fraîche, Buttermilch, Sahne oder Ähnliches verwenden. Bitte mach übrigens nie den Fehler und verwende keine Vollmilchkuvertüre zum Übergießen – diese schmeckt einfach nur sehr süß. Zartbitterkuvertüre jedoch schmeckt super schokoladig, ohne dabei zu süß zu sein. In Kombination mit dem saftigen Teig ist sie wirklich genial.

12 Stück   Ø 22 cm   Zubereitung: 45 Min.   Backzeit: 60 Min.

170 °C O/U   unterer Einschub   Kühlzeit: 1 Std.

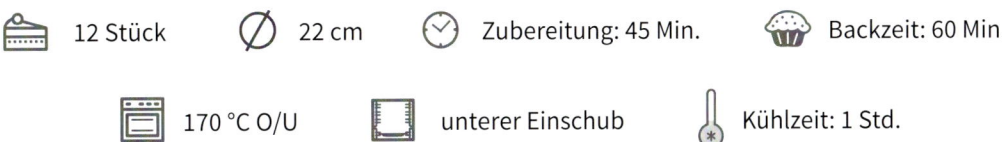

SCHOKOLADENRÜHRTEIG

6 Eier
130 g Zucker
100 g brauner Zucker
1 Prise Salz
1 TL Tonka Wonka
200 g Sonnenblumenöl
200 g Schmand
250 g Mehl
50 g Kakao
3 TL Backpulver
100 g backfeste Schokodrops

SCHOKOLADENGLASUR

300 g Zartbitterkuvertüre
30 g Kokosöl

SCHOKOLADENKUCHEN

1. SCHOKOLADENRÜHRTEIG

Heize den Ofen auf 170 °C O/U vor. Fette und bemehle eine Gugelhupfform. Verrühre die Eier mit dem Zucker, dem braunen Zucker, dem Salz und dem Tonka Wonka für etwa 8-10 Minuten weißcremig.

Füge nun das Öl und den Schmand hinzu und rühre die Zutaten kurz ein.

Verrühre das Mehl mit dem Kakao und dem Backpulver und siebe es in die Rührschüssel. Füge nun auch die Schokodrops hinzu und verrühre alle Zutaten kurz.

Fülle den Teig in die Backform ein und backe den Kuchen etwa 60–65 Minuten.

Nimm den Kuchen aus dem Ofen heraus, lasse ihn etwa zehn Minuten in der Form erkalten und stürze ihn dann auf ein Abkühlgitter.

Nimm die Backform weg und lasse den Schokoladenkuchen komplett erkalten.

2. SCHOKOLADENGLASUR

Hacke die Kuvertüre fein und temperiere sie wie auf Seite 27 beschrieben. Füge das Kokosöl hinzu.

Stelle den Kuchen mit dem Abkühlgitter auf ein Blech oder einen tiefen Teller und bestreiche den Kuchen mit der Schokolade.

Was du mit der übrigen Kuvertüre herstellen kannst, erfährst du auf Seite 319.

Lasse die Schokolade fest werden und serviere den Kuchen dann.

KAROTTENKUCHEN

mit karamellisierter Ananas

Der Karottenkuchen ist ein beliebter Kuchen in den USA - diesen bereite ich als Upside-Down-Kuchen zu - er wird also nach dem Backen gestürzt. So befindet sich die obere Seite unten und der eigentliche Kuchenboden kehrt sich nach oben und wird zum absoluten Hingucker. Dafür wird der Backring zuerst mit karamellisierten Ananasscheiben ausgelegt. Das gibt nach dem Stürzen nicht nur einen tollen Effekt, sondern schmeckt auch sehr lecker und saftig.

Die karamellisierte Ananas habe ich mit einem Karottenkuchen kombiniert, was geschmacklich einfach perfekt dazu passt.

 12 Stück   24 cm   Zubereitung: 30 Min.   Backzeit: 30–35 Min.

 170 °C O/U   mittlerer Einschub   Kühlzeit: 60 Min.

KARAMELLISIERTE ANANAS

½ Ananas
100 g Zucker
50 g Rum (nach Belieben)

TEIG

3 Eier
150 g Zucker
1 Prise Salz
130 g Sonnenblumenöl
60 g Pistazien
225 g Karotten (geschält)
200 g Mehl
3 TL Backpulver
1 Orange (Abrieb)

ZUM SERVIEREN

200 g Sahne

KAROTTENKUCHEN

1. VORBEREITUNG

Heize den Ofen auf 170 °C O/U vor. Schlage einen Backring mit 24 cm Durchmesser in Backpapier ein und setze ihn auf ein Lochblech.

2. KARAMELLISIERTE ANANAS

Entferne die Schale der Ananas. Viertele sie anschließend der Länge nach und entferne den Strunk. Schneide die Ananas nun in dünne, gleichmäßige Scheiben. Erhitze eine Pfanne auf mittelhohe Temperatur und streue etwas Zucker hinein. Füge nach Belieben etwas Rum hinzu.

3.

Lege die Ananasscheiben auf den Zucker und karamellisiere sie von beiden Seiten für 2–3 Minuten.

4.

Lege die Scheiben nun überlappend in den Tortenring, sodass ein (geometrisches) Muster entsteht. Wenn der Kuchen nachher gestürzt wird, sind die Ananasscheiben oben.

5. TEIG

Schlage die Eier mit dem Zucker und Salz in 5–8 Minuten cremig. Rühre das Öl bei niedriger Stufe unter. Hacke die Pistazien grob und reibe die geschälten Karotten in feine Streifen.
Mische das Mehl mit dem Backpulver und reibe die Schale der Orange ab. Füge alle Zutaten zur Eiermasse hinzu und hebe sie vorsichtig mit einem Schneebesen unter.
Fülle den Teig auf die Ananasscheiben und streiche ihn glatt. Backe den Kuchen im vorgeheizten Ofen für 30–35 Minuten.
Lasse den Kuchen anschließend vollständig im Ring abkühlen. Löse den Backring und stürze den Kuchen auf eine Tortenplatte.

Serviere den Kuchen nach Belieben mit etwas geschlagener Sahne.

BADISCHER KIRSCHPLOTZER

ein saftiger, aromatischer Kirschkuchen

Diesen Kirschkuchen kennen meist noch die Omis. ☺
Der badische Kirschplotzer ist ein saftiger, aromatischer Kirschkuchen, der aber genauso gut aus Schwaben kommen könnte. Warum? Weil hierfür Brot oder Brötchen vom Vortag verwendet werden – um diese weiter zu verwerten, statt sie wegzuwerfen. Falls du kein altes Brot zur Hand hast, dann verwende doch einfach Zwieback. Supersparsam also. Das Brot gibt dem Kuchen auch eine ganz besonders feine Note. Die Kirschen müssen und sollen auch gar nicht entsteint werden.

Am besten isst man den Kuchen im Garten oder auf der Terrasse und macht direkt einen Kirschkern-Weitspuck-Wettbewerb. Bei diesem Kuchen darf man also die Manieren mal zu Hause lassen und die Kerne einfach ins Freie spucken. Natürlich darfst du die Kirschen auch entsteinen und den Kuchen so backen.

 12 Stück   ⌀ 26 cm   Zubereitung: 60 Min.   Backzeit: 50–55 Min.

 170 °C O/U   unterer Einschub   Kühlzeit: 60 Min.

TEIG

170 g Brötchen vom Vortag
250 g Milch (warm)
3 Eiweiß
1 Prise Salz
60 g Zucker
125 g Butter (weich)
60 g Zucker
1 TL Vanilleextrakt

3 Eigelb
125 g Mehl
2 TL Backpulver
1 TL Zimt (gemahlen)
1 Prise Nelken (gemahlen)
125 g Haselnüsse (gemahlen, geröstet)
100 g Schokostreusel (Zartbitter)
2 EL Kirschwasser oder Rum
(nach Belieben)
500 g Kirschen (frisch, mit Stein)

ZUM SERVIEREN

200 g Sahne

 Tipp

FALLS DU KEIN ALTES BROT VOM VORTAG
ZUR HAND HAST, KANNST DU AUCH
ZWIEBACK VERWENDEN.

BADISCHER KIRSCHPLOTZER

1. BRÖTCHENTEIG

Schneide die Brötchen in grobe Stücke und gieße die warme Milch darüber. Lasse die Brötchen 20 Minuten stehen. Zerstampfe sie anschließend mit dem Whacker oder zerdrücke sie mit einer Gabel.

2. VORBEREITUNG

Heize den Ofen auf 170 °C O/U vor. Stelle einen Backring auf 26 cm ein, schlage ihn in Backpapier ein und setze ihn auf ein Lochblech.

Schlage das Eiweiß mit dem Salz steif. Füge die ersten 60 g Zucker langsam hinzu und rühre den Eischnee nun 3–4 Minuten weiter.

3.

Verrühre die weiche Butter mit dem restlichen Zucker und dem Vanilleextrakt für 4–5 Minuten cremig. Füge ein Eigelb nach dem anderen hinzu. Rühre dabei jedes etwa 30 Sekunden ein, damit die Buttermasse nicht gerinnt. Vermische das Mehl mit dem Backpulver, Zimt und den Nelken.
Hebe die Mehlmischung unter die Buttermasse. Füge zum Schluss den Brötchenteig, die Haselnüsse, die Schokostreusel und den Eischnee in mehreren Portionen zu der Buttermasse hinzu und hebe alles vorsichtig mit einem Schneebesen unter.
Rühre nach Belieben auch das Kirschwasser oder den Rum ein.

4.

Fülle den Teig in den vorbereiteten Backring, streiche ihn glatt und drücke die Kirschen hinein. Backe den Kuchen im vorgeheizten Ofen für 50–55 Minuten. Nimm den Kuchen aus dem Ofen heraus und lasse ihn vollständig abkühlen. Löse ihn dann aus dem Backring heraus. Serviere den Kuchen nach Belieben mit etwas geschlagener Sahne.

EIERLIKÖR-KÄSEKUCHEN

ohne Boden

Die meisten Menschen, die ich kenne, lieben Käsekuchen – aber ohne Boden. Also habe ich eine Variante ohne Boden, aber dafür mit Eierlikör für euch. Falls ihr den Kuchen übrigens alkoholfrei zubereiten wollt, dann könnt ihr den Eierlikör ohne Alkohol selbst zubereiten oder eine Vanillesoße verwenden.

Wenn du den Käsekuchen über ein paar Tage hinweg essen möchtest, dann bestreiche ihn nicht mit der Sahne, sondern reiche die Sahne und den Eierlikör zu jedem Stück dazu. So hält er sich länger.

Ein Eierlikör-Rezept gibt's in meiner kostenlosen App und auf meinem YouTube-Kanal.

 12 Stück   24 cm   Zubereitung: 20 Min.   Wartezeit: 30 Min.

 Backzeit: 75 Min.   160 °C O/U   unterer Einschub   Kühlzeit: 60 Min.

KÄSEKUCHENMASSE

5 Eiweiß
1 Prise Salz
100 g Zucker
150 g Butter (weich)
100 g Zucker
1 TL Vanilleextrakt
5 Eigelb
100 g Eierlikör
1000 g Quark (20 %)
80 g Mehl

CREME & DEKORATION

200 g Sahne
2 TL Sanapart
1 TL Vanilleextrakt
50 g Eierlikör

153

EIERLIKÖR-KÄSEKUCHEN

1. KÄSEKUCHEN

Heize den Ofen auf 160 °C O/U vor.

Schlage einen 24 cm-Backring in Backpapier ein und stelle ihn auf ein Lochblech.

Schlage das Eiweiß mit dem Salz steif, füge die ersten 100 g Zucker hinzu und rühre so lange weiter, bis der Eischnee glänzt und steif ist.

Verrühre die weiche Butter mit dem restlichen Zucker und dem Vanilleextrakt in 4–5 Minuten cremig. Füge jedes Eigelb einzeln hinzu und rühre es gut ein.

Rühre den Eierlikör und anschließend den Quark und das Mehl kurz ein. Hebe den Eischnee in zwei Portionen unter und fülle die Masse in den Backring ein.

Streiche sie glatt und backe den Kuchen für etwa 75 Minuten.

2. Stelle den Ofen aus und lasse den Kuchen darin mit geschlossener Tür etwa 30 Minuten ausruhen.

Nimm ihn anschließend aus dem Ofen heraus, löse den Rand mit einem Backformmesser vom Backring und lasse den Käsekuchen komplett abkühlen.

3. CREME & DEKORATION

Schlage die Sahne mit dem Sanapart und dem Vanilleextrakt steif und streiche sie auf den abgekühlten Käsekuchen.

Gieße den Eierlikör darüber und serviere ihn.

APFEL-TARTE

mit Blätterkranz

Die Apfeltarte backe ich aus einem feinen Mürbeteig und fülle ihn mit saftigen Äpfeln. In der Tarteform mit Hebeboden erhält sie ihre typische geriffelte Optik. Um dem Kuchen ein ganz besonderes Aussehen zu verleihen, steche ich mit einer Ausstecherform hübsche Blätter aus dem Mürbeteig aus und lege einen Kranz.
Die Apfeltarte kannst du das ganze Jahr über backen.

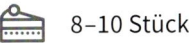 8–10 Stück

 20 cm Tarteform mit Hebeboden

 Zubereitung: 60 Min.

 Backzeit: 15 Min. dann 30 Min.

 200 °C dann 170 °C O/U

 mittlerer Einschub

 Kühlzeit: 50 Min.

MÜRBETEIG

200 g Butter (kalt)
75 g Zucker
1 Prise Salz
1 TL Vanilleextrakt
1 Eigelb
300 g Mehl

FÜLLUNG

750 g Äpfel (Braeburn, geschält)
1 Zitrone (Abrieb & Saft)
50 g Wasser
50 g Zucker
1/2 TL Zimt
50 g Korinthen
50 g Haselnüsse (gemahlen)
50 g Pinienkerne

ZUM FERTIGSTELLEN

200 g Crème fraîche

ZUM BESTREICHEN

1 Eiweiß
20 g Puderzucker

APFEL-TARTE

1. MÜRBETEIG

Verrühre die Butter mit dem Zucker, dem Salz und dem Vanilleextrakt. Füge das Eigelb und das Mehl hinzu und verbinde die Zutaten schnell zu einem glatten Teig. Drücke den Teig flach in eine Schüssel und stelle ihn für mindestens 30 Minuten abgedeckt kalt.
Knete den Teig kurz durch.

Rolle zwei Drittel davon etwa fünf mm dick aus und kleide eine mit Backtrennspray besprühte, perforierte Tarteform mit Hebeboden damit aus. Drücke den Teig an den Seiten fest und stich ihn mit einer Gabel mehrmals ein. Schneide den Rest weg.

Friere den Mürbeteig in der Tarteform 15 Minuten ein, damit die Tarte beim Backen ihre Form behält. Backe sie dann im vorgeheizten Ofen bei 200°C O/U für 15 Minuten vor.

2. FÜLLUNG

Bereite in der Zwischenzeit die Füllung vor. Schäle dazu die Äpfel und entkerne sie. Schneide sie in einen cm große Würfel. Füge die Apfelwürfel gemeinsam mit den restlichen Zutaten in einen Kochtopf und dünste sie für etwa 10 Minuten auf mittelhoher Hitze.

3. TARTE FERTIGSTELLEN

Streiche die Crème fraîche in die vorgebackene Tarte. Gib die Apfelfüllung darüber und verteile sie gleichmäßig.

4.

Stich nach Belieben aus dem übriggebliebenen Teig kleine Blätter aus. Lege sie an den Rand der Tarte. Verrühre das Eiweiß mit dem Puderzucker und bestreiche die Blätter damit. Backe die Tarte für weitere 30 Minuten bei 170°C O/U. Lasse die Tarte nach dem Backen 20 Minuten ruhen.
Löse sie dann aus der Form heraus und serviere sie nach Belieben mit geschlagener Sahne.

KÜRBISKUCHEN

mit Zimtguss

Vielleicht kannst du dir nicht vorstellen, wie Kürbis in einem süßen Kuchen schmeckt. Probiere dieses Rezept aus! Du wirst überrascht sein, denn der Kürbis macht Gebäck super saftig. Den Kuchen bestreiche ich mit einem feinen Zimtguss und dekoriere ihn mit Schokoladenröllchen.

So bekomme ich auch Murat dazu Kürbis zu essen – das Gemüse mag er nämlich ganz und gar nicht! Ich verwende hier den beliebten Hokkaido-Kürbis, der auch in unserem Garten in Hülle und Fülle wächst. Sein Vorteil: Er muss nicht geschält werden, so spare ich mir viel Arbeit und vor allem Platz im Müll.

 12 Stück   26 cm   Zubereitung: 25 Min.

 Backzeit: 35–40 Min.   170 °C O/U   unterer Einschub   Kühlzeit: 60 Min.

KÜRBISTEIG

4 Eier
200 g Zucker
1 Prise Salz
180 g Sonnenblumenöl
250 g Mehl
3 TL Backpulver
1 EL Zimt (gemahlen)
1 Prise Muskatnuss (gemahlen)
300 g Kürbis (gerieben)
80 g Mandeln (gehackt)
80 g Mandeln (gemahlen)

ZIMT-GUSS

150 g Puderzucker
40 g Zitronensaft
1 TL Zimt (gemahlen)

DEKORATION

50 g Zartbitterkuvertüre

KÜRBISKUCHEN

1. VORBEREITUNG

Heize den Ofen auf 170 °C O/U vor.

Stelle einen Backring auf 26 cm ein, schlage ihn in Back-papier ein und setze ihn auf ein Lochblech.

2. KÜRBISTEIG

Schlage die Eier mit dem Zucker und dem Salz 5–8 Minuten cremig. Rühre das Öl bei niedriger Stufe ein.

Vermische das Mehl mit dem Backpulver, dem Zimt und der Muskatnuss.

Reibe den Kürbis in feine Streifen. Hebe diese gemeinsam mit den trockenen Zutaten sowie den gehackten und gemahlenen Mandeln unter die Eiermasse.

Fülle den Teig in den Backring und backe ihn im vorge-heizten Ofen für 35–40 Minuten.

Lasse ihn anschließend im Ring komplett abkühlen. Löse ihn dann mit einem Backformmesser.

3. ZIMTGUSS

Verrühre den Puderzucker mit dem Zitronensaft und dem Zimt. Gieße den Guss auf den Kuchen und ver-streiche ihn.

4. DEKORATION

Ziehe mit einem Sparschäler Schokoladenröllchen von der Kuvertüre ab. Lege diese als Dekoration an den Rand des Kuchens.

ZUCCHINIKUCHEN

mit Vanilleguss

Ich liebe Gemüse im Kuchen, weil es den Kuchen saftiger macht. Gemüsesorten wie Kürbis, Karotten oder auch Zucchini eignen sich hervorragend, weil sie nahezu geschmacksneutral sind. So ist es auch bei diesem vanilligen Kuchen mit Mandeln und Pistazien.

 10 Stück

 1 Kastenkuchen, 30 cm

 Zubereitung: 20 Min.

 Backzeit: 70–75 Min.

 175 °C O/U

 unterer Einschub

 Kühlzeit: 60 Min.

ZUCCHINITEIG

4 Eier
200 g Zucker
1 Prise Salz
1 TL Vanilleextrakt
300 g Zucchini (grün od. gelb)
180 g Sonnenblumenöl
250 g Mehl
3 TL Backpulver
100 g Mandeln (gemahlen)
60 g Pistazien (gemahlen)
1 Zitrone (Abrieb)

VANILLEGUSS & DEKORATION

150 g Puderzucker
30 g Naturjoghurt (10 %)
1 TL Vanilleextrakt
2 TL Zitronensaft
60 g Pistazien (gehackt)
1 essbare Blume (Echinacea = Sonnenhut)

ZUCCHINIKUCHEN

1. ZUCCHINITEIG

Heize den Backofen auf 175 °C O/U vor und fette eine Kastenbackform mit Backtrennspray ein.

Verrühre die Eier mit dem Zucker, dem Salz und dem Vanilleextrakt in 4–5 Minuten cremig.

Reibe die Zucchini fein. Rühre sie und das Sonnenblumenöl kurz in den Teig ein. Siebe das Mehl mit dem Backpulver und rühre es mit den übrigen Zutaten ebenfalls kurz in den Teig ein.

Fülle den Teig in die Kastenform ein und backe den Kuchen für etwa 70–75 Minuten.

Lasse ihn etwa 5–10 Minuten abkühlen und stürze den Kuchen dann aus der Form heraus. Lasse ihn auf einem Abkühlgitter komplett abkühlen.

2. VANILLEGUSS & DEKORATION

Verrühre den Puderzucker mit dem Joghurt, dem Vanilleextrakt und dem Zitronensaft mit einem Schneebesen glatt und übergieße den Kuchen damit.

Bestreue ihn mit gehackten Pistazien und nach Belieben mit essbaren Blüten.

♥ Tipp ♥

WIR HABEN IN UNSEREM GARTEN EIN BEET VOLL MIT ESSBAREN BLÜTEN, WELCHE VIELE BIENEN UND ANDERE INSEKTEN ANLOCKEN. VIELE SIND HEILPFLANZEN, WIE DIESER ROTE SONNENHUT (ECHINACEA). IN DEN OBERIRDISCHEN PFLANZENTEILEN SIND SUBSTANZEN WIE ALKAMIDE, ÄTHERISCHE ÖLE UND KAFFEESÄUREDERIVATE ENTHALTEN, WELCHE SICH POSITIV AUF DAS IMMUNSYSTEM UND UNTERSTÜTZEND BEI ATEMWEGS- ODER HARNWEGSINFEKTEN AUSWIRKEN.

NUSS-TARTE

mit Mirabellenmarmelade

Magst du den Geschmack von Haselnüssen? Dann wirst du dieses Rezept lieben! Ich backe den Kuchen in einer Tarteform aus, damit er seine typische Form erhält. Auf den Mürbeteig kommt zuerst eine Schicht aus selbstgemachter Mirabellen-marmelade und dann eine leckere Lage aus gerösteten Haselnüssen und Kokosraspeln. Die Tonkabohne macht das Ganze zu einem außergewöhnlichen Genuss.

 12 Stück 25 cm Zubereitung: 60 Min.

 Backzeit: 15 Min. dann 40–45 Min. 180 °C dann 160 °C O/U unterer Einschub Kühlzeit: 2 Std.

MÜRBETEIG

160 g Butter (kalt)
80 g Zucker
1 Prise Salz
1 Eigelb
240 g Mehl

NUSSMASSE

200 g Haselnüsse (gemahlen)
100 g Haselnüsse (gehackt)
100 g Kokosraspeln
3 Eier
1 Eiweiß
120 g Zucker
1 TL Vanilleextrakt
125 g Milch
125 g Sahne
0,5 TL Tonka Wonka

50 g Weichweizengrieß
½ TL Backpulver

ZUM FÜLLEN

50 g Mirabellenmarmelade

DEKORATION

200 g Sahne

NUSS-TARTE

1. MÜRBETEIG

Verknete die Butter mit dem Zucker, dem Salz und dem Eigelb, füge das Mehl hinzu und bereite daraus einen Mürbeteig zu.

Drücke den Teig auf einen flachen Teller und stelle ihn abgedeckt für etwa 30 Minuten kühl.

2.

Knete den Mürbeteig kurz durch und rolle ihn auf einer leicht bemehlten Silikonmatte etwa fünf mm dünn aus. Lege ihn in eine Tarteform mit Hebeboden und schneide den Rest weg. Stelle die Form für 15 Minuten ins Gefrierfach, damit der Teig richtig kalt wird.

Heize den Ofen auf 180 °C O/U vor und backe den Mürbeteig etwa 15 Minuten vor.

3. NUSSMASSE

Röste die gemahlenen und gehackten Haselnüsse und die Kokosraspeln in einer Pfanne ohne Fett, bis sie lecker duften. Stelle sie dann kurz zur Seite.

Verrühre die Eier, das Eiweiß, den Zucker und das Vanilleextrakt für etwa fünf Minuten cremig. Rühre die Milch, die Sahne, das Tonka Wonka, den Grieß, das Backpulver und die Nussmischung vorsichtig bei niedriger Stufe ein.

4.

Verteile die Mirabellenmarmelade auf dem vorgebackenen Boden und streiche anschließend die Nussfüllung darüber.

5.

Backe die Tarte bei 160 °C O/U für weitere 40–45 Minuten, bis sie gar ist.
Führe die Stäbchenprobe wie auf Seite 46 beschrieben durch und lasse die Tarte anschließend bei Raumtemperatur abkühlen.

Serviere sie nach Belieben mit geschlagener Sahne.

MIRABELLENMARMELADE

Die Mirabellenmarmelade mache ich am liebsten selbst mit Mirabellen aus unserem eigenen Garten. Wir haben einen ganz besonderen Baum - die "Aprimira" ist eine Mischung aus Aprikosen und Mirabellen, das beste aus beiden Früchten, bei der sich auch der Stein sehr gut ablöst. Meine Marmelade verfeinere ich mit Zitronensaft und Vanilleextrakt, zum Kochen verwende ich den 3 zu 1 Gelierzucker, damit die Marmelade nicht zu süß wird.

ROSA SACHERTORTE

mit Ruby-Schokolade

Eine meiner Lieblingstorten ist mit großem Abstand die Sachertorte. Aber warum eigentlich immer mit dunkler Schokolade? Okay, ich bin ein Zartbitter-Liebhaber – aber nachdem ich 2019 die die rosa Ruby-Schokolade für mich entdeckt habe, die vierte Schokoladensorte neben Zartbitter-, Vollmilch- und der weißen Schokolade, wollte ich unbedingt eine rosa Sachertorte ins Leben rufen. Und hier ist sie. So lecker und aromatisch!

Vor allem die Konsistenz des Teiges ist der Wahnsinn – ich kann sie gar nicht richtig beschreiben, aber „seidig" und „weich" treffen auf jeden Fall zu. Diese Böden könnt ihr auch wunderbar als Motivtortengrundlage verwenden und nahezu mit jeder Tortenfüllung kombinieren. Oder – so wie hier – pur genießen. Da die kostbare Ruby-Schokolade nicht mitgebacken werden sollte, verwende ich im Teig weiße Schokolade und greife beim Überziehen auf die Ruby-Schokolade zurück.

 12 Stück   24 cm   Zubereitung: 60 Min.   Backzeit: 40 Min.

 160 °C O/U   mittlerer Einschub   Kühlzeit: 60 Min.

RÜHRMASSE

7 Eiweiß
1 Prise Salz
50 g Zucker
170 g Butter (weich)
60 g Puderzucker
1 Prise Salz
1 TL Vanilleextrakt
7 Eigelb
170 g weiße Schokolade
150 g Mehl
1 EL Milch od. Himbeergeist
(nach Belieben)

ZUM BESTREICHEN

200 g Erdbeermarmelade
50 g Himbeergeist od.
Erdbeerlimes (nach Belieben)

ÜBERZIEHEN & DEKORIEREN

300 g Ruby Schokolade
50 g Kokosöl
1 Erdbeere
50 g Mandeln (gehobelt)

ROSA SACHERTORTE

1. RÜHRTEIG

Stelle einen Backring mit 24 cm Durchmesser auf ein mit Backfolie belegtes Lochblech. Heize den Ofen auf 160 °C O/U vor.

Schlage das Eiweiß mit der Prise Salz steif und füge langsam den Zucker hinzu. Rühre den Eischnee nun für 2–3 Minuten weiter. Verrühre die weiche Butter mit dem Puderzucker, dem Salz und dem Vanilleextrakt in 5–6 Minuten weißcremig.

Rühre das Eigelb nach und nach zur Buttermasse hinzu, immer ein Eigelb nach dem anderen. Schmilz die kleingehackte weiße Schokolade über einem warmen Wasserbad. Hebe das Mehl, die geschmolzene Schokolade, den Eischnee und die Milch – beziehungsweise nach Belieben den Himbergeist – vorsichtig unter die Buttermasse. Fülle die Rührmasse nun in den Backring ein, verstreiche sie und backe sie im vorgeheizten Ofen für etwa 40 Minuten. Nimm den Tortenboden aus dem Ofen, lasse ihn im Ring etwa zehn Minuten abkühlen und löse ihn dann mit einem Backformmesser ab. Stürze den Kuchen auf ein Abkühlgitter und lasse ihn komplett abkühlen.

2. SACHERTORTE FÜLLEN

Erhitze die Erdbeermarmelade nach Belieben gemeinsam mit dem Himbeergeist in einem Topf. Nach Belieben kannst du auch Erdbeerlimes verwenden.

Schneide den Sacherboden zwei Mal waagerecht mit einer Tortensäge durch.
Bestreiche die Böden mit der Marmelade und setze die Torte wieder zusammen.

Bestreiche auch die Außenseite mit der Marmelade und stelle den Kuchen für 15 Minuten zur Seite.

3. SACHERTORTE ÜBERZIEHEN

Temperiere die Ruby-Schokolade wie auf Seite 27 beschrieben. Stelle den Kuchen mit einem Abkühlgitter auf einen großen Teller oder ein Blech. Gieße die Schokolade darüber, verteile sie mit einer Palette und lasse sie etwas abtropfen. Verteile die Mandeln am Rand der Torte und lasse die Schokolade fest werden.

4.

Stelle die Torte am besten nicht in den Kühlschrank, sondern serviere sie zimmerwarm – so entfalten sich die Aromen besser.
Halbiere die Erdbeere und lege sie zur Dekoration auf die Torte.

EINE LECKERE RESTEVERWERTUNG FÜR DIE ÜBRIGGEBLIEBENE
SCHOKOLADE FINDET DU AUF SEITE 319.

Tipp

JOHANNISBEER-BAISERKUCHEN

mit Haselnüssen

Dieser sommerliche Klassiker schmeckt fruchtig und leicht säuerlich. Den feinen Mürbeteig fülle ich mit einer Baisermasse, unter welche Johannisbeeren und gemahlene Haselnüsse gemischt werden. Das süße Baiser ist geschmacklich ein toller Kontrast zu den säuerlichen Früchten. Er ist schnell gemacht, und wenn du möchtest, kannst du mit der Obstfüllung variieren. Statt Johannisbeeren kannst du zum Beispiel Himbeeren, gewürfelte Äpfel, Birnen oder anderes Obst verwenden. Achte nur darauf, dass du säuerlich schmeckende Früchte verwendest.

 12 Stück   26 cm   Zubereitung: 35 Min.

 Backzeit: 45–50 Min.   175°C O/U   unterer Einschub   Kühlzeit: 30 Min.

MÜRBETEIG

80 g Butter (kalt)
100 g Zucker
5 Eigelb
1 TL Vanilleextrakt
200 g Mehl
1,5 TL Backpulver

BAISERMASSE

160 g Haselnüsse (gemahlen)
5 Eiweiß
1 Prise Salz
250 g Zucker
120 g Weichweizengrieß
1 Prise Zimt
5 Tropfen Bittermandelaroma
600 g Johannisbeeren

JOHANNISBEER-BAISERKUCHEN

1. MÜRBETEIG

Verrühre die Butter mit dem Zucker. Füge anschließend das Eigelb und das Vanilleextrakt hinzu und rühre die Zutaten ein. Vermische das Mehl mit dem Backpulver und füge es zu der Buttermasse hinzu. Knete nur noch so lange weiter, bis sich der Teig verbunden hat. Drücke den Teig flach auf einen Teller, decke ihn ab und stelle ihn für 30 Minuten in den Kühlschrank.

2. AB IN DIE FORM

Heize den Backofen auf 175 °C O/U vor. Stelle einen Backring auf 26 cm Durchmesser ein und stelle ihn auf ein mit Backfolie oder Backpapier belegtes Lochblech.

3.

Knete den Mürbeteig kurz mit den Händen durch. Forme lange Stränge aus dem Teig und drücke sie am Rand der Backform fest, um einen etwa 4 cm hohen Teigrand hochzuziehen. Drücke den restlichen Teig in die Mitte, um den Boden zu bedecken. Jetzt ist der Backring mit Teig ausgekleidet und bereit für die Füllung.

4. BAISERMASSE

Reibe die Haselnüsse fein und röste sie ohne Fett in einer beschichteten Pfanne bei mittelhoher Hitze für 2–3 Minuten, bis sie lecker duften. Stelle sie zum Abkühlen zur Seite. Schlage das Eiweiß mit der Prise Salz steif. Füge langsam den Zucker hinzu und rühre 5–8 Minuten weiter, bis sich der Zucker aufgelöst hat. Füge die Haselnüsse, das Weichweizengrieß, den Zimt und das Bittermandelaroma zur Baisermasse und rühre die Zutaten ein.Streife die Johannisbeeren mit einer Gabel vorsichtig von den Rispen und hebe sie unter die Baisermasse.

5. TORTE FÜLLEN

Fülle die Baisermasse auf den vorbereiteten Boden. Backe den Kuchen im vorgeheizten Ofen für 45–50 Minuten. Lasse den Kuchen in der Form vollständig auskühlen, löse dann erst den Backring und serviere den Kuchen.

ZITRONENKUCHEN

sonnig gelb mit Kurkuma

Unangeschnitten sieht der Kuchen recht unspektakulär aus. Nach dem Anschnitt staunen aber alle! Im altbekannten Kinderlied „Backe, backe Kuchen" singt man „… Safran macht den Kuchen gehl!" Bei diesem saftigen Zitronenkuchen sorgt aber nicht das kostbare Gewürz Safran für die strahlend gelbe Farbe, sondern das Gewürz Kurkuma.
Kurkuma ist eine Pflanzenart innerhalb der Ingwergewächse und gilt als sehr gesund. In gut sortierten Supermärkten findet man sie als frische Wurzel – ansonsten aber auch gemahlen im Gewürzregal. Ihre Färbeeigenschaft ist überragend und wesentlich kostengünstiger als Safran. Zum Geschmack des frischen, saftigen Zitronenkuchens passt sie hervorragend und sollte auf jeden Fall auch in deiner Küche Verwendung finden.

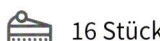 16 Stück   25 cm   Zubereitung: 15 Min.   40 Min. dann 20 Min.

 170 °C dann 140 °C O/U   unterer Einschub   Kühlzeit: 60 Min.

TEIG

4 Eier
200 g Zucker
1 Prise Salz
1 TL Vanilleextrakt
200 g Crème fraîche
200 g Sonnenblumenöl
1 Zitrone (Saft & Schale)
300 g Mehl
120 g Stärke
3 TL Backpulver
2 TL Kurkuma (gemahlen)

ZITRONENSIRUP

100 g Zitronensaft
100 g Zucker

ZUM BESTREUEN

10 g süßer Schnee

ZITRONENKUCHEN

∽ *Tipp* ∽

DURCH DIE KURKUMA ERHÄLT DER TEIG EINE BESONDERS
SCHÖNE, GELBE FARBE. DAS „RHIZOM", ALSO DER WURZELSTOCK
IST INTENSIV GELB UND WIRD FRISCH ODER GETROCKNET ALS
FARBSTOFF VERWENDET.

KURKUMA WIRKT VERDAUUNGSANREGEND UND SOLL
SOGAR ENTZÜNDUNGSHEMMEND SEIN.

1. VORBEREITUNG

Heize den Backofen auf 170 °C O/U vor. Fette und
bemehle eine 25 cm Gugelhupf-Form.

2. TEIG

Schlage die Eier mit dem Zucker, dem Salz und dem
Vanilleextrakt in 5–8 Minuten cremig.

Füge die Crème fraîche, das Sonnenblumenöl, die
Zitronenschale und den Zitronensaft hinzu und rühre die
Zutaten bei niedriger Stufe kurz in die Eiermasse ein.
Vermische das Mehl mit der Stärke, dem Backpulver und
der Kurkuma und siebe die Zutaten kurz in den Teig.
Rühre sie ein.

3.

Fülle die Rührmasse in die Gugelhupf-Form ein und
backe sie im vorgeheizten Ofen für 40 Minuten. Stelle
den Ofen dann auf 140 °C herunter und backe ihn für
weitere 20 Minuten.

4. ZITRONENSIRUP

Bereite in der Zwischenzeit den Sirup vor, dieser
sollte nämlich kalt sein, wenn der Kuchen aus dem Ofen
kommt.
Verrühre den Zitronensaft mit dem Zucker und koche die
Zutaten in einem Topf für etwa 1–2 Minuten.
Fülle den Sirup um und lasse ihn abkühlen.

5. KUCHEN FERTIGSTELLEN

Nimm den Kuchen aus dem Ofen heraus und lasse
ihn fünf Minuten in der Form abkühlen.

Stürze den noch heißen Kuchen aus der Form und übergieße ihn mit dem Zitronensirup. Lasse das Ganze danach
komplett auskühlen. Bestreue ihn zum Servieren mit dem
süßen Schnee.

∽ *Tipp* ∽

DURCH DEN SIRUP BLEIBT DER KUCHEN MEHRERE TAGE FRISCH UND SAFTIG
UND DER KUCHEN BEKOMMT ZUGLEICH EINE BESONDERS ZITRONIGE NOTE!

Bunte Kleinigkeiten
nach ♥-enslust

BUNTE KLEINIGKEITEN

nach -enslust

Es muss nicht immer eine pompöse Torte oder nur ein einziges Backwerk sein – manchmal hat man einfach Lust, seiner Familie, Gästen und seinen Freunden eine bunte Vielfalt an süßen und herzhaften kleineren Teilchen anzubieten.

Der Vorteil dabei ist, dass man viele kleine Portionen essen und sich durch eine bunte Vielfalt probieren kann – einfach nach ♥-enslust. Dabei sind solche bunten Teilchen schön angerichtet immer ein wahrer Blickfang an einem Buffet oder Kuchentisch. Auch für den kleinen Hunger eignen sich verschiedene kleine, bunte und vielfältige Backwerke hervorragend.

Ihr sucht noch nach einem Mitbringsel für das nächste Fest oder Zusammentreffen mit Freunden? Dann seid ihr in dieser Rezeptkategorie genau richtig, da sich die Vielfalt an Backwerken auch als schöne Geschenkidee verpacken lässt.

Die meisten werden in kleineren Backformen und in kleinen Portionen gebacken, sodass ihr viel Back- und Kühlzeit spart und somit schneller fertig seid.

RED VELVET COOKIES

mit knackiger, weißer Schokolade

Die Red Velvet Cookies sind eine Abwandlung des amerikanischen Klassikers "Red Velvet Cake". Bei diesem roten Kuchen, der an Samt (englisch: velvet) erinnert, kam die rote Farbe ursprünglich durch eine chemische Reaktion zwischen Kakao und einer Säure zustande. Mittlerweile wird der Kuchen allerdings mit Lebensmittelfarben etwas aufgepeppt, sodass ein intensives Rot entsteht.

Die zarten Kekse sind eine schöne Kleinigkeit, die man auch mal aus der Hand essen und vor allem nett verpackt verschenken kann.

 40 Stück   Zubereitung: 45 Min.   Backzeit: 12–14 Min.

 170 °C Heißluft   oberer, mittlerer und unterer Einschub   Kühlzeit: 30 Min.

RÜHRTEIG

170 g Butter (weich)
120 g Frischkäse
120 g Zucker
120 g brauner Zucker
1 Prise Salz
½ TL Vanilleextrakt

2 Eier
1 TL rote Lebensmittelfarbpaste
1 EL Fruchtessig
500 g Mehl
1 TL Backpulver
¼ TL Natron
25 g Kakao
50 g Mandeln (gehackt)

DEKORATION

150 g weiße Kuvertüre

RED VELVET COOKIES

1. RÜHRTEIG

Heize den Ofen auf Ofen auf 170 °C Heißluft vor und belege drei Bleche mit Backfolie.

Verrühre die weiche Butter mit dem Frischkäse, dem weißen und braunen Zucker, dem Salz und dem Vanille-extrakt für 5–7 Minuten weißcremig. Rühre jedes Ei ein-zeln für etwa 30 Sekunden ein.

Füge nun die rote Farbpaste und den Essig hinzu und rühre die Zutaten in die Masse ein.
Verrühre das Mehl mit dem Backpulver, dem Natron und dem Kakao und rühre alles kurz in den Teig ein.

2. Stich nun mit einem mittleren Eisportionierer kleine Teigmengen ab.

3. Lege sie auf die Backfolie, drücke sie mit der Hand leicht flach und bestreue sie mit den gehackten Mandeln. Backe die Cookies gleichzeitig auf drei Ebenen für etwa 12–14 Minuten und lasse sie nach dem Backen abkühlen.

4. DEKORATION

Hacke die Kuvertüre fein und temperiere sie, wie auf Seite 27 beschrieben.

Tauche die Kekse mit der Unterseite hinein und lege sie dann auf die Backfolie, damit sie aushärten können. Lasse die Cookies im Kühlschrank fest werden und serviere sie.

SCHOKOLADEN-EMPANADAS

mit Kirschfüllung

Empanadas sind kleine Teigtaschen, die herzhaft oder süß gefüllt werden. Dieses Rezept schmeckt durch die Kirschfüllung fruchtig und süß. Perfekt servieren kannst du die Empanadas mit einer Schokoladensoße auf einem Teller angerichtet.

 30 Stück   Zubereitung: 90 Min.   Backzeit: 20 Min.

 180 °C O/U   mittlerer Einschub

SCHOKOLADENTEIG

600 g Mehl
50 g Kakao
150 g Butterschmalz
¼ TL Salz
1 Eigelb
250 g Wasser (kalt)
1 TL Tonka Wonka

KIRSCHFÜLLUNG

500 g Kirschen (TK)
50 g Wasser
200 g Zucker
1 Prise Zimt
3 Tropfen Bittermandelaroma
30 g Stärke
50 g Wasser

ZUM BESTREICHEN

1 Ei

SCHOKOLADENSOSSE

250 g Sahne
140 g Zartbitterschokolade

SCHOKOLADEN-EMPANADAS

1. SCHOKOLADENTEIG

Verrühre zuerst die Hälfte des Mehls mit den übrigen Teigzutaten und füge dann das restliche Mehl langsam hinzu. Knete daraus einen geschmeidigen Teig. Ich habe hierfür zuerst den Food Prozessor genommen und dann das restliche Mehl per Hand kurz untergeknetet. Decke den Teig ab und lasse ihn für 30 Minuten bei Raumtemperatur ruhen.

3. EMPANADAS FÜLLEN

Heize den Ofen auf 180 °C O/U vor und belege Lochbleche mit Backfolien. Rolle den Teig auf einer bemehlten Arbeitsfläche einen mm dünn aus und stich etwa zehn cm große Kreise mit einem Ausstecher oder Glas aus.

2. KIRSCHFÜLLUNG

Verrühre die Kirschen mit den ersten 50 g Wasser, dem Zucker, dem Zimt und dem Bittermandelaroma und lasse sie im Topf bei mittlerer Hitze auftauen. Verrühre die Stärke sowie das restliche Wasser und rühre sie in die Kirschfüllung. Püriere die Kirschen mit einem Stabmixer und lasse sie dann etwa 3–4 Minuten einkochen, bis ein dickflüssiger Pudding entsteht. Decke diesen ab und lasse ihn abkühlen.

Lege nun je einen TL der Füllung nicht ganz mittig in den Kreis und verschließe ihn zu einem Halbkreis. Hier achte ich immer darauf, dass die Oberfläche nicht zu mehlig ist, damit der Kreis gut verschließt.

NATÜRLICH KANNST DU AUCH KIRSCHEN AUS DEM GLAS VERWENDEN, ICH BEVORZUGE HIER ABER KIRSCHEN AUS DEM TIEFKÜHLFACH, DA SIE EINEN BESSEREN GESCHMACK UND EINE INTENSIVERE FARBE HABEN.

EINFACHER IST DAS FÜLLEN, WENN DU DOPPELT SO VIEL STÄRKE NIMMST, WEIL DER PUDDING DANN FESTER WIRD. ALLERDINGS SCHMECKEN MIR PERSÖNLICH DIE EMPANADAS BESSER, WENN DIE FÜLLUNG NICHT ZU FEST IST, SONDERN LEICHT FLÜSSIG BLEIBT.

Bestreiche den Rand mit etwas Wasser, falls der Kreis nicht klebt. Drücke nun die Teigränder mit einer Gabel zusammen oder schlage den Teigrand so ein, dass die typische Empanada-Form entsteht. Lege sie auf die Backfolie. Verrühre das Ei und bestreiche die Empanadas damit. Backe sie im Ofen für etwa 20 Minuten.

4. SCHOKOLADENSOSSE

Lasse die Sahne in einem Topf aufkochen, nimm sie vom Herd herunter und rühre die Schokolade ein. Serviere die Soße warm oder kalt zu den süßen Empanadas.

MINI-PAVLOVA

mit Früchten

Magst du ein schönes, leichtes Dessert zaubern, passen die Minikuchen aus Baiser wunderbar.
Gefüllt werden die Mini-Pavlovas mit Sahne, und die leicht säuerlichen Früchte runden den Geschmack ab.

Die Pavlova-Schälchen kannst auch wunderbar vorbereiten, solltest sie aber erst am Tag des
Verzehrs mit Sahne und den Früchten füllen, da sie ansonsten durchweichen.

 25 Stück   Zubereitung: 60 Min.   Backzeit: 40–50 Min.

 110 °C Umluft   oberer, mittlerer
+ unterer Einschub

MINI-PAVLOVA

5 Eiweiß
1 Prise Salz
250 g Zucker
1 TL Vanilleextrakt
1 TL Stärke
30 g Kokosraspeln

FÜLLUNG

300 g Sahne
3 TL Sanapart
1/2 TL Vanilleextrakt
100 g Johannisbeeren
100 g Brombeeren
50 g Himbeeren
50 g Physalis

MINI-PAVLOVA

1. MINI-PAVLOVA

Verrühre das Eiweiß mit dem Salz und schlage es steif. Rühre nun den Zucker ganz langsam dazu und rühre dann den Eischnee für etwa 10–15 Minuten weiter, bis er steif ist, glänzt und sich der Zucker aufgelöst hat.

3.
Zeichne auf die Unterseite eines Backpapiers etwa sechs cm große Kreise auf.

4.
Spritze nun das Baiser kreisförmig auf das Backpapier und ziehe hierbei einen Rand hoch – sodass eine Art Schale entsteht. Bestreue sie mit den Kokosraspeln. Trockne sie im Ofen für etwa 40–50 Minuten. Die Mini Pavlova sollten sich nun trocken anfühlen und sich leicht vom Backpapier lösen. Trockne sie weiter, falls sie noch nicht vollständig trocken sind.

Das kannst du einfach mit den Fingerspitzen testen: Nimm etwas Baiser zwischen die Finger und zerreibe es. Spürst du noch Zuckerkristalle? Dann rühre weiter. Ist es eine homogene, glatte Masse? Dann ist das Baiser fertig.

2.
Hebe das Vanilleextrakt und die Stärke unter und fülle die Baisermasse in einen Spritzbeutel mit großer Lochtülle ein.
Heize den Ofen auf 110 °C Umluft vor.

DIE MINI-PAVLOVA LASSEN SICH LUFTDICHT VERPACKT MEHRERE TAGE LAGERN.

5. FÜLLUNG

Schlage die Sahne mit dem Sanapart und Vanille-extrakt steif und fülle die Mini-Pavlova damit.

6.

Dekoriere sie mit den Früchten und serviere sie innerhalb von 2–4 Stunden, da die Sahne das Baiser auflöst.

GRANOLA-TÖRTCHEN

mit Zitronencreme

Granola ist ein Knuspermüsli, welches als Hauptzutaten Haferflocken und Nüsse enthält und mit Honig karamellisiert wird. Die gebackenen Crunch-Törtchen bekommen ein leckeres Topping mit Lemon Curd. Die Blaubeeren bringen sowohl optisch als auch geschmacklich einen hübschen Kontrast.

 12 Stück

 Zubereitung: 45 Min.

 Backzeit: 15–20 Min.

 180 °C O/U

 mittlerer Einschub

 Kühlzeit: 30 Min.

GRANOLA-CUPS

150 g Haferflocken (kernig)
50 g Haferflocken (zart)
35 g Mandeln (gehackt)
25 g Sonnenblumenkerne
20 g Kokosflocken
1 Prise Salz
150 g Honig
15 g Kokosöl
1 TL Vanilleextrakt

LEMON CURD

3–4 Zitronen (Abrieb)
100 g Zitronensaft
2 Eier
100 g Zucker
¾ TL Stärke
30 g Butter

ZUM SERVIEREN

250 g Magerquark
5 g Mohn
80 g Blaubeeren

GRANOLA-TÖRTCHEN

1. GRANOLA-CUPS

Heize den Ofen auf 180 °C O/U vor. Verrühre alle Zutaten für das Granola in einer Rührschüssel.

2.

Fette eine beschichtete Muffinform mit Backtrennspray. Setze nun mit einem großen Eisportionierer die Granola-Masse in die Förmchen hinein.

3.

Drücke nun mit einem Glas, welches etwas kleiner als die Muffinform ist, eine Mulde in die Mitte, sodass ein Schälchen entsteht.
Backe die Cups im Ofen bei mittlerer Einschubleiste für etwa 15–20 Minuten, bis sie goldbraun sind.
Nimm sie aus dem Ofen, lasse sie anschließend komplett abkühlen und nimm sie erst dann vorsichtig aus der Form heraus.

4. LEMON CURD

Verrühre den Zitronenabrieb und -saft, die Eier, den Zucker und die Stärke klümpchenfrei in einem kleinen Topf und lasse das Lemon Curd während des Rührens bei mittelhoher Hitze ein Mal kurz aufkochen – das dauert etwa 5–10 Minuten.
Nimm es vom Herd herunter, streiche es durch ein Haarsieb und rühre dann die kalte Butter ein.
Fülle das Lemon Curd in saubere Einmachgläser und stelle es kalt. Im Kühlschrank gelagert hält sich Lemon Curd etwa eine Woche.

5. SERVIEREN

Verrühre den Magerquark mit 100 g Lemon Curd und dem Mohn cremig und fülle es in die Granola-Cups ein.
Gib nach Belieben noch etwas Lemon Curd darüber und dekoriere die Cups mit Früchten deiner Wahl, beispielsweise Blaubeeren.

RAFFAELLO-CUPCAKES

mit Kokoscreme

Für diese Cupcakes verwende ich einen saftigen, lockeren Teig mit Kokosflocken und verstecke die allseits beliebten Raffaello-Pralinen darin. Das Topping besteht aus einer feinen Kokoscreme mit Quark. Serviere sie am besten schön gekühlt. Die Cupcakes kann übrigens jeder toll dekorieren, auch ohne große Spritzbeutel-Vorerfahrung, da hier für das Topping kein Spritzbeutel, sondern der Eisportionierer verwendet wird.

Du siehst also, jeder kann backen ☺ Wenn du möchtest kannst du die Cupcakes, so wie ich, noch zusätzlich mit frisch geriebenem Kokosnussfleisch servieren.

 12 Stück   Zubereitung: 30 Min.   Backzeit: 20 Min.

 170 °C O/U   unterer Einschub   Kühlzeit: 60 Min.

CUPCAKES-TEIG

2 Eier
150 g Sonnenblumenösl
150 g Buttermilch
1/2 TL Vanilleextrakt
170 g Mehl
30 g Kokosflocken
1/2 TL Backpulver
1/4 TL Natron
1 Prise Salz
100 g Zucker
12 Raffaello (Kokos-Süßigkeit)

KOKOSCREME

20 Raffaello
500 g Magerquark
200 g Sahne
2 TL Sanapart

DEKORATION

100 g Kokosraspeln

RAFFAELLO-CUPCAKES

♡ Tipp ♡

WENN DU MÖCHTEST KANNST DU 50 GRAMM BUTTERMILCH
DURCH 50 GRAMM KOKOSLIKÖR ERSETZEN.

1. CUPCAKES-TEIG

Heize den Ofen auf 170 °C O/U vor und lege eine Muffinform mit zwölf Papierförmchen aus. Verrühre die Eier mit dem Öl, der Buttermilch und dem Vanilleextrakt.

2.

Verrühre in einer separaten Schüssel das Mehl mit den Kokosflocken, dem Backpulver, dem Natron, dem Salz und dem Zucker. Verrühre nun die trockenen und flüssigen Zutaten kurz mit einem Schneebesen miteinander. Verteile den Teig mit einem großen Eisportionierer auf die zwölf Muffinförmchen und drücke jeweils ein Raffaello in die Mitte.

3.

Backe die Cupcakes im Ofen für etwa 20 Minuten, bis sie gar sind. Führe die Stäbchenprobe durch und achte darauf, nicht in die Praline, sondern in den Teig zu stechen. Nimm die Cupcakes aus der Backform heraus und lasse sie auf einem Abkühlgitter komplett abkühlen.

4. KOKOSCREME

Entferne die Mandeln aus jedem Raffaello. Diese wird nicht mehr verwendet und kann vernascht werden. Zerkleinere die Raffaello in einem Mixer. Verrühre sie anschließend mit dem Magerquark und rühre langsam die Sahne ein. Schlage die Creme mit Sanapart steif.

5. DEKORATION

Setze mit dem großen Eisportionierer die Kokoscreme als Kugel auf jeden Cupcake. Nimm Kokosraspeln in die Hand und drücke sie mit der flachen Hand an die Creme. Serviere die Cupcakes kühl.

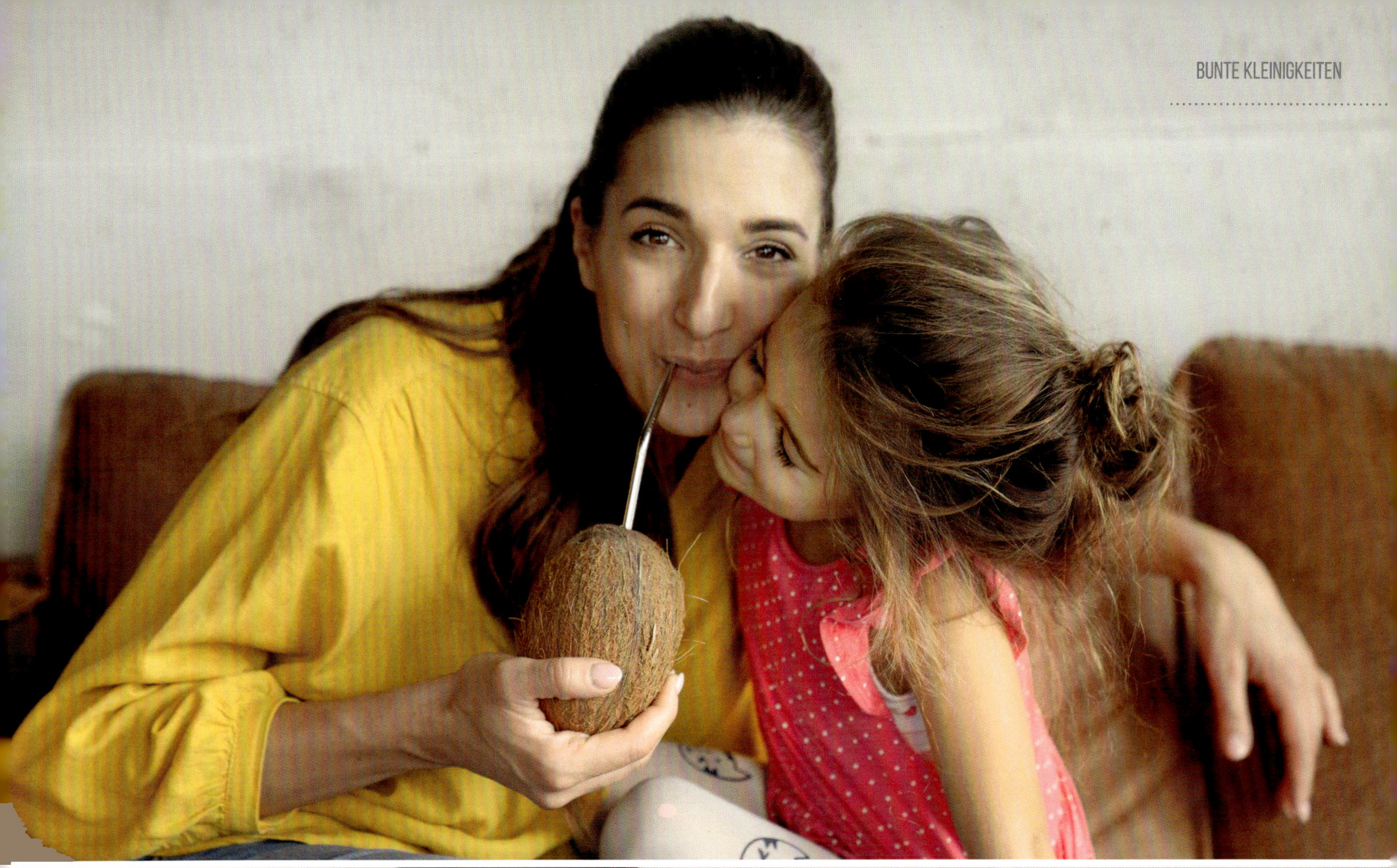

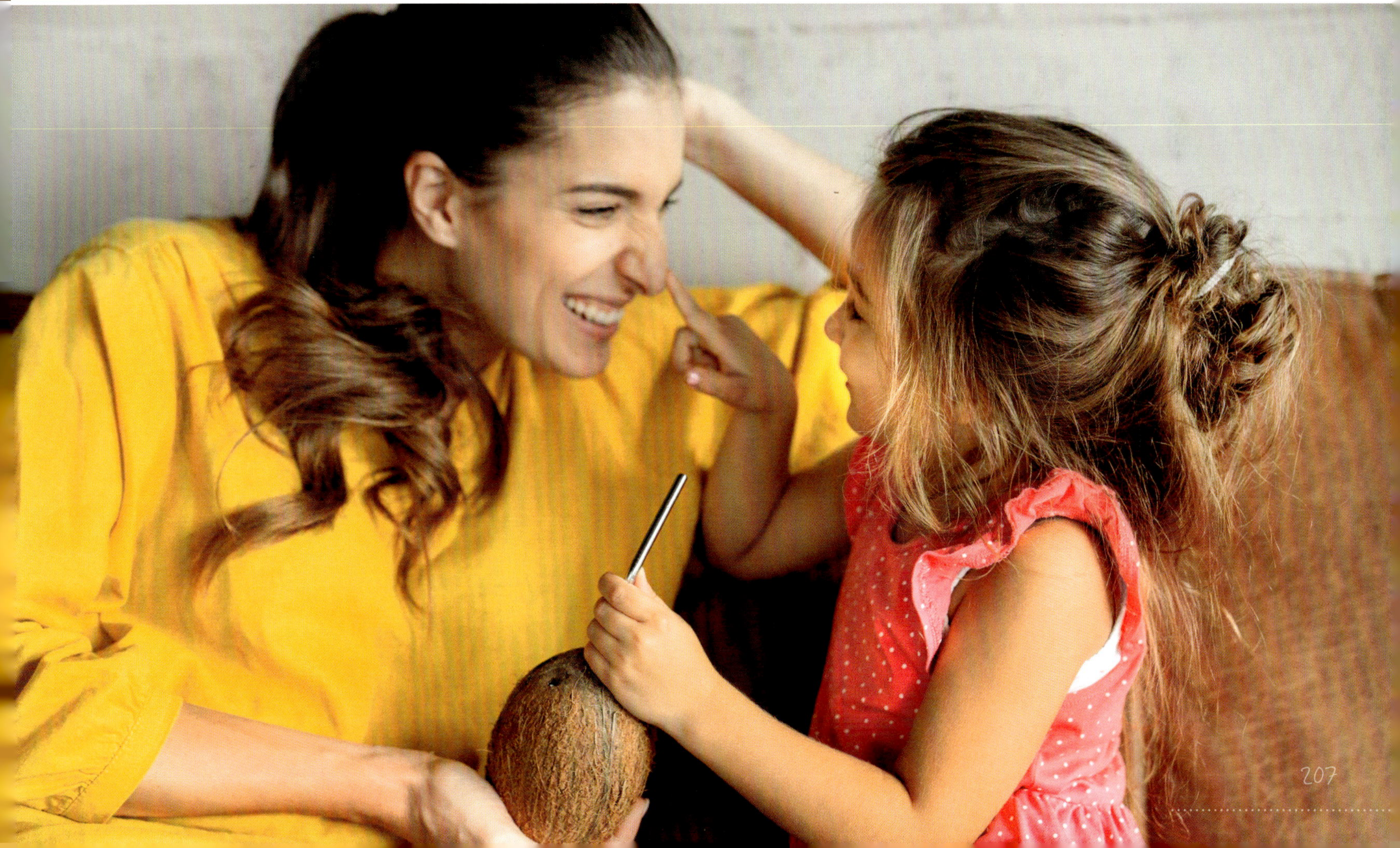

WINDBEUTELKRANZ

mit Preiselbeercreme

Windbeutel hat meine Schwester immer für uns zu Hause gebacken. Ganz traditionell aßen wir sie mit purer Sahne. Geschmacklich kann man sie aber noch toll mit Früchten, Nüssen oder Schokolade verfeinern. Ich habe hier einen Windbeutelkranz mit einer Preiselbeercreme zubereitet.

 12 Stück   Ø 26 cm   Zubereitung: 90 Min.   Backzeit: 35–40 Min.

 200 °C O/U   mittlerer Einschub   Kühlzeit: 60 Min.

BRANDTEIG

60 g Butter
250 g Wasser
1 Prise Salz
200 g Mehl
4–5 Eier

FÜLLUNG

250 g Frischkäse
80 g Puderzucker
250 g Sahne
1 TL Vanilleextrakt
4–5 TL Sanapart
100 g Wild-Preiselbeeren (Glas)

DEKORATION

20 g süßer Schnee

WINDBEUTELKRANZ

1. BRANDTEIG

Gib die Butter zusammen mit dem Wasser und dem Salz in einen Kochtopf und lasse die Zutaten aufkochen.

Füge das Mehl auf ein Mal hinzu und rühre es schnell mit einem Kochlöffel ein. Schalte den Herd auf mittlere Hitze zurück und rühre den Teig noch so lange weiter, bis sich ein weißer Belag auf dem Boden gebildet hat.

Diesen Vorgang nennt man „abbrennen", und er bewirkt, dass die Windbeutel später schön aufgehen.

Fülle den Teig in eine Rührschüssel um und lasse ihn 3–4 Minuten abkühlen. Füge nun ein Ei nach dem anderen hinzu und rühre es ein. Gib nur so viele Eier hinzu, bis der Teig glänzt und er Spitzen zieht, wenn man ihn mit dem Löffel aus der Schüssel hebt.

Fülle den Teig in einen Spritzbeutel mit großer Sterntülle ein.
Heize den Ofen auf 200 °C O/U vor.

Stelle einen Tortenring auf 18 cm ein und setze ihn in die Mitte. Spritze nun zwölf gleichgroße Windbeutel – in jedes Dreieck einen – um den Tortenring herum. Die Windbeutel sollten mit wenig Abstand zueinander als Kranz auf dem Backpapier sitzen. Nimm den Backring weg, dieser diente nur als Schablone für den Kranz.

Bestreiche sie mit etwas Wasser und backe sie im Ofen für etwa 35–40 Minuten.

ÖFFNE DEN BACKOFEN WÄHREND DER BACKZEIT NICHT, DA DIE WINDBEUTEL SONST ZUSAMMENFALLEN UND NICHT HOCHBACKEN.

Falte einen Backpapierbogen so, dass zwölf gleichgroße Dreiecke entstehen.

Lasse den Windbeutelkranz vollständig auskühlen. Schneide den Windbeutelkranz einmal waagerecht mit einem sehr scharfen Messer durch.

2. FÜLLUNG

Verrühre den Frischkäse mit dem Puderzucker, der Sahne, dem Vanilleextrakt und dem Sanapart und schlage die Creme steif. Hebe zum Schluss die Preiselbeeren vorsichtig unter. Fülle die Creme in einen Spritzbeutel mit großer Lochtülle.

3. KRANZ FÜLLEN

Verteile die Füllung gleichmäßig auf die untere Hälfte der Windbeutel.

Setze die Deckel auf und streue den süßen Schnee über die Windbeutel.

SCHOKO-CUPCAKES

verführerisch lecker

Ich liebe diese Schoko-Cupcakes, da das Frosting, also die Schokoladen-Creme, auch bei Raumtemperatur standfest bleibt. Am besten servierst du sie auch nicht kühlschrankkalt, sondern lässt sie etwa 30 Minuten vorher etwas akklimatisieren, damit sich das Aroma besser entfalten kann. Diese Schoko-Cupcakes eignen sich daher auch ideal für jedes Kuchenbuffet, weil sie nicht zusammenfallen, schmelzen oder ihre Form verlieren. Sie schmecken köstlich und sehen hübsch aus.

 12 Stück   Zubereitung: 30 Min.   Backzeit: 20–25 Min.

 200 °C O/U   mittlerer Einschub   Kühlzeit: 60 Min.

SCHOKOLADENTEIG

160 g Mehl
40 g Kakao
½ TL Backpulver
¼ TL Natron
¼ TL Salz
150 g Zucker
50 g Schokodrops (backfest)
3 Eier
150 g Sonnenblumenöl
1 TL Vanilleextrakt
120 g Buttermilch

SCHOKOLADEN-FROSTING

50 g Sahne
100 g Zartbitterschokolade
100 g Butter (weich)
150 g Puderzucker
1 Prise Salz
1 TL Vanilleextrakt
50 g Kakao
350 g Frischkäse

DEKORATION

50 g Zartbitterschokolade

SCHOKO-CUPCAKES

1. SCHOKOLADENTEIG

Heize den Ofen auf 200 °C O/U vor und lege eine
Muffinform mit zwölf Papierförmchen aus.
Verrühre die trockenen und die flüssigen Zutaten in zwei
getrennten Schüsseln. Vermische sie dann mit einem
Backlöffel, bis eine homogene Masse entsteht.
Füge erst anschließend alle Zutaten zusammen und ver-
binde sie mit dem Kochlöffel zu einem glatten Teig.

Fülle den Teig mithilfe des großen Eisportionierers
gleichmäßig in die Muffinförmchen und backe sie für etwa
20–25 Minuten.
Nimm sie aus dem Ofen und lasse sie komplett abkühlen.

2. SCHOKOLADEN-FROSTING

Koche die Sahne in einem Topf ein Mal auf, ziehe
sie vom Herd herunter und füge die Zartbitterschokolade
hinzu. Lasse die Schokolade schmelzen und rühre sie ein.
Stelle die Schokoladensahne in den Kühlschrank bis sie
wieder vollständig abgekühlt ist.

Schlage die Butter gemeinsam mit dem Puderzucker,
dem Salz, dem Vanilleextrakt und dem Kakao 4–5 Minuten
cremig. Rühre die Schokoladensahne ein.

Füge zum Schluss den Frischkäse hinzu und schlage die
Masse steif.

Fülle die Creme in einen Spritzbeutel mit großer
Sterntülle und spritze sie auf die Muffins.

3. DEKORATION

Raspele als letzten Schritt noch die Schokolade
über die Muffins.

BLAUBEER-SCHOKO-CUPCAKES

mit zweierlei Cremes

Diese süßen Hingucker schmecken fruchtig-cremig und schokoladig zugleich. Sie bekommen ein doppeltes Topping aus Blaubeer- und Schokoladencreme. Verziert mit Schokostreuseln und ein paar extra Blaubeeren werden sie zum Anbeißen unwiderstehlich.

 12 Stück   Zubereitung: 90 Min.   Backzeit: 20–25 Min.

 200 °C O/U   mittlerer Einschub   Kühlzeit: 30 Min.

CUPCAKES-TEIG

2 Eier
150 g Sonnenblumenöl
150 g Buttermilch
½ TL Vanilleextrakt
160 g Mehl
40 g Kakao
½ TL Backpulver
¼ TL Natron
1 Prise Salz
100 g Zucker
50 g Schokoladenstreusel

HEIDELBEERMUS

140 g Heidelbeeren (TK)
1 TL Zitronensaft

BASISCREME

500 g Frischkäse
120 g Puderzucker
1 TL Vanilleextrakt
400 g Sahne
9 TL Sanapart

SCHOKOLADENCREME

100 g Zartbitterschokolade

DEKORATION

100 g Schokoladenstreusel
36 Heidelbeeren

BLAUBEER-SCHOKO-CUPCAKES

1. CUPCAKES-TEIG

Heize den Ofen auf 200 °C O/U vor und lege eine Muffinform mit zwölf Papierförmchen aus.

Verrühre die Eier mit dem Öl, der Buttermilch und dem Vanilleextrakt. Verrühre in einer separaten Schüssel das Mehl mit dem Kakao, dem Backpulver, dem Natron, dem Salz, dem Zucker und den Schokoladenstreuseln.

Rühre die trockenen Zutaten in die flüssigen Zutaten ein und verteile den Teig mit einem großen Eisportionierer auf die Muffinförmchen. Backe sie für etwa 20–25 Minuten, bis sie gar sind, und nimm sie aus dem Ofen heraus. Lasse die Muffins abkühlen.

2. HEIDELBEERMUS

Lasse die Heidelbeeren gemeinsam mit dem Zitronensaft in einem Topf so lange einkochen, bis fast keine Flüssigkeit mehr vorhanden ist. Streiche sie dann durch ein Haarsieb und lasse das Heidelbeermus abkühlen.

3. BASISCREME

Verrühre den Frischkäse mit dem Puderzucker und dem Vanilleextrakt. Gib anschließend die Sahne sowie das Sanapart hinzu und schlage die Creme steif. Stelle sie in den Kühlschrank.

4. SCHOKOLADENCREME

Schmilz die Schokolade über einem warmen, aber nicht kochenden Wasserbad. Verrühre 350 g der Basiscreme mit der flüssigen Schokolade und fülle die Schokoladencreme in einen Spritzbeutel mit großer Lochtülle ein.

Spritze einen Schokokringel auf jeden Muffin und bestreue ihn mit Schokoladenstreuseln.

5. HEIDELBEERCREME FERTIGSTELLEN

Verrühre die restliche Basiscreme mit dem Heidelbeermus und fülle sie in einen Spritzbeutel mit großer Sterntülle ein. Spritze die Creme großzügig auf die Schokoladencreme und dekoriere jeden Cupcake mit drei Heidelbeeren.

NUSSSCHNECKEN

mit Marzipan-Nuss-Füllung

Die Nussschnecken bestehen aus einem luftig lockeren Hefeteig. Für die Füllung verwende ich Marzipan und Haselnüsse. Schon beim Zubereiten verbreiten der Zimt und die knackigen Nüsse einen herrlichen Duft. Die Nussschnecken schmecken frisch gebacken und noch lauwarm am besten.

 60 Stück   Zubereitung: 40 Min.   Wartezeit: 60 Min.   Backzeit: 18–20 Min.

 180 °C O/U   mittlerer Einschub

HEFETEIG

1 Würfel Hefe
60 g Zucker
1 EL Wasser (warm)
500 g Mehl
2 Eigelb
1 TL Salz
250 g Milch
100 g Butter (weich)

FÜLLUNG

200 g Marzipanrohmasse
200 g Haselnüsse
1 TL Zimt
2 Eiweiß
1 TL Vanilleextrakt
50–100 g Milch

ZUM SERVIEREN

10 g süßer Schnee

NUSSSCHNECKEN

1. HEFETEIG

Verrühre die Hefe gemeinsam mit dem Zucker und dem Wasser. Gib das Mehl, das Eigelb, das Salz, die Milch und zum Schluss die Butter hinzu und knete daraus in etwa 8–10 Minuten einen geschmeidigen, weichen Hefeteig. Lasse ihn abgedeckt etwa 60 Minuten an einem warmen Ort gehen.

2. FÜLLUNG

Reibe das Marzipan und die Haselnüsse fein. Verrühre sie mit den restlichen Zutaten und füge dabei nur so viel Milch hinzu, bis eine streichfähige, nicht zu feste Masse entsteht.

3. SCHNECKEN FORMEN

Rolle den Teig auf einer leicht bemehlten Silikonmatte 40 x 40 cm groß aus. Verteile die Füllung gleichmäßig mit einer Winkelpalette darauf und halbiere die Teigplatte. Rolle die Teigplatten nun entlang der kurzen Seiten auf und halbiere sie, sodass am Ende vier Rollen entstehen.

♥ Tipp ♥

WICKLE DIE ROLLEN STRAFF IN EIN STÜCK FRISCHHALTEFOLIE EIN. LEGE SIE AUF EIN BAGUETTEBLECH UND FRIERE SIE FÜR 60 MINUTEN EIN – SO WERDEN DIE SCHNECKEN BEIM SCHNEIDEN PERFEKT RUND.

4. SCHNECKEN BACKEN

Lege Lochbleche mit Backfolien aus. Schneide die gefrorenen Rollen in etwa einen cm breite Stücke und lege sie mit genügend Abstand auf die Bleche. Lasse die Hefeschnecken erneut 30 Minuten aufgehen. Heize in der Zwischenzeit den Backofen auf 180 °C O/U vor. Backe die Hefeschnecken im vorgeheizten Ofen für 18–20 Minuten, bis sie goldbraun sind.
Bestreue die Nussschnecken nach dem Backen nach Belieben mit süßem Schnee und serviere sie noch lauwarm.

SANGRÍA-CUPCAKES

mit Kirschen, Aprikosen & Himbeeren

Sangría ist ein Wein-Mischgetränk, welches in Spanien und Portugal weit verbreitet ist. Es wird aus Rotwein, gemischten Früchten und Fruchtsaft hergestellt und erinnert an eine Bowle. Inspiriert davon habe ich diese sommerlich-fruchtigen Cupcakes gebacken. Als Früchte verwende ich Kirschen, Aprikosen und Himbeeren, welche perfekt zueinander passen. Aus diesen Früchten stelle ich eine Marmelade her – am besten macht ihr auch direkt eine große Menge davon, denn diese darf bei uns auf dem Frühstückstisch nicht mehr fehlen.

Außerdem hab ich so immer die Fruchtmarmelade auf Vorrat und kann die leckere Fruchtcreme für die Cupcakes jederzeit zubereiten – auch außerhalb der Früchte-Saison.

 12 Stück   Zubereitung: 90 Min.   Backzeit: 20–25 Min.

 200 °C O/U   mittlerer Einschub   Kühlzeit: 60 Min.

MUFFINS

150 g Zucker
1 Prise Salz
200 g Mehl
½ TL Backpulver
¼ TL Natron
2 Eier
150 g Buttermilch
150 g Sonnenblumenöl
40 g Pfirsichlikör od. Buttermilch
1 TL Vanilleextrakt
20 g Himbeeren (gefriergetrocknet)

MARMELADE

500 g Kirschen (ohne Kern)
500 g Aprikosen (ohne Kern)
500 g Himbeeren
500 g Gelierzucker (3:1)

CREME

200 g selbstgemachte Marmelade
250 g Frischkäse
200 g Sahne
5 TL Sanapart

DEKORATION

1 Aprikose
12 Himbeeren
12 Kirschen

SANGRÍA-CUPCAKES

1. HELLE MUFFINS

Heize den Ofen auf 200 °C O/U vor und lege eine Muffinform mit zwölf Papierförmchen aus.

Verrühre den Zucker mit dem Salz, dem Mehl, dem Backpulver und dem Natron. Verrühre in einer separaten Schüssel die flüssigen Zutaten.

Verrühre nun die trockenen und flüssigen Zutaten mit einem Kochlöffel zu einem geschmeidigen Teig. Zerdrücke die gefriergetrockneten Himbeeren und hebe sie unter den Teig.

2. MARMELADE KOCHEN

Halbiere die Kirschen und Aprikosen und entkerne sie. Gib sie zusammen mit den Himbeeren und dem Gelierzucker in einen Kochtopf und koche die Marmelade nach Packungsanleitung. Streiche die Marmelade durch ein feines Sieb oder nutze die Flotte Lotte, um sie zu passieren.

Wenn die flotte Lotte verwendet wird, dann bleiben die Himbeerkerne enthalten, wird das fleißige Lieschen verwendet, dann ist die Marmelade samtfein.

Fülle den Teig mithilfe des großen Eisportionierers gleichmäßig in die Muffinförmchen ein und backe sie im vorgeheizten Ofen für etwa 20–25 Minuten, bis sie gar sind. Nimm die Muffins aus dem Ofen und lasse sie abkühlen.

Fülle die Marmelade noch heiß in saubere Einmachgläser ab und verschließe sie.

Tipp

3. CREME

Verrühre 200 g der selbstgemachten Marmelade mit dem Frischkäse, der Sahne und dem Sanapart und schlage die Creme steif. Fülle sie in einen Spritzbeutel mit großer Sterntülle und spritze sie auf die Muffins.

4. DEKORATION

Schneide die Aprikose in zwölf Spalten und lege sie zusammen mit den Kirschen und den Himbeeren als Dekoration auf die Cupcakes. Kühle die Cupcakes für etwa eine Stunde und serviere sie

SCHOKOLADEN-ECLAIRS

mit Erdnuss & Karamell

Das klassische französische Rezept für Eclairs habe ich hier etwas abgewandelt und den Teig mit Kakao verfeinert. Dies bildet einen schönen Kontrast zu der leckeren, hellen Füllung aus Erdnusscreme. Hast du übrigens gewusst, dass die Eclairs auch Liebesknochen genannt werden?

 20 Stück   Zubereitung: 90 Min.   Backzeit: 20–25 Min.

 200 °C O/U   mittlerer Einschub

BRANDTEIG

60 g Butter
250 g Wasser
1 Prise Salz
170 g Mehl
30 g Kakao
4–5 Eier

GEBRANNTE ERDNÜSSE

60 g brauner Zucker
60 g Zucker
2 TL Zimt
1 Prise Ingwer (gemahlen)
1 Prise Nelken (gemahlen)
250 g Erdnüsse (gesalzen)

ERDNUSSCREME

300 g Milch
3 Eigelb
25 g Stärke
75 g Zucker
200 g Erdnussbutter (cremig)
250 g Quark

DEKORATION

30 g Karamellsoße
20 g Erdnüsse (gesalzen)

SCHOKOLADEN-ECLAIRS

1. BRANDTEIG

Gib die Butter gemeinsam mit dem Wasser und dem Salz in einen Topf. Lasse alles ein Mal aufkochen und rühre solange, bis die Butter geschmolzen ist.

Mische das Mehl mit dem Kakao und schütte es in einer Portion zu der Buttermasse. Verbinde die Zutaten jetzt schnell mit einem Kochlöffel zu einer Kugel. Rühre diese Kugel solange bei mittelhoher Hitze weiter, bis sich auf dem Topfboden ein Belag bildet. Diesen Vorgang nennt man „abbrennen" und er bewirkt, dass die Eclairs im Ofen später schön aufgehen.

Fülle den Teig nun in eine Rührschüssel um und lasse ihn etwa fünf Minuten abkühlen. Rühre anschließend ein Ei nach dem anderen in den Teig ein. Gib dabei nur so viele Eier hinzu, bis der Teig glänzt und Spitzen zieht.

2. OFEN VORBEREITEN

Heize den Ofen auf 200 °C O/U vor.

3. ECLAIRS BACKEN

Lege ein Backpapier auf die bedruckte Silikon-Backmatte. Fülle den Brandteig in einen Spritzbeutel mit großer Sterntülle ein und spritze nun zehn cm lange Stränge mit etwa fünf cm Abstand zueinander auf das Backpapier.

Ich verwende hier Backpapier, da ich die Maße auf der Backmatte durch das Backpapier hindurch sehe.

Ziehe das Backpapier auf ein Lochblech, bestreiche die Eclairs mit Wasser und backe sie im Ofen für 20–25 Minuten. Öffne die Ofentür dabei nicht, da der Brandteig sonst zusammenfällt. Lasse sie lieber 1–2 Minuten zu lange drin, als zu kurz.

Nimm die Eclairs aus dem Ofen und lasse sie vollständig abkühlen.

4. GEBRANNTE ERDNÜSSE

Gib alle Zutaten zusammen in eine beschichtete Pfanne. Erhitze die Pfanne bei mittelhoher Hitze für 5–7 Minuten. Rühre dabei ab und zu um. Lasse die Erdnüsse nun karamellisieren.

Tipp

JE NACH GRÖSSE DER EIER UND BESCHAFFENHEIT DES TEIGES KANN ES SEIN, DASS DU BIS ZU EINEM EI MEHR ODER WENIGER BENÖTIGST.

Die Flüssigkeit verkocht, und der Zucker legt sich zunächst trocken um die Erdnüsse. Höre währenddessen nicht auf zu rühren, sondern karamellisiere die Erdnüsse weiter, bis sie schön glänzen. Lege sie zum Abkühlen auf eine Backfolie und hacke sie anschließend in grobe Stücke.

5. ERDNUSSCREME HERSTELLEN

Gib die Milch zusammen mit dem Eigelb, der Stärke und dem Zucker in einen Topf und verrühre die Zutaten mit einem Schneebesen.

Erhitze sie bei mittelhoher Temperatur auf dem Herd für 6–8 Minuten unter ständigem Rühren, bis der Pudding eingedickt ist und ein Mal aufkocht. Streiche den Pudding nach Belieben noch heiß durch ein Haarsieb, fülle ihn in eine flache Schale und decke ihn direkt an der Oberfläche mit Frischhaltefolie ab, damit sich keine Haut bildet. Lasse ihn abkühlen bis er zimmerwarm ist.

Gib die Erdnussbutter und den Quark in eine Rührschüssel. Verbinde die Zutaten kurz mit dem Schneebesen zu einer glatten Masse.

Füge danach den Pudding esslöffelweise hinzu und rühre ihn ein. Fülle die Buttercreme in einen Spritzbeutel mit großer Lochtülle.

6. ECLAIRS FERTIGSTELLEN

Schneide die Eclairs waagerecht in der Mitte durch. Spritze nun die Creme gleichmäßig hinein und bestreue sie mit den karamellisierten Erdnüssen. Setze den Deckel darauf.

Serviere die Eclairs noch am selben Tag, da das Karamell an den Nüssen sonst aufweicht.

7. DEKORATION

Übergieße sie nach Wunsch mit etwas Karamellsoße und bestreue sie mit gehackten Erdnüssen.

♥ Tipp ♥

DIE ECLAIRS KÖNNEN 1–2 TAGE VORHER ZUBEREITET UND OHNE FÜLLUNG LUFTDICHT VERPACKT GELAGERT WERDEN.

MANDEL-MARZIPAN-HÖRNCHEN

aus Hefeteig

Die Mandelhörnchen habe ich aus einem luftig, lockeren Hefeteig zubereitet. Als Füllung nehme ich Marzipanrohmasse, weil ich sie sehr gerne mag. Aber auch eine Nussfüllung, Nougat, ein Stück Schokolade oder auch fruchtige Füllungen sind hier möglich. Probier doch einfach deine Lieblingsfüllung aus und teste die luftigen Hörnchen. Sie lassen sich prima aus der Hand als kleinen Snack zwischendurch essen – so spart man sich auch das Geschirr.

 16 Stück   Zubereitung: 60 Min.   Wartezeit: 90 Min.   Backzeit: 13–15 Min.

 200 °C O/U   mittlerer Einschub   oder   180 °C Heißluft   oberer + unterer Einschub

HEFETEIG

½ Würfel Hefe
60 g Zucker
40 g Wasser (warm)
500 g Mehl
2 Eigelb
1 TL Salz
210 g Milch (warm)
80 g Butter (weich)

FÜLLUNG

200 g Marzipanrohmasse

ZUM BESTREICHEN & BESTREUEN

1 Ei
2 EL Milch
100 g Mandeln (gehobelt)

DEKORATION

20 g süßer Schnee od. Glitzerschnee

MANDEL-MARZIPAN-HÖRNCHEN

1. HEFETEIG

Verrühre die Hefe gemeinsam mit dem Zucker und dem Wasser. Gib das Mehl, das Eigelb, das Salz, die Milch und zum Schluss die Butter hinzu und knete daraus in etwa 8–10 Minuten einen geschmeidigen, weichen Hefeteig. Lasse ihn abgedeckt etwa 60 Minuten an einem warmen Ort gehen.

2. MARZIPANHÖRNCHEN FÜLLEN

Halbiere nun den Teig und forme jede Hälfte zu einer Kugel. Rolle die Kugeln auf einer Silikonmatte mit ganz wenig Mehl zu jeweils etwa 35 cm großen Kreisen aus. Verwende den Torteneinteiler und markiere 16 Stücke – drücke ihn aber nicht durch.
Schneide nun mit einem stumpfen Marzipanmesser jede zweite Markierung durch – so entstehen zwei Mal acht gleichgroße Dreiecke. Lege zwei Lochbleche mit Backfolie aus.

3. MARZIPAN VORBEREITEN

Schneide das Marzipan nun in 16 gleichmäßige Stücke, forme diese länglich und lege immer eine Marzipanrolle auf ein Teigdreieck.

Rolle die Hörnchen auf und lege sie auf die Backfolie. Lasse sie abgedeckt erneut 30 Minuten aufgehen.

4. FERTIGSTELLEN

Heize den Ofen auf 180 °C Heißluft oder 200 °C O/U vor. Verrühre das Ei mit der Milch und bestreiche die Hörnchen damit. Bestreue sie mit den Mandelblättchen.

5.

Backe die Hörnchen im vorgeheizten Ofen gleichzeitig bei Heißluft oder nacheinander bei O/U für etwa 13–15 Minuten, bis sie goldgelb sind.

Serviere sie warm oder kalt und bestreue sie dafür mit süßem Schnee oder Glitzerschnee.

S'MORES MUFFINS

mit Schokoladenfüllung

S'mores sind ein weltweit bekannter Snack aus Amerika. Der Name entstand aus einer Verschmelzung der Wörter „some more" (etwas mehr), was die Kinder immer gerufen haben, wenn es die Marshmallows mit Keksen und Schokolade gab. Schnell ausgesprochen entstand so der Begriff "S'mores". Der untere Teil besteht aus einem saftigen Schokoladenteig, bedeckt mit einer feinen Baiserhaube, welche samtig weich schmeckt. Im Innern versteckt sich zusätzlich noch ein Schokoladenkern.

 12 Stück   Zubereitung: 40 Min.   Backzeit: 20 Min.

 180 °C O/U   mittlerer Einschub   Kühlzeit: 60 Min.

SCHOKOLADENMUFFINS

150 g Zucker
1 Prise Salz
160 g Mehl
40 g Kakao
½ TL Backpulver
¼ TL Natron
2 Eier
150 g Buttermilch
150 g Sonnenblumenöl
40 g Espresso
1 TL Vanilleextrakt

GANACHE

50 g Sahne
100 g Zartbitterschokolade

BAISER

3 Eiweiß
1 Prise Salz
150 g Zucker

S'MORES MUFFINS

1. SCHOKOLADENMUFFINS

Heize den Ofen auf 180 °C O/U vor und lege eine Muffinform mit zwölf Papierförmchen aus.
Verrühre für den Schokoladenteig alle trockenen Zutaten mit einem Schneebesen. Füge nun die restlichen flüssigen Zutaten hinzu und rühre sie kurz unter.

Fülle den Teig mithilfe eines großen Eisportionierers in die Muffinförmchen und backe sie für etwa 20 Minuten. Lasse sie anschließend vollständig abkühlen.

2. GANACHE

Koche die Sahne in einem Topf auf. Ziehe sie vom Herd herunter, füge die grob gehackte Schokolade hinzu und rühre sie ein. Fülle die Masse in einen Spritzbeutel mit Lochtülle und lege sie zum Abkühlen für etwa 30–45 Minuten in den Kühlschrank. Achte dabei darauf, dass die Ganache nicht zu fest wird.

Schneide mit einem Messer eine kleine Mulde in die Muffins und spritze die Ganache hinein. Stelle die Muffins in den Kühlschrank.

3. BAISER

Gib das Eiweiß gemeinsam mit dem Salz und Zucker in eine Schüssel. Erhitze die Masse nun über einem kochenden Wasserbad für etwa zehn Minuten, damit das Eiweiß etwa 70 °C warm wird und mögliche Bakterien abgetötet werden können. Rühre dabei durchgehend um, damit das Eiweiß nicht stockt.

Nimm die Schüssel vom Wasserbad herunter und rühre den Eischnee für weitere 5–7 Minuten auf hoher Stufe weiter, damit er wieder auf Zimmertemperatur abkühlt und fest wird. Fülle die Masse in einen Spritzbeutel mit großer Lochtülle ein.

4. MUFFINS FÜLLEN

Spritze das Baiser als großen Tupfen auf die Muffins. Karamellisiere das Baiser nach Belieben mit einem Flambierer.

♥ *Tipp* ♥

WENN DU KEINEN FLAMBIERER BESITZT, KANNST DU DEN LETZTEN
SCHRITT AUCH AUSLASSEN – FLAMBIEREN DIENT ZUM EINEN DER
OPTIK UND ZUM ANDEREN DEM KARAMELLISIERTEN GESCHMACK.

239

Crowdfeeder für eure ♥-Allerliebsten

CROWDFEEDER FÜR EURE ♥-ALLERLIEBSTEN

ideal für eine große Runde

In dieser Kategorie meines Buches möchte ich euch gerne Rezepte vorstellen, mit denen man mit möglichst wenig Aufwand eine möglichst große Menschenmenge (aus dem Englischen „crowd") satt bekommen (aus dem Englischen „to feed") kann – daher die Bezeichnung Crowdfeeder. Das kann bei den unterschiedlichsten Anlässen der Fall sein – Geburtstage, Schulfeste, Betriebsfeiern oder sonstige Veranstaltungen. Dabei soll es nicht nur darum gehen, die reine Anzahl der Backwerke zu erhöhen; auch die optische Qualität und der Geschmack sollen unter der Menge natürlich nicht leiden.

Deshalb ist es mir eine ♥-ensfreude, euch Rezepte vorzustellen, welche sich für größere Menschenmengen eignen und die dafür sorgen, dass ihr die Kuchen-Buffets dieser Welt mit appetitlich angerichteten Backwerken verzaubern könnt.

Natürlich habe ich bei den Rezepten bedacht, dass die Backwerke auch gut „to go", also transportabel sind, denn meistens muss man die Menge an Backergebnissen ja auch noch an einen Ort außerhalb der eigenen Küche bringen, was wiederum eine Herausforderung für sich darstellen kann.

Aber seid euch sicher: Mit meinen Crowdfeeder-Rezepten werdet nicht nur ihr, sondern auch eure ♥-Allerliebsten geschmacklich voll auf eure Kosten kommen. Und wenn es mal nicht eine so große Runde ist, dann kannst du die Rezepte ja auch ganz einfach herunterrechnen und in kleinerer Menge zubereiten.

BAILEYS-KUCHEN

lecker mit Likör oder Cappuccino

Wie der Name schon verrät, zeige ich dir ein Rezept für himmlisch leckere Schokoladen-Kuchenschnitten mit Baileys für erwachsene Genießer – oder alternativ mit Cappuccino, als alkoholfreie Variante. Der luftige Schokoladenteig ist dabei von einer geschmackvollen Tränke aus Baileys, der Irish Cream, oder Cappucino durchzogen. Die Sahne wird zum Servieren nicht ganz steif geschlagen, sodass sie schön cremig ist und sich beim Essen perfekt mit der Schokolade verbindet.

Falls es übrigens mehr als ein Stück pro Person sein soll, dann verdopple das Rezept doch einfach und backe es auf Blechgröße.

 15 Stück   20 x 30 cm   Zubereitung: 30 Min.   Backzeit: 25–30 Min.

 170 °C O/U   mittlerer Einschub   Kühlzeit: 60 Min.

SCHOKOLADENTEIG

4 Eier
200 g Zucker
1 Prise Salz
200 g Baileys od. Cappuccino
200 g Sonnenblumenöl
250 g Mehl
50 g Kakao
2 TL Backpulver

TRÄNKE

200 g Baileys od. Cappuccino
100 g Zartbitterschokolade

CREME

500 g Sahne
50 g Puderzucker
100 g Baileys od. Cappuccino
2 TL Sanapart

ZUM SERVIEREN

50 g Zartbitterschokolade

BAILEYS-KUCHEN

1. SCHOKOLADENTEIG

Heize den Ofen auf 170 °C O/U vor und stelle einen Backrahmen (20 x 30 cm) auf ein mit Backfolie belegtes Blech. Verrühre die Eier mit dem Zucker und dem Salz in 4–5 Minuten cremig.

Füge den Baileys und das Öl hinzu. Verrühre das Mehl mit dem Kakao und dem Backpulver, siebe es und rühre es kurz in den Teig ein. Fülle den Teig in den Backrahmen ein und backe ihn im Ofen für etwa 25–30 Minuten. Lasse den Kuchen komplett abkühlen. Entferne den Backrahmen dabei nicht.

2. TRÄNKE

Lasse den Baileys in einem Topf aufkochen und ziehe ihn dann vom Herd herunter. Rühre die Schokolade ein, bis sie geschmolzen ist.

Stich mit einem Strohhalm kleine Löcher in den Kuchen und gieße die warme Glasur über den erkalteten Kuchen. Lasse ihn anschließend erneut abkühlen.

3. CREME

Verrühre die Sahne mit dem Puderzucker und dem Baileys. Schlage sie mit dem Sanapart halbsteif und verteile die Creme über dem Kuchen.

Stelle den Kuchen bis zum Verzehr kalt und schneide ihn dann in Rechtecke. Serviere ihn nach Belieben mit gehackter Schokolade.

ORANGEN-VANILLE-SCHNITTEN

mit feinen Mandarinenspalten

Wenn ich diese cremig-fruchtigen Schnitten backe, muss ich darauf achten, dass meine Naschkatzen mir genügend von den Mandarin-Orangen aus der Dose für die Dekoration übriglassen. Als Boden für die Schnitten habe ich einen Rührölteig gewählt, welcher mit zweierlei Cremes aus Vanille und Orange bedeckt und mit einer Mandarinenspalte dekoriert wird.

 30 Stück   32 x 37 cm   Zubereitung: 60 Min.   Backzeit: 35–40 Min.

 170 °C O/U   mittlerer Einschub   Kühlzeit: 2 Std.

RÜHRÖLTEIG

6 Eier
300 g Zucker
1 TL Vanilleextrakt
1 Prise Salz
300 g Buttermilch
300 g Sonnenblumenöl
450 g Mehl
3 TL Backpulver

ORANGENCREME

900 g Orangensaft
90 g Stärke
30 g Zucker
1 TL Orangenpaste
150 g Butter (weich)

VANILLECREME

500 g Magerquark
100 g Puderzucker
2 TL Vanilleextrakt
600 g Sahne
11 TL Sanapart

DEKORATION

2 Dosen Mandarinen (350 g)

ORANGEN-VANILLE-SCHNITTEN

1. VORBEREITUNG

Heize den Ofen auf 170 °C O/U vor und setze einen auf Blechgröße (32 x 37 cm) gestellten Backrahmen auf ein mit Backfolie belegtes Lochblech.

2. RÜHRÖLTEIG

Verrühre die Eier mit dem Zucker, dem Vanilleextrakt und dem Salz in 5–6 Minuten weißcremig. Füge die Buttermilch und das Öl bei niedriger Stufe hinzu. Verrühre das Mehl mit dem Backpulver und siebe es in den Teig. Hebe die Zutaten vorsichtig mit einem Schneebesen oder der Küchenmaschine bei niedrigster Stufe unter.
Fülle den Teig in die Backform und backe den Kuchen für etwa 35–40 Minuten. Nimm ihn aus dem Ofen heraus und lasse ihn komplett abkühlen.

3. ORANGENCREME

Verrühre etwas Orangensaft mit der Stärke klümpchenfrei in einem Topf. Ergänze anschließend den restlichen Saft, den Zucker und die Orangenpaste und schalte den Herd auf mittelhohe Hitze. Rühre nun so lange, bis der Pudding ein Mal aufkocht und lasse ihn etwa eine Minute kochen. Streiche ihn anschließend durch ein Haarsieb, um mögliche Klümpchen aufzulösen. Lasse ihn mit Frischhaltefolie abgedeckt komplett abkühlen.

Verrühre die weiche Butter sehr cremig. Rühre den Orangenpudding mit einem Schneebesen kurz durch und gib ihn nun esslöffelweise zur weichen Butter.

4. VANILLECREME

Verrühre den Quark mit dem Puderzucker und Vanilleextrakt. Füge die Sahne langsam hinzu und schlage sie mit dem Sanapart steif.
Fülle nun die Orangen- und Vanillecreme in zwei separate Spritzbeutel mit großer Lochtülle ein.

5. FÜLLE DIE TORTE

Setze den Tortenboden auf einen eckigen Tortenretter, entferne den Backrahmen mit einem Backformmesser und ziehe die Backfolie darunter weg.

Schneide den Tortenboden mit einer Tortensäge oder einem Kuchenmesser ein Mal waagerecht durch und hebe den Deckel mit einem weiteren Tortenretter weg.

6.

Lege nun einen langen Gegenstand (beispielsweise ein Lineal) diagonal auf den Tortenboden – dieser dient als Hilfslinie.

Spritze nun abwechselnd beide Cremes in langen Strängen auf den Tortenboden.

7. Setze den Deckel auf und spritze die Orangen- und Vanillecreme genauso auf die Tortenoberfläche.

8. DEKORATION

Kühle die Torte für etwa eine Stunde im Kühlschrank und schneide sie anschließend in 30 Rechtecke. Dekoriere sie nach Belieben jeweils mit kleinen Mandarinenspalten aus der Dose.

BROWNIES

sehr saftig und schokoladig

Dieses beliebte Rezept für Brownies darf bei den Crowdfeedern nicht fehlen. Ich finde, Brownies müssen nicht nur super-schokoladig, sondern auch supersaftig schmecken. Deshalb verwende ich hier eine Zucchini.
Wundere dich also nicht, das ist keine falsche Angabe bei den Zutaten.
Verdopple das Rezept, um es auf Blechgröße zu backen und damit eine noch größere Menge zu erhalten.
Die Brownies sind übrigens auch nicht so süß wie man sie ganz typisch aus den USA kennt. Daher erschlägt dich ein Stück dieses Schokoladenklassikers nicht gleich und es kann sein, dass du noch ein zweites essen möchtest ☺

 15 Stück   20 x 30 cm   Zubereitung: 25 Min.   Backzeit: 30–35 Min.

 180 °C O/U   mittlerer Einschub   Kühlzeit: 30 Min.

BROWNIE-TEIG

230 g Butter
300 g Zucker
1 TL Vanilleextrakt
½ TL Salz
300 g Zartbitterschokolade
300 g Zucchini (mit Schale)
4 Eier
200 g Mehl
60 g Kakao
50 g Schokodrops (backfest)
200 g Haselnüsse

SCHOKOLADENGUSS

20 g Kakao
40 g Puderzucker
40 g Wasser

ZUM BESTREUEN

10 g Kakaonibs

BROWNIES

1. BROWNIE-TEIG

Stelle einen Backrahmen auf 20 x 30 cm ein und setze
ihn auf ein mit Dauerbackfolie belegtes Lochblech. Heize
den Ofen auf 180 °C O/U vor.

2.

Schmilz die Butter mit dem Zucker, dem Vanilleextrakt und dem Salz in einem Topf bei niedriger
Stufe. Stelle den Herd aus und schmilz die Schokolade
darin in der Restwärme.

3.

Reibe die Zucchini fein. Gib die Eier in eine Rührschüssel und verquirle sie kurz. Füge die lauwarme
oder abgekühlte Schokoladenmischung und die Zucchini-
raspeln hinzu und rühre sie ein. Verrühre das Mehl mit
dem Kakao und den Schokoladendrops und hacke die
Haselnüsse grob. Verrühre alles miteinander.

4.

Fülle den Teig in den Backrahmen ein, streiche ihn
glatt und backe ihn für etwa 30–35 Minuten – er darf
und soll in der Mitte bei der Stäbchenprobe noch etwas
feucht sein. Lasse den Brownie abkühlen.
Entferne den Backrahmen dabei nicht.

5. SCHOKOLADENGUSS

Verrühre den Kakao mit dem Puderzucker und
dem Wasser klümpchenfrei und bestreiche den Brownie
damit. Bestreue ihn mit den Kakaonibs.
Schneide den Brownie in 15 kleine Quadrate und
serviere ihn.

NUSS-NOUGAT-WÜRFEL

aus feinem Haselnussteig

Die Nuss-Nougat-Würfel sind was für richtige Nougat-Liebhaber. Der Haselnussteig wird mit einer feinen Schicht aus Schokoladencreme überzogen. Dekoriert wird mit einem Sahnetupfen pro Würfel, in welchen ein Schokoladengitter sowie eine karamellisierte Haselnuss gesteckt wird. Gefüllt ist der Kuchen mit Nougat.

 15 Stück   32 x 37 cm   Zubereitung: 60 Min.   Backzeit: 35–40 Min.

 170 °C O/U   mittlerer Einschub   Kühlzeit: 2 Std.

HASELNUSSTEIG

300 g Butter
300 g Milch
200 g Haselnüsse
6 Eier
1 TL Vanilleextrakt
250 g Zucker
1 Prise Salz
450 g Mehl
3 TL Backpulver
1 Prise Zimt

ZUM FÜLLEN

200 g Nussnougat

VOLLMILCH-SCHOKOLADENGANACHE

200 g Vollmilchkuvertüre
100 g Sahne

DEKORATION

100 g Zucker
30 g Wasser
50 g Haselnüsse
100 g Zartbitterkuvertüre
1 TL Kokosöl
100 g Sahne
1 TL Sanapart

NUSS-NOUGAT-WÜRFEL

♡ *Tipp* ♡

VERDOPPLE DAS GESAMTE REZEPT, UM EINEN RICHTIGEN CROWDFEEDER
HERZUSTELLEN: BACKE HIERFÜR ZWEI BLECHE DES KUCHENS – BODEN
UND DECKEL – UND SCHNEIDE NACH DEM FÜLLEN KLEINE, ETWA 3–4 CM
GROSSE QUADRATE ZU. SO ENTSTEHT EINE RICHTIG GROSSE PORTION, DIE
DU MIT DEINEN LIEBSTEN TEILEN KANNST. DU BEKOMMST
EINEN LECKEREN CROWDFEEDER, DER ZUDEM SEHR HÜBSCH AUSSIEHT.

1. HASELNUSSTEIG

Heize den Backofen auf 170 °C O/U vor. Setze einen
Backrahmen auf ein mit Backfolie belegtes Lochblech
und stelle ihn auf Backblechgröße (32 x 37 cm) ein.
Schmilz die Butter in einem Topf und nimm sie dann
vom Herd herunter. Rühre die Milch ein, damit die Butter
etwas abkühlt. Mahle die Haselnüsse – teilweise fein und
teilweise grob – und röste sie in einer Pfanne ohne Fett,
bis sie lecker duften. Lasse sie komplett abkühlen.
Verrühre in der Zwischenzeit die Eier mit dem Vanilleextrakt, dem Zucker und dem Salz in etwa 5–8 Minuten
cremig. Rühre die Milchbutter vorsichtig bei niedriger
Stufe in die Eiermischung. Hebe die Haselnüsse, das Mehl,
das Backpulver und den Zimt unter, bis sich alles gut verbunden hat – rühre dabei aber so kurz wie möglich.

Fülle den Teig in den Backrahmen ein, verstreiche ihn
vorsichtig und backe ihn im Ofen für etwa 35–40 Minuten. Nimm den Kuchen aus dem Ofen heraus und lasse
ihn komplett abkühlen. Entferne dann den Backrahmen,
die Backfolie und halbiere den Kuchen, so dass du zwei
halbsogroße Kuchenplatten hast.

2. FÜLLE DEN KUCHEN

Erwärme das Nussnougat über einem warmen
Wasserbad oder in der Mikrowelle und bestreiche eine
Kuchenplatte damit. Setze die andere Kuchenplatte mit
der Unterseite nach oben gedreht obendrauf. Kühle den
Kuchen für etwa 30 Minuten im Kühlschrank.

3. VOLLMILCH-SCHOKOLADENGANACHE

Hacke oder reibe die Kuvertüre fein. Lasse die
Sahne in einem Topf aufkochen und ziehe sie dann vom
Herd herunter. Rühre die Schokolade ein, bis sich alles
gut verbunden hat. Lasse die so entstandene Ganache
kurz lauwarm abkühlen.

4.

Gieße nun die lauwarme Ganache über den Kuchen
und verstreiche sie mit einer Winkelpalette. Nimm
dir eine Teigkarte zuhilfe, damit die Ganache nicht zu
sehr am Rand herunterläuft, sondern auf der Oberfläche
bleibt. Stelle den Kuchen erneut 30 Minuten kühl.

5. DEKORATION

Vermische den Zucker und das Wasser in einem kleinen Topf und lass das Gemisch so lange kochen, bis der
Sirup hell karamellfarben wird. Zieh den Topf sofort vom
Herd herunter. Das Karamell wird nun noch etwas dunkler
und ist goldbraun. Lass es für ca. 5 Minuten abkühlen.

Spieße die Haselnüsse auf Zahnstocher auf und tauche
sie kopfüber in das noch heiße Karamell. Ziehe sie heraus
und lasse sie für wenige Sekunden kopfüber erkalten.
Lege sie ab damit sie vollständig erkalten können.

6.

Temperiere die Kuvertüre wie auf Seite 27 beschrieben. Hier ist ganz besonders wichtig, dass sie richtig
temperiert ist, damit die Schokoladendekoration hält.

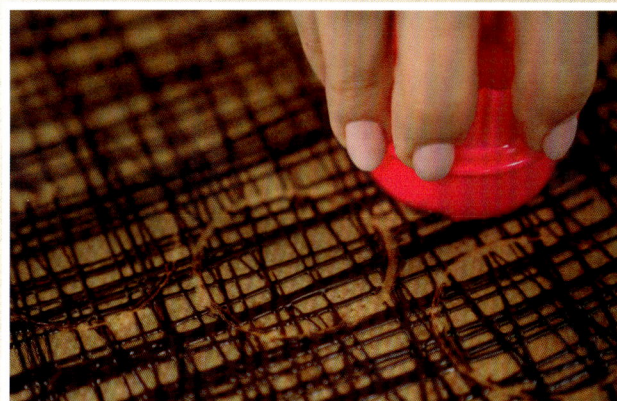

Fülle die Kuvertüre in einen Gefrierbeutel, schneide eine kleine Spitze ab und lasse die Kuvertüre gitterartig auf ein Backpapier fließen und erkalten. Stich mit einem Ausstecher etwa 3 cm große Kreise aus.

7. Schneide den Kuchen nun in 15 Quadrate zu – verwende hierfür gerne den eckigen Torteneinteiler, um gleichmäßige Stücke zu erhalten. Schlage die Sahne mit Sanapart steif und fülle sie in einen Spritzbeutel mit großer Lochtülle ein. Spritze je einen Sahnetupfen auf. Stecke erst kurz vor Verzehr das Schokoladengitter hinein. Ziehe vorsichtig den Zahnstocher aus der Haselnuss und lege sie direkt auf die Sahne. Serviere die Nougatwürfel.

BUCHTELN DELUXE

mit Pudding und Streuseln

Ich liebe Buchteln – mit den verschiedensten Füllungen, süß, herzhaft oder auch ungefüllt. Bei einem frisch gebackenen Blech Buchteln kann ich mich auch wirklich nicht stoppen und esse ein Viertel davon alleine.
Ich liebe Buchteln, ich liebe Pudding, und ich liebe Streusel.
Also dachte ich mir, verbinde ich doch alle drei Komponenten.

 16 Stück   32 cm   Zubereitung: 60 Min.   Wartezeit: 60 Min.   Backzeit: 35–40 Min.

 170 °C O/U   mittlerer Einschub   Kühlzeit: 30 Min.

HEFETEIG
1 Würfel Hefe
60 g Zucker
1 EL Wasser (lauwarm)
500 g Mehl
2 Eigelb
1 TL Salz
250 g Milch
125 g Butter (weich)

PUDDING
500 g Milch
40 g Stärke
1 Eigelb
1 TL Vanilleextrakt
40 g Zucker

STREUSEL
50 g Butter (weich)
50 g Zucker
100 g Mehl
1 Prise Salz
0,5 TL Tonka Wonka

ZUM FÜLLEN
200 g Pflaumenmus

FÜR DIE FORM
50 g Butter

ZUM BELEGEN
4 Pflaumen
(entkernt, geviertelt)

BUCHTELN DELUXE

1. HEFETEIG

Verrühre die Hefe gemeinsam mit dem Zucker und dem Wasser. Gib das Mehl, das Eigelb, das Salz, die Milch und zum Schluss die Butter hinzu. Knete daraus in etwa 8–10 Minuten einen geschmeidigen, weichen Hefeteig. Lasse ihn abgedeckt etwa 60 Minuten an einem warmen Ort gehen.

2. PUDDING

Verrühre alle Zutaten klümpchenfrei in einem Topf. Erhitze nun die Masse unter ständigem Rühren bei mittelhoher Hitze für etwa fünf Minuten, bis der Pudding eingedickt ist und ein Mal aufkocht. Streiche ihn durch ein feines Haarsieb und decke ihn direkt an der Oberfläche mit etwas Frischhaltefolie ab. So bekommt der Pudding beim Abkühlen keine Haut. Lasse ihn abkühlen.

3. STREUSEL

Verknete alle Zutaten miteinander zu einer streuseligen Masse und stelle sie bis zur Verwendung in den Kühlschrank.

4. BUCHTELN FORMEN

Teile den aufgegangenen Hefeteig in 16 Portionen ein, das geht übrigens ganz einfach mithilfe eines Torteneilers. Drücke die Teiglinge mit der Hand ein bisschen flach und gib jeweils etwa 1 EL Pflaumenmus in die Mitte. Verschließe die Buchteln mit den Fingern am Rand und forme sie zu Kugeln. Achte darauf, dass die Füllung nicht herausläuft.

5. AB INS BLECH

Gib die Butter in eine mittlere, 32 cm große Emailleform, schmilz sie direkt im Blech auf dem Herd und verstreiche sie mit einem Pinsel.

♡ Tipp ♡

BEI HEFETEIG MIT 500 G HEFE VERWENDE ICH NORMALERWEISE DAS KLEINE BLECH MIT 28 CM DURCHMESSER. DA ABER HIER NOCH DER PUDDING UND DIE STREUSEL DAZU KOMMEN, VERWENDE ICH DAS 32-CM-BLECH.

Setze nun die Buchteln mit Abstand hinein und wälze sie leicht in der Butter.

Verrühre den abgekühlten Pudding mit einem Löffel und verteile ihn in Klecksen zwischen den Buchteln.

6. Verteile die Streusel und die Pflaumenviertel darüber. Stelle sie anschließend in den kalten Ofen und backe sie bei 170 °C O/U für etwa 35–40 Minuten goldbraun. Nimm sie aus dem Ofen heraus.
Am besten schmecken die Buchteln noch warm und frisch.

♡ *Tipp* ♡

ICH BACKE DIE BUCHTELN GERNE IM VORGEHEIZTEN OFEN MIT DAMPFSTUFE 1. SO GEHEN SIE NOCH BESSER AUF, WERDEN WEICHER UND DIE BACKZEIT VERRINGERT SICH UM ETWA 5–10 MINUTEN. DAFÜR LASSE ICH SIE ALLERDINGS VOR DEM BACKEN ABGEDECKT FÜR 30 MINUTEN AUFGEHEN.

FRANKFURTER-KRANZ-SCHNITTCHEN

mit Vanillecreme und gerösteten Haselnüssen

Wer Frankfurter Kranz mag, sollte sich diese Schnittchen nicht entgehen lassen. Die einzelnen Schichten werden mit Himbeermarmelade und Vanillecreme bestrichen und mit aromatischen Haselnüssen bestreut. Die mit Himbeeren verzierten Cremetupfer bilden den krönenden Abschluss.

 30 Stück   25 x 30 cm   Zubereitung: 90 Min.   Backzeit: 30 Min.

 180 °C O/U   mittlerer Einschub   Kühlzeit: 90 Min.

RÜHRÖLTEIG

6 Eier
1 TL Vanilleextrakt
1 Prise Salz
300 g Zucker
150 g Sonnenblumenöll
190 g Milch
375 g Mehl
3 TL Backpulver

VANILLECREME

800 g Milch
2 TL Vanilleextrakt
70 g Zucker
80 g Stärke
2 Eigelb
300 g Butter (weich)

HIMBEERFÜLLUNG

300 g Himbeermarmelade

DEKORATION

150 g Haselnüsse (gehackt)
30 Himbeeren

FRANKFURTER-KRANZ-SCHNITTCHEN

1. RÜHRÖLTEIG

Heize den Ofen auf 180 °C O/U vor und stelle den Backrahmen auf 25 x 30 cm ein, bevor du ihn auf ein mit Backfolie belegtes Backblech setzt.

Verrühre die Eier mit dem Vanilleextrakt, dem Salz und dem Zucker in 5–6 Minuten weißcremig. Rühre das Öl und die Milch bei niedriger Stufe ein. Verrühre das Mehl mit dem Backpulver und siebe es in die Rührschüssel. Rühre die Zutaten nur noch kurz bei niedriger Stufe ein.

Fülle den Teig in den Backrahmen ein, verstreiche ihn vorsichtig und backe ihn für 30 Minuten, bis er gar ist. Nimm ihn aus dem Ofen heraus, decke ihn mit einem sauberen Küchentuch ab und lasse ihn komplett erkalten.

2. VANILLECREME

Verrühre die Milch mit dem Vanilleextrakt, dem Zucker, der Stärke und dem Eigelb klümpchenfrei.

Erhitze nun die Masse unter ständigem Rühren bei mittelhoher Hitze für etwa fünf Minuten, bis der Pudding eingedickt ist und ein Mal aufkocht. Streiche ihn durch ein feines Haarsieb und decke ihn direkt an der Oberfläche mit etwas Frischhaltefolie ab. So bekommt der Pudding beim Abkühlen keine Haut. Lasse ihn abkühlen.

Rühre anschließend die weiche Butter in etwa 5 Minuten weißcremig, rühre den Pudding esslöffelweise unter.

3. JETZT WIRD DIE SCHNITTE GEFÜLLT

Entferne den Backrahmen mit dem Backformmesser. Ziehe den Kuchen mit der Backfolie auf einen eckigen Tortenretter, entferne die Backfolie und schneide ihn mit einer Tortensäge zwei Mal waagerecht durch. Bestreiche den unteren Tortenboden mit der Hälfte der Himbeermarmelade. Verteile ein Viertel der Vanillecreme darüber.

Verstreiche die Creme hierbei mit einer großen Winkelpalette und halte eine Teigkarte an den Rand, damit du die Schnitte sauber befüllen kannst.

Lege den zweiten Boden auf, bestreiche ihn mit der restlichen Marmelade und fülle ihn mit dem zweiten Viertel der Buttercreme. Setze den letzten Tortenboden auf und drücke ihn vorsichtig an.

Bestreiche den Rand und die Oberfläche der Torte mit Vanillecreme und fülle nun die restliche Creme in einen Spritzbeutel mit einer großen Lochtülle ein.

Stelle die Schnitte für etwa eine Stunde in den Kühlschrank.
Bewahre die Vanillecreme im Spritzbeutel solange bei Raumtemperatur auf.

4. DEKORATION

Röste die gehackten Haselnüsse in einer Pfanne ohne Fett, bis sie lecker duften und lasse sie gut abkühlen. Bestreue die Oberfläche der Torte mit den Haselnüssen und schneide die Schnitte dann in 30 Quadrate.

Nimm mit einem kleinen Löffel ein bisschen von den Haselnüssen direkt aus der Mitte jedes Stücks weg, damit die Creme aufgespritzt werden kann – auf den Haselnüssen hält sie nämlich nicht gut.

Spritze nun einen kleinen Tupfen Creme hinein und setze eine Himbeere darauf.

APRIKOSEN-MOHNKUCHEN

mit Vanillecreme und Streuseln

Dieses sommerliche Gebäck muss einfach mit frischen Aprikosen zubereitet werden. Ich liebe diesen luftigen Mohnrührteig, und die Cheesecake-Füllung mit den samtig weichen Aprikosen passt perfekt dazu. Diesen Kuchen habe ich erstmals auf der IFA (Internationale Funkausstellung) in Berlin für meine zahlreichen Besucher gebacken – er hat allen hervorragend geschmeckt! Ein echter Crowdfeeder eben.

 30 Stück   32 x 37 cm   Zubereitung: 30 Min.   Backzeit: 35–40 Min.

 170 °C O/U   mittlerer Einschub   Kühlzeit: 60 Min.

STREUSEL

100 g Butter (weich)
100 g Zucker
200 g Dinkelmehl
1 Prise Salz

CHEESECAKE

250 g Quark (20 %)
1 Ei

30 g Zucker
1 TL Vanilleextrakt
25 g Stärke
700 g Aprikosen (klein, entsteint)

RÜHRTEIG

250 g Butter (weich)
250 g Zucker
1 Prise Salz

1 Prise Zimt
6 Eier
400 g Dinkelmehl
200 g Mohn
3 TL Backpulver
100 g Milch (lauwarm)

DEKORATION

5 g süßer Schnee

APRIKOSEN-MOHNKUCHEN

1. STREUSEL

Verknete die weiche Butter mit dem Zucker, dem Dinkelmehl und dem Salz zu Streuseln und stelle sie in den Kühlschrank, bis die restlichen Zutaten vorbereitet sind.

2. CHEESECAKE

Verrühre den Quark mit dem Ei, dem Zucker, dem Vanilleextrakt und der Stärke. Halbiere die Aprikosen und entkerne sie. Sie werden später auf dem Kuchen verteilt.

3. RÜHRTEIG

Heize den Ofen auf 170 °C O/U vor.
Setze einen Backrahmen auf ein mit Backfolie belegtes Lochblech und ziehe ihn auf Backblechgröße aus.
Verrühre die weiche Butter mit dem Zucker, dem Salz und dem Zimt in 4–5 Minuten cremig.
Füge nun ein Ei nach dem anderen hinzu und rühre hierbei jedes Ei etwa 30 Sekunden ein.

4.

Verrühre das Dinkelmehl mit dem Mohn und Backpulver und rühre es abwechselnd mit der Milch kurz in den Rührteig ein.

5.

Fülle den Teig in den Backrahmen ein und verstreiche ihn. Verteile die Cheesecake-Masse klecksartig darüber und lege die Aprikosenhälften darauf.

6.

Bestreue den Kuchen mit den Streuseln und backe ihn für etwa 35–40 Minuten. Lasse ihn anschließend abkühlen, entferne den Backrahmen mit einem Backformmesser und schneide ihn in Rechtecke zu. Serviere ihn nach Belieben mit süßem Schnee.

FÜRST-PÜCKLER-SCHNITTE

klassisch mit Schokolade-Erdbeere-Vanille

Wenn ich an Fürst-Pückler-Schnitten denke, dann bin ich mit meinen Gedanken sofort in meiner Kindheit. Wir lebten in einem Mehrfamilienhaus, meine Mama schneiderte und änderte Hosen für Familienmitglieder oder eben auch für Freunde und enge Nachbarn. Eine unserer Nachbarinnen besuchte ich immer besonders gerne, weil sie mir das super leckere Sandwich-Eis, das Fürst-Pückler-Eis gab, sobald ich ihre Hosen zurückbrachte.

Genau an sie musste ich denken, als ich dieses Rezept für mein Buch kreierte. Nur mit einem Unterschied: Das hier ist eine Tortenschnitte; aber wenn ihr möchtet, dann könnt ihr sie leicht anfrieren lassen, um sie geeist zu genießen. Spart euch übrigens die Gabel und das Geschirr – denn dieser Crowdfeeder wird am besten aus der Hand gegessen.

 16 Stück   24 x 30 cm   Zubereitung: 60 Min.   Backzeit: 15 Min.

 180 °C O/U   mittlerer Einschub   Kühlzeit: 3 Std.   Einfrieren: 60 Min.

BISKUIT
2 Waffelblätter (24 x 30 cm)
3 Eier
1 Prise Salz
1 TL Vanilleextrakt
75 g Zucker
75 g Mehl

QUARKCREME
1000 g Magerquark
160 g Puderzucker
20 TL Sanapart
1000 g Sahne

SCHOKOLADENCREME
100 g Zartbitterschokolade

ERDBEERCREME
150 g Erdbeeren (TK)

VANILLECREME
1 TL Vanilleextrakt

FÜRST-PÜCKLER-SCHNITTE

1. BISKUIT

Heize den Ofen auf 180 °C O/U vor und lege das Waffelblatt auf ein mit Backfolie belegtes Lochblech. Setze einen Backrahmen passgenau (24 x 30 cm) außenherum.

Verrühre die Eier mit dem Salz, dem Vanilleextrakt und dem Zucker in etwa zehn Minuten weißcremig. Siebe das Mehl hinzu und hebe es vorsichtig unter.
Verstreiche den Biskuit auf dem Waffelblatt und backe ihn im Ofen für etwa 15 Minuten.
Nimm den Biskuit heraus und lasse ihn komplett abkühlen. Entferne den Backrahmen dabei nicht.

2. QUARKCREME UND SCHLAGSAHNE

Verrühre den Quark mit dem Puderzucker und der Hälfte des Sanaparts. Schlage in einer weiteren Schüssel die Sahne mit dem übrigen Sanapart steif. Stelle alles kühl.

3. DIE VERSCHIEDENEN CREMES

Schmilz die Schokolade über einem warmen, aber nicht kochenden Wasserbad und nimm sie dann herunter, damit sie etwas abkühlen kann.

Lasse die Erdbeeren auftauen und in einem Topf so lange einkochen, bis fast keine Flüssigkeit mehr vorhanden ist. Lasse diese Masse komplett abkühlen.

4. TORTE FÜLLEN

Drittele die Quarkcreme und auch die Sahne. Rühre nun die abgekühlte Schokolade in den ersten Teil des Quarks und hebe ein Drittel Sahne unter.

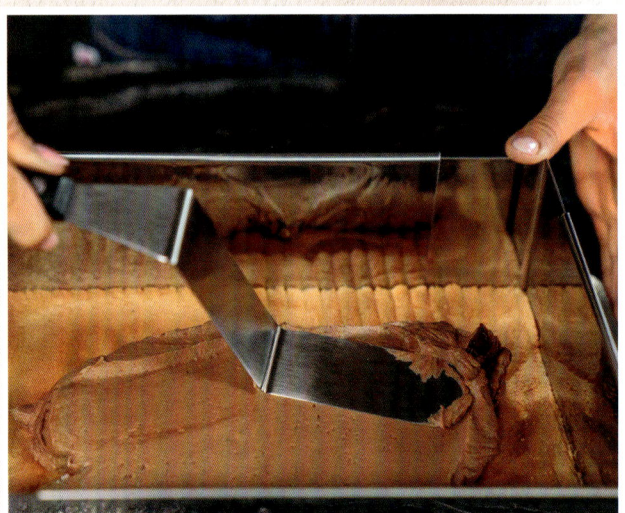

5.

Streiche die Schokoladencreme direkt auf den Biskuit und verteile sie glatt.

Verrühre nun die Erdbeeren mit dem zweiten Teil des Quarks, hebe das zweite Sahnedrittel unter und verteile die Erdbeercreme über der Schokoladencreme.

6. Verrühre das Vanilleextrakt mit dem restlichen Quark und hebe die restliche Sahne unter. Verteile die Creme auf der Erdbeercreme.
Schneide das zweite Waffelblatt mit einem scharfen Messer in 16 Rechtecke und lege sie auf die Vanillecreme.

Stelle die Fürst-Pückler-Schnitte für zwei Stunden in den Kühlschrank. Entferne den Backrahmen und die Backfolie und schneide die Schnitte mit einem langen Messer durch. Serviere sie kühlschrankkalt oder lasse sie eine weitere Stunde im Gefrierschrank anfrieren, um eine geeiste Schnitte herzustellen.

MANDELECKEN

mit feiner Marzipanschicht

Diese Mandelecken erinnern an klassische Nussecken, sind allerdings etwas geschmeidiger in der Konsistenz. Ich bin ein absoluter Marzipan- und Mandel-Liebhaber, daher hat dieses Rezept seinen Weg in mein Buch gefunden. Vor allem finde ich das Rezept toll, weil man die Mandel-Ecken wunderbar ein paar Tage aufheben kann.

 40 Stück   32 x 37 cm   Zubereitung: 45 Min.   Backzeit: 20 Min.

 180 °C O/U   mittlerer Einschub   Kühlzeit: 90 Min.

MANDELTEIG
100 g Mandeln (gemahlen)
250 g Butter (weich)
150 g Zucker
1 Prise Salz
1 TL Vanilleextrakt
2 Eier
400 g Mehl
½ TL Backpulver

MARZIPANSCHICHT
400 g Marzipanrohmasse
100 g Butter (weich)
100 g Puderzucker
4 Eier
25 g Cranberries (getrocknet)
25 g Sauerkirschen (getrocknet)
40 g Mandeln (gehobelt)

DEKORATION
50 g weiße Kuvertüre
2 TL Kokosöl
50 g Zartbitterkuvertüre

MANDELECKEN

1. VORBEREITUNG

Heize den Ofen auf 180 °C O/U vor und stelle den Backrahmen in Blechgröße auf ein mit Backfolie belegtes Lochblech.

2. MANDELTEIG

Röste die gemahlenen Mandeln in einer Pfanne ohne Fett, bis sie lecker duften und lasse sie etwas abkühlen. Verrühre die weiche Butter mit dem Zucker, dem Salz und dem Vanilleextrakt und füge nacheinander die Eier hinzu. Gib das Mehl mit dem Backpulver und die gerösteten Mandeln hinzu und verknete den Teig.
Stelle ihn abgedeckt in den Kühlschrank, um in der Zwischenzeit die Marzipanschicht herzustellen.

3. MARZIPANSCHICHT

Erwärme das Marzipan in der Mikrowelle oder über einem warmen Wasserbad.
Verrühre die weiche Butter mit dem Puderzucker in etwa 2–3 Minuten cremig und füge langsam die Marzipanrohmasse hinzu.
Gib nun nach und nach auch jedes Ei hinzu und rühre es für mindestens eine Minute ein.

♥ Tipp ♥

ES GIBT GANZ TOLLE MARZIPAN-VARIATIONEN MIT GESCHMACK.
EMPFEHLENSWERT FÜR DIESES REZEPT IST EIN KIRSCH-MARZIPAN,
ODER AUCH AMARETTO-MARZIPAN – BEIDE PASSEN
GESCHMACKLICH SUPER DAZU.

4. FÜLLE DIE BACKFORM

Knete den Mandelteig kurz durch und drücke ihn flach in die Backform hinein. Stich den Boden mehrmals mit einer Gabel ein, damit der Kuchen beim Backen keine Beule bildet.

Verteile die Marzipanschicht gleichmäßig darüber.

5. Hacke die Cranberries und Sauerkirschen grob und verteile sie gemeinsam mit den gehobelten Mandeln darüber.

6. Backe den Kuchen für etwa 20 Minuten, bis er goldgelb ist. Nimm ihn aus dem Ofen heraus und lasse ihn abkühlen.

7. Entferne den Backrahmen mit einem Backform-messer und ziehe die Kuchenplatte von der Back-folie auf eine Schneideunterlage, beispielsweise den Tortenretter.

Markiere nun 20 Kuchenstücke mit dem eckigen Kuche-neinteiler und schneide die Rechtecke zu.
Schneide sie dann diagonal durch, damit Dreiecke entstehen.

8. DEKORATION
Temperiere die weiße und die Zartbitterkuvertüre einzeln über dem Wasserbad und füge jeweils 1 TL Kokosöl hinzu.
Lasse die Kuvertüren im Wechsel über die Marzipanecken fließen und fest werden.

Schneide sie nach dem Aushärten bei Bedarf nochmals mit einem scharfen Messer nach.

JOHANNISBEER-ZUPFKUCHEN

mit Schokoladenstreuseln

Dieser Kuchen besteht – neben den Johannisbeeren – aus drei Komponenten: Boden, Käsekuchencreme und Streusel. Für die Zubereitung stellst du allerdings nur zwei her, denn der Boden und die Streusel werden aus derselben Masse zubereitet. Somit lässt sich der Kuchen innerhalb von nur 20 Minuten vorbereiten – ein ideales Rezept, welches man am Abend oder am Morgen mal so nebenbei zubereiten kann.

 30 Stück   32 x 37 cm   Zubereitung: 20 Min.   Backzeit: 45 Min.

 170 °C O/U   mittlerer Einschub   Kühlzeit: 60 Min.

STREUSEL UND BODEN

300 g Butter (weich)
200 g Zucker
1 Prise Salz
550 g Dinkelmehl (630)
50 g Kakao
½ TL Backpulver
½ TL Vanilleextrakt

KÄSEKUCHENMASSE

1000 g Magerquark
90 g Stärke
150 g Puderzucker
1 TL Vanilleextrakt
5 Eier
1 Zitrone (Saft)
800 g Milch
150 g Butter (flüssig)

ZUM FERTIGSTELLEN

200 g Johannisbeeren
50 g Schokoladenstreusel
5 g süßer Schnee
od. Glitzerschnee

JOHANNISBEER-ZUPFKUCHEN

1. STREUSEL UND BODEN

Heize den Ofen auf 170 °C O/U vor. Stelle einen Backrahmen auf ein mit Backfolie belegtes Blech und ziehe ihn auf Blechgröße (32 x 37 cm) aus.

Verknete die weiche Butter mit dem Zucker, dem Salz, dem Dinkelmehl, dem Kakao, dem Backpulver und dem Vanilleextrakt zu Streuseln.

2. KÄSEKUCHENMASSE

Verrühre den Magerquark mit der Stärke, dem Puderzucker und Vanilleextrakt und füge nach und nach die Eier, den Zitronensaft, die Milch und die flüssige Butter hinzu und rühre kurz, bis die Masse homogen ist.

Tipp

WENN DU KEIN JOHANNISBEER-FAN BIST, DANN KANNST DU AUCH ANDERE FRÜCHTE WIE HIMBEEREN, KIRSCHEN ODER BROMBEEREN VERWENDEN.

Achte nur darauf, dass der Boden schön dicht und geschlossen bedeckt ist.

3. FÜLLE DIE BACKFORM

Drücke nun zwei Drittel der Streusel mit den Händen flach in den Backrahmen – ziehe dabei KEINEN Rand hoch.

Gieße nun die Käsekuchenfüllung vorsichtig darüber.

4. FERTIGSTELLEN

Streife die Johannisbeeren mit einer Gabel von den Rispen ab und verteile sie über der Käsekuchenmasse.

Zupfe und verteile nun auch die übrigen Streusel darüber. Streue die Schokoladenstreusel gleichmäßig darüber.

5. AB IN DEN OFEN

Backe den Kuchen nun im Ofen für etwa 45 Minuten. Nimm ihn heraus und lasse ihn vollständig abkühlen. Löse den Backrahmen mit einem Backformmesser ab und entferne die Backfolie. Bestreue ihn nach Belieben mit süßem Schnee oder Glitzerschnee.

ZIMTSCHNECKEN

mit Vanilleglasur

Dieses Rezept ist so richtig typisch amerikanisch – "Cinnamon Rolls" oder "Cinnamon Buns" wird es oft genannt. Ein luftiger, saftiger Hefeteig, gefüllt mit Zimt wird mit einer Vanilleglasur überzogen. Am besten schmecken mir die Zimtschnecken übrigens lauwarm. Wenn du sie direkt in einer dekorativen Backform bäckst, dann kannst du sie darin servieren. Dazu eignen sich meine Emaillebleche hervorragend.

 32 Stück   36 cm   Zubereitung: 45 Min.   Wartezeit: 60 Min.

 Backzeit: 35–40 Min.   180 °C O/U   mittlerer Einschub

HEFETEIG

1 Würfel Hefe
130 g Zucker
20 g Wasser (warm)
4 Eigelb
500 g Milch
1000 g Dinkelmehl (630)
1 TL Salz
180 g Butter (weich)

ZIMTFÜLLUNG

150 g Butter (weich)
150 g brauner Zucker
3 TL Zimt

FÜR DIE FORM

20 g Butter

GLASUR

50 g Frischkäse
100 g Puderzucker
1 TL Vanilleextrakt
1 EL Zitronensaft

ZIMTSCHNECKEN

1. HEFETEIG

Verrühre die Hefe mit dem Zucker und dem Wasser. Füge nun das Eigelb, die Milch, das Dinkelmehl, das Salz und zum Schluss die Butter hinzu und knete daraus in etwa zehn Minuten einen geschmeidigen, weichen Hefeteig.

ICH LASSE DEN HEFETEIG GERNE IN DER GÄRSTUFE DES BACKOFENS AUFGEHEN.
SCHAU DIR HIERZU GERNE DIE TIPPS AUF SEITE 47 AN.

Forme den Teig mit den Händen zu einer Kugel, fette die Rührschüssel mit etwas Backtrennspray und lege den Teig hinein.

Lasse ihn abgedeckt für 60 Minuten aufgehen, bis er sich mindestens verdoppelt hat.

2. ZIMTFÜLLUNG

Verrühre die weiche Butter mit dem braunen Zucker und dem Zimt und lasse die Mischung mindestens 30 Minuten stehen, damit sich der Zucker etwas auflösen kann.

3. ZIMTSCHNECKEN FORMEN

Rolle den Teig auf einer bemehlten Arbeitsplatte zu einem etwa 60 x 60 cm großen Rechteck aus. Bestreiche es mit der Zimtfüllung.

4.

Rolle die Teigplatte nun eng auf und drücke sie leicht auseinander, sodass eine etwa 80 cm lange Rolle entsteht.
Du kannst die Teigrolle auch in Frischhaltefolie wickeln und etwa eine Stunde einfrieren, damit sie sich besser schneiden lässt – so werden die Zimtschnecken runder und hübscher.

Fette eine große Emaillebackform mit etwas Butter. Schneide die Teigrolle in etwa 2,5 cm breite Scheiben und lege die Zimtschnecken dicht an dicht in die Emailleform.

Stelle sie in den kalten Ofen, schalte ihn auf 180 °C O/U und backe die Zimtschnecken für etwa 35–40 Minuten.

5. GLASUR

Verrühre den Frischkäse mit dem Puderzucker, dem Vanilleextrakt und dem Zitronensaft und bestreiche die noch warmen Zimtschnecken damit.

Serviere sie am besten lauwarm.

♥-erfreulich
schnelle Rezepte

♥-ERFREULICH SCHNELLE REZEPTE

wenn du wenig Zeit hast

Meine Lieben, wer kennt das nicht? Man hat zugesagt, zu einem bestimmten beruflichen oder privaten Anlass etwas zu backen, und entweder geht es dann im Alltag tatsächlich unter oder aber man hat dann doch nicht allzu viel Zeit wie gedacht. Vielleicht geht es auch ja auch so wie mir mit Murat – während ich für Familienfeste Torten zusage, hat er uns parallel für fünf Vereinsfeste und drei Hochzeiten eingetragen.

Da bleibt mir dann auch nicht immer allzu viel Zeit, um dann stunden- oder tagelang an einem Backwerk zu verweilen und es muss dann auch mal schnell gehen – ohne dabei aber auf den vollen Geschmack und Kreativität verzichten zu müssen. Deshalb ist es ein Anliegen von mir, euch nun Rezepte vorzustellen, die eine geringe Zubereitungszeit haben und mit denen ihr dennoch punkten könnt.

Im Folgenden findet ihr daher nur Rezepte, die innerhalb von 30 bis 60 Minuten gut vorbereitet werden können, morgens vor der Arbeit, am Vorabend, wenn die Kinder bereits im Bett liegen oder auch ganz spontan, einfach ♥-erfreulich schnell und flott zubereitet.

FRÜCHTE-CRUMBLE

mit Vanillesosse

Wenn ich an schnelle und bequeme Rezepte und vor allem Desserts denke, dann denke ich meist sofort an Crumble. Es ist lecker, sättigend, voller Obst und so schnell vor- und zubereitet. Du kannst die Streusel sehr gut morgens schon vorbereiten und kaltstellen – samt Obst – und dann einfach kurz vor dem Verzehr backen. Mit einer Kugel Eis, selbstgemachter Vanillesoße oder einem Esslöffel Naturjoghurt ist das echt der Hit!

Ich bereite das Crumble hier mit Äpfeln und Zwetschgen zu, aber auch Fruchtmischungen, Rhabarber oder anderes Obst ist denkbar und sehr lecker. Ich finde es immer gut, wenn säuerliches Obst verwendet wird – das gibt einen guten geschmacklichen Kontrast zu den süßen Streuseln.

 6 Portionen
 ca. 20 x 30 cm
 Zubereitung: 20 Min.
 Backzeit: 25 Min.

 190 °C O/U
 mittlerer Einschub
 Kühlzeit: 30 Min.

CRUMBLE

150 g Butter (weich)
150 g Zucker
1 Prise Salz
1 TL Tonka Wonka
250 g Dinkelmehl
100 g Haferflocken (kernig)
50 g Walnüsse

OBSTFÜLLUNG

600 g Zwetschgen (ohne Stein)
600 g saure Äpfel (z. B. Boskoop, Elstar)
1 Zitrone (Saft und Schale)

VANILLESOSSE

200 g Milch
200 g Sahne
2 TL Vanilleextrakt
10 g Stärke
2 Eigelb
1 Prise Salz
40 g Zucker

FRÜCHTE-CRUMBLE

1. TEIG

Verknete die Butter gemeinsam mit dem Zucker, dem Salz und dem Tonka Wonka.
Füge das Dinkelmehl hinzu und knete es kurz ein.
Hacke die Walnüsse grob und knete sie zusammen mit den Haferflocken in den Streuselteig.

Stelle die Streusel für 30 Minuten in den Kühl- oder für 15 Minuten in den Gefrierschrank, damit die sie beim Backen ihre Form behalten und nicht auseinanderlaufen.

2. FÜLLUNG

Wasche das Obst und schneide es grob.
Reibe die Schale der Zitrone ab und füge sie zusammen mit dem Zitronensaft zum Obst.

3. CRUMBLE FERTIGSTELLEN

Heize den Ofen auf 190°C O/U vor.
Fülle das Obst in eine ofenfeste Auflaufform oder in mein kleines Emaille-Ofenblech (28 cm). Bedecke diese mit den Streuseln und backe den Crumble für 25 Minuten, bis er goldbraun ist. Nimm ihn aus dem Ofen heraus und serviere ihn noch warm.

VANILLE-SOSSE

1. VANILLE SOSSE

Verrühre alle Zutaten mit einem Schneebesen in einem Topf und lasse alles nun bei mittelhoher Hitze aufkochen. Rühre dabei permanent um, damit die Vanillesoße cremig wird und nicht am Topfboden anklebt.

2.

Für die warme Weiterverarbeitung hat sie nun die perfekte Konsistenz. Verwende 100 g mehr Milch, wenn du die Vanillesoße kalt verwenden willst.

❥Tipps❥

- DAS FRÜCHTE-CRUMBLE LÄSST SICH PRIMA VORBEREITEN. BEFÜLLE DIE OFENFORM UND STELLE SIE BIS ZUM VERZEHR ABGEDECKT IN DEN KÜHLSCHRANK – GERNE AUCH SCHON AM VORABEND.

- DAS REZEPT LÄSST SICH EINFACH VEGANISIEREN: VERWENDE STATT BUTTER VEGANE BUTTER ODER KOKOSÖL.

- VERWENDE ZUM BACKEN SÄUERLICHE ÄPFEL UND ANDERE OBSTSORTEN WIE: RHABARBER (GEMÜSE), MIRABELLEN, BIRNEN, BEERENMISCHUNGEN – EINE TOLLE OBSTRESTE-VERWERTUNG.

ELAS MUFFINS

kinderleichtes Grundrezept

Ich möchte dir mit Ela zeigen, wie kinderleicht das Muffins-Backen sein kann.
Dass bei Ela überhaupt zwölf Muffins entstanden, grenzt an ein Wunder! Sie nascht beim Backen wirklich total viel und es landen mehr Zutaten im Bauch als in der Schüssel. Aber das ist egal – wenn die Kinder glücklich sind, sind alle glücklich.

Elas Grundrezept kannst du auch abwandeln, um weitere Geschmacksrichtungen herzustellen. Gefrorene Himbeeren, etwas Kakao, gemahlene oder gehackte Nüsse, Kaffee statt Buttermilch – deiner Fantasie sind keine Grenzen gesetzt.

 12 Stück   Zubereitung: 15 Min.   Backzeit: 20 Min.

 170 °C O/U   mittlerer Einschub

TEIG

150 g Zucker
1 Prise Salz
190 g Mehl
½ TL Backpulver
¼ TL Natron

100 g Schokodrops (backfest)
2 Eier
½ TL Vanilleextrakt
150 g Sonnenblumenöl
60 g Buttermilch

Elas Tipp

IMMER TEIG NASCHEN, DA WEISS MAN GLEICH,
OB ER GUT SCHMECKT.

ELAS MUFFINS

1. VORBEREITUNG

Heize den Ofen auf 180 °C O/U vor und lege eine Muffinform mit zwölf Papierförmchen aus.

2. TEIG

Verrühre den Zucker, das Salz, das Mehl, das Backpulver, das Natron und die Schokodrops mit einem Schneebesen in einer Schüssel.

3. Verrühre die Eier, das Vanilleextrakt, das Sonnenblumenöl und die Buttermilch mit dem Schneebesen in einer anderen Schüssel. Füge nun die trockenen Zutaten zu den flüssigen hinzu und verrühre alles miteinander. Fülle den Teig mit einem großen Eisportionierer gleichmäßig in die Muffinform.

4. Backe die Muffins im vorgeheizten Ofen für 20 Minuten. Nimm die Muffins aus dem Ofen heraus und lasse sie abkühlen. Dekoriere sie nach Belieben.

SAMIRAS BLITZ-SCHOKOLADENHÖRNCHEN

aus einem 3-Zutaten-Teig

Wenn sich ganz spontan Besuch ankündigt oder du etwas knabbern möchtest, dann solltest du unbedingt Samiras Blitz-Schokoladenhörnchen zubereiten! Die Zutaten für den Teig habe ich immer zu Hause: Butter, Frischkäse und Mehl. Entweder werden die Hörnchen dann süß zubereitet wie Samira sie liebt, mit Kakao, etwas Tonkabohne und Zucker, oder auch herzhaft: Dafür wird der Teig dann ganz einfach auf etwas geriebenem Parmesan oder Grana Padano mit verschiedenen, getrockneten Kräutern ausgerollt. Eine gute Kombination ist auch Zimt mit Haselnuss und Zucker. Bei diesem Rezept kann jeder kreativ sein und seinen Lieblingsgeschmack finden. Schnell gemacht, immer variationsreich und handlich – der perfekte Snack.

 64 Stück   Zubereitung: 30 Min.   Backzeit: 13–16 Min.

 180 °C O/U   mittlerer Einschub

TEIG

200 g Butter (kalt)
200 g Frischkäse (kalt)
300 g Mehl

ZUM AUSROLLEN

80 g Kakao
200 g Mandeln (gemahlen)
1 Prise Tonkabohne (gemahlen)
200 g brauner Zucker

SAMIRAS BLITZ-SCHOKOLADENHÖRNCHEN

1. TEIG

Heize den Backofen auf 180 °C O/U vor.
Schneide die kalte Butter in Würfel und verknete sie mit dem Frischkäse und Mehl mit den Knethaken eines Hand-rührgeräts oder deinen Händen rasch zu einem glatten Teig.
Stelle den Teig abgedeckt kurz ins Gefrierfach und wiege inzwischen die übrigen Zutaten ab.

2. ZUBEREITUNG

Vermische nun alle trockenen Zutaten: den Kakao, die gemahlenen Mandeln, die Tonkabohne und den braunen Zucker.

3.

Teile den Teig in vier Portionen ein. Bestreue deine Arbeitsplatte oder Silikonmatte reichlich mit der Kakaomischung und rolle nun jede Teigkugel zu einem etwa 25 cm großen Kreis aus.
Achte darauf, dass auf der Vorder- und Rückseite immer genügend Kakaogemisch ist, damit der Ausrollstab nicht klebt.

Der Teig soll komplett mit dem Gemisch bedeckt sein.

4.

Kennzeichne mit dem Torteneinteiler 16 „Kuchen-stücke" pro Kreis und schneide sie mit einem stumpfen Marzipanmesser auseinander.

5.

Rolle nun jedes Dreieck zu einem Hörnchen auf und lege es mit der Naht nach unten auf ein mit Dauer-backfolie belegtes Backblech. Backe die Hörnchen für 13–16 Minuten.

Sie schmecken warm und kalt und lassen sich einige Tage aufbewahren.

SCHOKOLADENBAISERROLLE

mit sahniger Cremefüllung

Ich liebe Baiser, weil es zugleich außen eine knusprige Schicht hat und so leicht auf der Zunge zergeht.
Bei diesem Rezept verwende ich ein Schokoladenbaiser, welches mit einer sahnigen Schokocreme gefüllt wird.
Die frischen Bananen und getrockneten Himbeeren im Inneren der Baiserrolle bilden eine fruchtige Komponente.
Normalerweise reicht das Dessert für 8 bis 10 Portionen. Wenn man sich allerdings reinhängt und wirklich nicht
mehr bremsen kann, dann kann es auch passieren, dass es nur für zwei Personen ausreicht.
Glaubt mir, ich spreche aus Erfahrung :)

 8–10 Stück   25 x 35 cm   Zubereitung: 30 Min.   Backzeit: 10 Min. dann 15 Min.

 180 °C O/U dann 140 °C   mittlerer Einschub   Kühlzeit: 60 Min.

SCHOKOLADENBAISER

5 Eiweiß

1 Prise Salz

250 g Zucker

50 g Kakao

1 TL Stärke

50 g Schokodrops (backfest)

50 g Haselnüsse (gehackt)

SCHOKOLADENCREME

50 g Sahne

100 g Zartbitterschokolade

250 g Magerquark

200 g Sahne

5 Tropfen Kaffeearoma

4 TL Sanapart

ZUM BELEGEN

2 Bananen (reif)

15 g gefriergetrocknete Himbeeren

SCHOKOLADENBAISERROLLE

1. VORBEREITUNG

Heize den Ofen auf 180 °C O/U vor und lege eine Backfolie auf ein Lochblech.

2. SCHOKOLADENBAISER

Schlage das Eiweiß mit dem Salz steif. Füge langsam den Zucker hinzu und rühre etwa 8–10 Minuten weiter, bis sich der Zucker aufgelöst hat. Das Baiser sollte dann schön glänzen und fest sein.

♡ Tipp ♡

WENN DU ETWAS EIWEISS ZWISCHEN DEINEN FINGERN REIBST, SOLLTE DER ZUCKER NICHT MEHR ZU SPÜREN SEIN.

Siebe den Kakao und die Stärke zum Baiser und hebe die Zutaten vorsichtig unter.
Verstreiche das Baiser auf etwa 25 x 35 cm Größe auf der Backfolie. Streue die Schokodrops und die gehackten Haselnüsse darüber.

3.

Backe die Baiserplatte im vorgeheizten Ofen für 10 Minuten, stelle die Temperatur dann auf 140 °C herunter und backe sie für weitere 15 Minuten. Nimm die Baiserplatte aus dem Ofen heraus. Stürze sie auf ein sauberes Geschirrtuch und lasse sie komplett abkühlen. Ziehe die Backfolie erst nach dem Abkühlen ab.

4. SCHOKOLADENCREME

Koche die kleine Menge Sahne auf, nimm sie vom Herd herunter und füge die Schokolade hinzu. Rühre nun so lange, bis die Schokolade geschmolzen ist und stelle die Schokoladensahne abgedeckt in den Kühlschrank. Sie sollte bei der Weiterverwendung wieder komplett kalt sein. Schlage die Schokoladensahne nun mit dem Quark, der restlichen Sahne, dem Kaffeearoma und Sanapart steif. Streiche die Schokoladencreme auf die Baiserplatte. Lasse dabei einen 5 cm breiten Rand frei, damit die Creme beim Aufrollen nicht herausquillt.

5. Lege die geschälten Bananen längs auf die Creme und streue die gefriergetrockneten Himbeeren darauf.

6. Rolle die Baiserplatte nun an der langen Seite entlang zu einer Rolle auf. Stelle sie bis zum Verzehr kalt.

♡ Tipp ♡

LASSE DIE SCHOKOROLLE EINEN TAG DURCHZIEHEN, DANN WIRD SIE WEICHER UND LÄSST SICH EINFACHER SCHNEIDEN.

FRUCHTPIZZA

mit Vanille- oder Schokoladenboden

Mit Pizza assoziiert man eigentlich immer die herzhafte, würzige Variante. Doch auch eine süße Pizza ist mega lecker! Vor allem mit frischen Früchten und geriebener Schokolade. Ich habe sie in heller Version mit einem Vanilleboden und in dunkler Version mit einem Schokoladenboden zubereitet. Welche Früchte dann auf der Fruchtpizza landen ist Geschmacksache und natürlich auch von der Saison abhängig. Die Pizza schmeckt leicht und es ist einfach mal eine Abwechslung zu einem typischen Kuchen – einfach gemacht, ohne viel Werkzeug und es kann wirklich dabei nichts schief gehen.

 6 Stück   32 cm   Zubereitung: 15 Min.   Backzeit: 15 Min.

 180 °C O/U   unterer Einschub   Kühlzeit: 60 Min.

VANILLETEIG

125 g Butter (weich)
150 g Zucker
1 Prise Salz
1 TL Vanilleextrakt
1 Ei
200 g Mehl
1 TL Backpulver

PIZZABELAG

100 g Schmand
250 g Quark
50 g Erdbeermarmelade
50 g Erdbeeren
40 g Himbeeren
30 g Johannisbeeren
1 Aprikose
20 g weiße Schokolade

FRÜCHTEPIZZA

♡ Tipp ♡

ERSETZE 50 GRAMM MEHL DURCH 50 GRAMM KAKAO, UM
DEN SCHOKOLADENTEIG HERZUSTELLEN. VERWENDE BEIM
PIZZABELAG GERNE KARAMELLSOSSE, STATT MARMELADE.

1. VORBEREITUNG

Heize den Ofen auf 180 °C O/U vor.
Fette ein Emaille-Pizzablech leicht mit Backtrennspray.

2. VANILLETEIG

Verrühre die weiche Butter mit dem Zucker, dem
Salz und dem Vanilleextrakt 1–2 Minuten.
Füge das Ei hinzu und rühre es ein.
Vermische das Mehl mit dem Backpulver und siebe es
hinzu. Rühre es ebenfalls ein.

3.

Gib den Teig auf das Pizzablech und streue
etwas Mehl darüber. Drücke ihn mit den Händen
zu einem flachen Pizzateig.
Am Rand darf der Teig etwas dicker bleiben. So läuft die
Füllung später nicht aus.
Stich den Teig mehrmals mit einer Gabel ein und backe
ihn im vorgeheizten Ofen für 15 Minuten.
Nimm die Pizza aus dem Ofen heraus und lasse sie vollständig abkühlen.

4. PIZZABELAG

Verrühre den Schmand mit dem Quark und der
Marmelade kurz mit einem Schneebesen.
Wasche die Früchte und schneide sie je nach Größe in
mundgerechte Stücke.

5.

Verteile die Creme und die Früchte gleichmäßig auf
der Pizza. Schabe mit einem Sparschäler oder einem
Messer weiße Schokoladenröllchen ab und streue sie auf
die Pizza. Serviere sie am besten frisch.

KAROTTENBISKUITROLLE

mit Vanillecreme

Auf den ersten Biss denkst du vielleicht nicht daran, dass diese Biskuitrolle mit Karotten gebacken ist, welche den Kuchen aber supersaftig machen. Die Karotten selbst schmeckt man eher süßlich heraus, und in Kombination mit der Vanille-Cremefüllung bekommst du einen tollen Geschmack.
Optisch verfeinerst du die Rolle mit einem Hauch Zimt und Pekannüssen.

 10–12 Stück   32 x 37 cm   Zubereitung: 30 Min.   Backzeit: 18 Min.

 190 °C O/U   mittlerer Einschub   Kühlzeit: 40 Min.

BISKUIT

200 g Karotte (geschält)
3 Eier
90 g Zucker
1 Prise Salz
20 g Sonnenblumenöl
135 g Mehl
1,5 TL Zimt (gemahlen)
1 TL Backpulver
1/2 TL Ingwer (gemahlen)
1 Prise Muskatnuss (gemahlen)

ZUM AUFROLLEN

50 g Zucker

VANILLECREME

150 g Butter (weich)
70 g Puderzucker
1 TL Vanilleextrakt
200 g Frischkäse

DEKORATION

12 Pekannusshälften
1 Prise Zimt

KAROTTENBISKUITROLLE

1. VORBEREITUNG

Setze einen Backrahmen in Blechgröße eingestellt auf ein mit Backfolie belegtes Lochblech und heize den Ofen auf 190 °C O/U vor.

2.
Rasple die Karotten fein. Verrühre die Eier mit dem Zucker und dem Salz in 5–6 Minuten cremig. Füge das Öl hinzu und rühre es kurz ein. Vermische das Mehl mit dem Zimt, dem Backpulver, dem Ingwer und der Muskatnuss, siebe die Zutaten in den Teig und hebe sie gemeinsam mit den Karotten unter.

3.
Fülle den Teig in den Backrahmen ein und verstreiche ihn vorsichtig mit einer Winkelpalette.

4.
Backe den Biskuit für etwa 18 Minuten und nimm ihn aus dem Ofen heraus. Löse den Backrahmen mit einem Backformmesser und entferne ihn. Stürze die Biskuitplatte auf eine mit Zucker bestreute Backfolie. Ziehe die warme Backfolie ab, auf der die Platte gebacken wurde.

5.
Bestreue den Biskuit mit etwas Zucker. Rolle den Biskuit mithilfe der Backfolie ein und lasse ihn komplett erkalten.

♡ Tipp ♡

ICH VERWENDE ZUM BESTREICHEN GERNE EINE TEIGKARTE AM RAND,
DA DIE CREME DANN NICHT AUSLÄUFT UND ICH GLEICH
EINEN SCHÖNEN GERADEN RAND ERHALTE.

6. VANILLECREME
Verrühre die weiche Butter mit dem Puderzucker
und dem Vanilleextrakt etwa 4–5 Minuten cremig.

Füge den Frischkäse hinzu und rühre ihn etwa 2–3 Minuten ein. Rolle die Biskuitplatte vorsichtig auseinander,
bestreiche sie mit zwei Dritteln der Vanillecreme.

7. Rolle die gefüllte Biskuitplatte mithilfe der Backfolie
auf. Bestreiche sie mit der übrigen Creme und ziehe
mit einer Palette ein Muster hinein.

Belege sie mit den Pekannüssen und streue nach Belieben etwas Zimt darüber.

8. Die Biskuitrolle ist sofort zum Verzehr bereit, kann
aber auch bis zum Servieren eingepackt im Kühlschrank gelagert werden.

ROCKY ROADS

mit Ruby- oder Zartbitterschokolade

Rocky Roads (aus dem Englischen: "steinige Straße") – ich bereite sie nahezu immer zu, wenn ich mit flüssiger Schokolade arbeite – denn davon bleibt immer ein bisschen übrig. Aber auch als eigenständiges Rezept lohnt es sich, die Rocky Roads zuzubereiten. Sie sind nämlich immer lecker! Der richtige Mix macht's wirklich aus! Daher kombiniere ich gerne Schokolade mit salzigen, knusprigen, aber auch weichen Zutaten. Und die Geheimzutat sind für mich: gefriergetrocknete Himbeeren. Süß-säuerlich runden sie den Geschmack hervorragend ab. Ich stelle sie übrigens am liebsten mit Zartbitter-schokolade her – aber auch Ruby-Schokolade passt hervorragend. Dieses Rezept passt auch in viele Kategorien: Es ist **schnell hergestellt**, ein absoluter **Crowdfeeder** und auch **klein, bunt und vielfältig**.

 35–40 Stück   Zubereitung: 15 Min.   Kühlzeit: 20 Min.

ROSA ROCKY ROADS

250 g Ruby-Schokolade
90 g Salzbrezeln
150 g gesalzene Erdnüsse
100 g Mini-Marshmallows
50 g getrocknete Cranberries
10 g gefriergetrocknete Blaubeeren
oder Erdbeeren

DUNKLE ROCKY ROADS

250 g Zartbitterkuvertüre
90 g Salzbrezeln
150 g gesalzene Erdnüsse
100 g Mini Marshmallows
50 g getrocknete Cranberries
10 g gefriergetrocknete Himbeeren

ROSA ROCKY ROADS

1. ROSA ROCKY ROADS MASSE

Hacke die Schokolade fein und erwärme ⅔ davon über einem warmen, aber nicht kochenden Wasserbad. Nimm die Schokolade vom Wasserbad, sobald sie geschmolzen ist und rühre das restliche Drittel ein, um sie damit herunterzukühlen.

2.
Zerdrücke die Salzbrezeln grob in der Hand und rühre nun alle Zutaten in die Schokolade ein. Drücke die Masse in einen eckigen Backrahmen, in zwei kleine runde Backringe, welche auf Backfolie liegen oder fülle sie in eine Pralinenform.

Lasse die Rocky Roads etwa 20 Minuten im Kühlschrank festwerden und schneide sie dann in kleine Stücke, oder drücke sie aus der Pralinenform – fertig.

♥ Tipp ♥

DIE ZUTATEN KÖNNEN AUCH IN KLEINE SILIKONFÖRMCHEN GEFÜLLT WERDEN. SO MUSS MAN AM ENDE NICHTS SCHNEIDEN UND HAT GLEICH EINE SCHÖNE FORM.

DUNKLE ROCKY ROADS

1. DUNKLE ROCKY ROADS MASSE

Hacke die Schokolade fein und erwärme ⅔ davon über einem warmen, aber nicht kochenden Wasserbad. Nimm die Schokolade vom Wasserbad, sobald sie geschmolzen ist und rühre das restliche Drittel ein, um sie damit herunterzukühlen.

2.

Zerdrücke die Salzbrezeln grob in der Hand und rühre nun alle Zutaten in die Schokolade ein. Drücke die Masse in einen eckigen Backrahmen, in zwei kleine runde Backringe, welche auf Backfolie liegen oder fülle sie in eine Pralinenform.

Lasse die Rocky Roads etwa 20 Minuten im Kühlschrank festwerden und schneide sie dann in kleine Stücke, oder drücke sie aus der Pralinenform – fertig.

♡ Tipp ♡

IN KLEINEN TÜTEN VERPACKT SIND DIE ROCKY ROADS EINE TOLLE GESCHENKIDEE - AUCH ZU WEIHNACHTEN. HIER KANNST DU DANN NOCH ETWAS WEIHNACHTLICHE GEWÜRZE ZUFÜGEN.

SCHOKOLADEN-ETON-MESS

mit frischen Erdbeeren

Eton-Mess ist ein Dessert aus der britischen Küche, welches aus zerbrochenen Baisers, Sahne und Früchten besteht. Dafür werden nicht viele Zutaten benötigt: Hast du Eiweiß, Zucker, Sahne und Früchte zu Hause? Dann fehlt dir nichts und du kannst direkt mit der Zubereitung starten. Welche Früchte du verwendest, bleibt dir überlassen.

Ursprünglich und traditionell kommen Erdbeeren zum Einsatz, aber auch andere, der Saison entsprechende Früchte oder Obstsorten schmecken hervorragend! Ich habe den Klassiker etwas abgewandelt und ihn schokoladig gestaltet – auch das bleibt dir frei. Eine weihnachtlich-winterliche Version mit Zimt, Birnen und weiteren Zutaten würde auch hervorragend schmecken. Das Dessert zeichnet sich dadurch aus, dass das Baiser am Rand knusprig, innen aber luftig locker ist und gemeinsam mit der Creme und den süß-säuerlichen Erdbeeren eine tolle Kombination ist.

 8–10 Stück   30 x 35 cm   Zubereitung: 25 Min.   40–45 Min.

 190 °C Heißluft vorheizen   dann 110 °C Heißluft   mittlerer Einschub   Kühlzeit: 60 Min.

BAISER

4 Eiweiß
1 Prise Salz
200 g Zucker
60 g Zartbitterschokolade
1 TL Tonka Wonka
1 TL Stärke

BELAG

200 g Sahne
200 g Schmand
2 TL Sanapart
150 g Erdbeeren
50 g Zartbitterschokolade

SCHOKOLADEN-ETON-MESS

1. VORBEREITUNG

Heize den Ofen auf 190 °C Heißluft vor und lege eine Dauerbackfolie auf ein Lochblech.

2. BAISER

Schlage das Eiweiß mit der Prise Salz steif. Rühre anschließend den Zucker langsam ein und schlage den Eischnee solange weiter, bis sich der Zucker aufgelöst hat. Dies dauert etwa 8–10 Minuten.

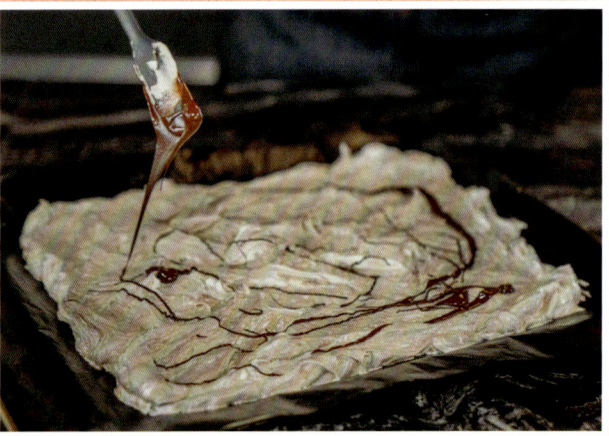

Hacke in der Zwischenzeit die Kuvertüre fein und schmilz sie über einem warmen, aber nicht kochenden Wasserbad. Gib das Tonka Wonka zum Baiser und siebe die Stärke hinzu. Rühre die Zutaten mit einem Teigschaber kurz ein. Gib etwa die Hälfte des Baisers auf die Backfolie. Füge die Hälfte der geschmolzenen Schokolade zum restlichen Baiser in die Schüssel und hebe sie leicht unter. Gib nun das Schokoladen-Baiser zum anderen Baiser dazu. Sprenkle die restliche Schokolade darüber. So entsteht ein toller Marmoreffekt.

3.

Schalte den Ofen nun auf 110 °C herunter, stelle die Baiserplatte hinein und backe sie darin für 40–45 Minuten, bis sie von außen trocken ist. Nimm die Baiserplatte aus dem Ofen heraus und lasse sie vollständig abkühlen.

4. BELAG

Schlage die Sahne mit dem Schmand und dem Sanapart steif. Verteile die Creme auf der Baiserplatte und verstreiche sie. Lasse dabei ein ca. 2 cm breiten Rand frei.
Wasche die Erdbeeren und halbiere oder viertele sie je nach Größe. Lege sie nun auf die Creme.

5.

Hacke die Kuvertüre in grobe Stücke und streue sie auf das Eton Mess. Zum Verzehr lege ich ein großes Messer dazu. So kann sich jeder ein beliebig großes Stück abschneiden.
Nach dem Belegen schmeckt das Eton Mess frisch oder bis zum nächsten Tag am besten. Eine längere Lagerung im Kühlschrank würde das Baiser zu sehr aufweichen.

ZWEI-MINUTEN-TASSENKUCHEN

blitzschnell fertig

Schneller geht wirklich kein anderer Kuchen: Hierfür benötigst du lediglich eine ofenfeste Tasse und eine Mikrowelle. Am besten verwendest du eine Porzellan-Tasse, diese ist nämlich sehr hitzeresistent. Dieser Mikrowellen-Tassenkuchen eignet sich hervorragend für alle, die es wirklich ganz eilig haben. Aber eines muss ich dazu erwähnen: Der Kuchen aus der Mikrowelle schmeckt nur ganz frisch am besten. Gerne sogar noch warm.

 1 Tasse   Zubereitung: 2 Min.   Backzeit: 2–3 Min.   Mikrowelle: 800 Watt

TEIG

4 EL Mehl
2 EL Zucker
¼ TL Backpulver
1 EL Kakao
1 Prise Salz
1 Ei
30 g Sonnenblumenöl
¼ TL Vanilleextrakt
1 TL Erdnusskrokant

ZUM SERVIEREN

Sahne oder Eis
(nach Belieben)

♥ Tipp ♥

DER TASSENKUCHEN SCHMECKT FRISCH AM BESTEN. DU KANNST EINEN TASSENKUCHEN MIT FLÜSSIGEM KERN ERSTELLEN, INDEM DU IHN 30 SEKUNDEN FRÜHER AUS DER MIKROWELLE NIMMST.

ZWEI-MINUTEN-TASSENKUCHEN

1. TEIG

Verrühre das Mehl mit dem Zucker, dem Backpulver, dem Kakao und dem Salz in der Tasse.

Füge das Ei, das Sonnenblumenöl, das Vanilleextrakt hinzu und verrühre die Zutaten.

2. DEKORATION

Bestreue den Teig mit dem Erdnusskrokant und backe den Tassenkuchen bei 800–900 Watt für etwa 2–3 Minuten in der Mikrowelle.
Serviere ihn nach Belieben mit einem Esslöffel geschlagener Sahne oder einer Kugel Eis.

FRÜCHTE-TIRAMISU

als fruchtiges Sommerdessert

Dieses fruchtige Tiramisu hat mit dem berühmten italienischen Klassiker nicht alles gemeinsam. Ich verzichte hier auf traditionelle Zutaten wie Espresso und Amaretto. Den luftigen Biskuitboden fülle ich schichtenweise mit einer Joghurt-Quarkcreme und gemischten Beeren. Vor allem im Sommer kannst du deine Lieben und Freunde mit diesem fruchtig-cremigen Dessert verwöhnen.

 8–10 Stück   32 x 37 cm   Zubereitung: 30 Min.   Backzeit: 9 Min.

 210 °C O/U   mittlerer Einschub   Kühlzeit: 50 Min.

BISKUIT

4 Eier
1 Prise Salz
1 TL Vanilleextrakt
100 g Zucker
100 g Mehl

CREME

250 g Magerquark
400 g Naturjoghurt (10 %)
1 TL Vanilleextrakt
50 g Puderzucker
½ Zitrone (Abrieb)
400 g Sahne
10 TL Sanapart

FÜLLUNG

500 g gemischte Früchte

FRÜCHTE-TIRAMISU

1. BISKUIT

Heize den Ofen auf 210 °C O/U vor und belege ein Lochblech mit Backfolie und einem auf Blechgröße eingestellten Backrahmen.
Verrühre die Eier mit dem Salz, Vanilleextrakt und Zucker etwa 5–6 Minuten. Hebe das gesiebte Mehl unter und verstreiche die Biskuitmasse im Backrahmen.
Backe sie im vorgeheizten Ofen etwa 9 Minuten. Löse sie anschließend direkt mit einem Backformmesser aus der Form und lasse sie kurz abkühlen.

2. CREME

Verrühre den Magerquark mit dem Naturjoghurt, dem Vanilleextrakt, dem Puderzucker und dem Zitronenabrieb. Füge die Sahne und das Sanapart hinzu und schlage die Creme steif.

3. FRÜCHTE

Wasche die Früchte und schneide sie bei Bedarf in mundgerechte Stücke.

4. BISKUIT AUSSCHNEIDEN

Lege eine Kastenform mit Frischhaltefolie aus. Lege die Form nun auf den Biskuit und schneide daraus drei Platten, die in die Kastenform passen.

5. EINSCHICHTEN

Lege den ersten Boden in die Kastenform, streiche ein Drittel der Creme darüber und streue ein Drittel der Früchte darauf. Lege den zweiten Boden auf und bestreiche und befülle ihn genauso.

6. DEKORIEREN

Lege nun den letzten Boden auf und stelle das Tiramisu für etwa 30 Minuten in den Kühlschrank. Stürze es aus der Form heraus und nimm die Folie ab.
Fülle die restliche Creme in einen Spritzbeutel mit großer Sterntülle ein und dekoriere das Tiramisu damit.
Belege es mit den restlichen Früchten und serviere es.

ERDNUSSBUTTER-SCHOKOLADEN-BARS

schnell zubereitet

Ich würde ja wirklich gerne sagen: Dieser Snack ist megagesund und gleichzeitig ultralecker – aber ich kann nicht. Ja, er ist megalecker, und ja, die Arbeit lohnt sich definitiv – aber er ist bestimmt alles andere als gesund. Aber das muss er ja auch gar nicht. Wenn ich mir aussuchen könnte, welches eine Rezept ich aus Erdnüssen zaubern wollen würde, wäre es dieses hier. Davon könnte ich jeden Tag ein Stück essen. So lecker sind die Erdnuss-Schokoladen-Bars. Und da sie so einfach und schnell zubereitet sind – umso schlimmer. Sie hätten auch wunderbar in die Kategorie **Crowdfeeder** hineingepasst – lecker und für eine große Menge an Menschen bestens geeignet. Also schnell ausprobieren …

 40–50 Stück   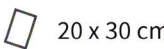 20 x 30 cm   Zubereitung: 15 Min.   Kühlzeit: 20 Min.

BODEN

225 g Butter
250 g Erdnussbutter (cremig od. crunchy)
250 g Butterkekse
130 g Haferflocken (zart)
60 g Zucker

GLASUR & BELAG

80 g Sahne
140 g Zartbitterkuvertüre
50 g Erdnüsse (gesalzen)
50 g Erdnusskrokant

ERDNUSSBUTTER-SCHOKOLADEN-BARS

1. BODEN

Schmilz die Butter gemeinsam mit der Erdnussbutter bei niedriger Stufe in einem Topf. Zerkleinere die Butterkekse in einem Mixer fein. Füge nun die Keksbrösel, Haferflocken und den Zucker zum Buttergemisch hinzu und verrühre alles.

Stelle einen Backrahmen auf 20 x 30 cm ein und stelle ihn auf eine Backfolie. Fülle die Masse hinein und drücke sie mit einem Glas oder einer Burgerpresse flach.

2. GLASUR

Lasse die Sahne aufkochen und zieh sie vom Herd herunter. Rühre die feingehackte Kuvertüre ein und rühre so lange, bis sie geschmolzen ist. Gieße sie über den Erdnussboden und verteile sie mit einem Pinsel oder einer Palette gleichmäßig.

3. ERDNÜSSE

Hacke die Erdnüsse grob und streue sie gemeinsam mit dem Erdnusskrokant über die Glasur.
Lasse die Erdnuss-Schnitte im Kühlschrank etwa 20 Minuten festwerden, löse den Backrahmen mit einem Backformmesser und schneide die Platte in Quadrate.

♡ Tipp ♡

GEKÜHLT SIND DIE ERDNUSS-SCHOKOLADEN-BARS
MEHRERE WOCHEN HALTBAR.

ICH SCHNEIDE SIE IN KLEINE, MUNDGERECHTE STÜCKE,
SO DASS MAN SIE AUS DER HAND ESSEN KANN.
EIN TOLLER PARTY SNACK!

♥-lich einfach
und simpel

♥-LICH EINFACH UND SIMPEL

mit wenig Werkzeug

Die folgende Kategorie liegt mir besonders am ♥-en: einfache und simple Rezepte, die im wahrsten Sinne des Wortes kinderleicht zuzubereiten sind. Als zweifache Mama backe ich auch gerne mit meinen beiden Töchtern und beziehe sie sehr gerne in meine Backtätigkeiten mit ein.

Jede Mama weiß, dass es manchmal nicht ganz einfach sein kann, Rezepte zu finden, welche auch für und mit Kindern – und somit auch Männern – umzusetzen sind. Für die vorgestellten Rezepte benötigt ihr daher auch nur wenig Werkzeug oder Equipment, sie bestehen aus einfachen und alltäglichen Zutaten, welche in jedem Haushalt zu finden sind.

Also auf was wartet ihr noch? Legt einfach los – ihr werdet mit Sicherheit ♥-lich viel Spaß haben.

DONUT CAKE

mit Himbeerfüllung

Diese Torte sieht aus wie ein riesengroßer Donut und kann nach Belieben auch mit anderen Farben dekoriert werden. Als Sonntags- oder auch Geburtstagstorte ist sie ein ganz toller Hingucker! Ich habe die Donut-Torte mit einer Himbeerfüllung zubereitet und mit einer Karamellcreme eingestrichen.

 16 Stück   28 cm   Zubereitung: 2 Std.   Backzeit: 40–45 Min.

 170 °C O/U   mittlerer Einschub   Kühlzeit: 90 Min.

RÜHRTEIG

250 g Butter (weich)
250 g Zucker
1 Prise Salz
½ TL Vanilleextrakt
1 TL Zitronenpaste
6 Eier
50 g Stärke
300 g Mehl
3 TL Backpulver

BUTTERCREME

3 Eier
1 Prise Salz
100 g Zucker
225 g Butter (weich)

HIMBEER-BUTTERCREME

100 g Himbeermarmelade
(ohne Stücke, fein passiert)
2–3 Tropfen rosa Farbpaste

KARAMELL-BUTTERCREME

25 g Sahne
100 g Karamellbonbons

DEKORATION

100 g rosa Fondant
20 g Bäckerstärke zum Ausrollen
Backtrennspray
20 g Zuckerstreusel
2 g essbarer Kleber

DONUT CAKE

1. RÜHRTEIG

Heize den Ofen auf 170 °C O/U vor, fette eine Frank-
furter-Kranz-Form mit Backtrennspray und bemehle sie.

Verrühre die weiche Butter mit dem Zucker, dem Salz,
dem Vanilleextrakt und der Zitronenpaste etwa 5–6 Minuten, bis die Buttermasse weißcremig ist.

Rühre nun ein Ei nach dem anderen für etwa eine Minute
ein, bis alles gut verbunden ist.

Verrühre die Stärke mit dem Mehl und dem Backpulver,
siebe die Zutaten zur Rührmasse und rühre sie kurz ein
– rühre nicht zu lange, damit der Kuchen nicht speckig
wird.
Fülle die Rührmasse in die Backform ein und backe sie im
Ofen für etwa 40–45 Minuten.

Nimm den Kuchen nach der Stäbchenprobe aus dem
Ofen heraus und stürze ihn auf ein Abkühlgitter.

Lasse den Kuchen komplett erkalten.

2. BUTTERCREME

Verrühre die Eier mit dem Salz und Zucker in einer
Schüssel und stelle sie über ein Wasserbad.

Erwärme die Eiermasse nun über dem kochenden Was-
serbad für etwa zehn Minuten mit einem Handrührgerät.
So wird die Eiermasse auf 70 °C erhitzt und mögliche
Keime werden abgetötet.

Nimm die Eiermasse dann vom Wasserbad herunter und
rühre sie mit dem Schneebesen des Handrührgeräts oder
der Küchenmaschine wieder kalt, bis sie etwa nur noch
22 °C hat.

Rühre die weiche Butter etwa fünf Minuten lang sehr
cremig. Rühre dann nach und nach die abgekühlte Eiermasse ein.

3. HIMBEER-BUTTERCREME

Verrühre ca. 100 g der Buttercreme mit der Marmelade.

Füge nach Belieben rosa Lebensmittelfarbe hinzu.

4. KARAMELL-BUTTERCREME

Lasse die Sahne in einem kleinen Kochtopf auf-kochen, stelle den Herd auf niedrige Stufe zurück, gib die Karamellbonbons hinzu und schmilz sie.

Lasse die Karamellmasse kurz abkühlen und verrühre sie dann mit der übrigen, hellen Buttercreme.

5. TORTE FÜLLEN

Schneide den Kuchen ein Mal waagerecht durch und dann mit einem Messer vorsichtig mittig eine Mulde rings-um hinein.

Nimm den Kuchen mit den Fingern oder einem kleinen Löffel heraus, sodass eine kleine Kuhle entsteht.

Fülle die Himbeer-Buttercreme mithilfe eines Spritzbeu-tels in die Kuhle hinein und setze den Kuchendeckel wieder auf.

Bestreiche die Torte ringsherum mit einer dünnen Schicht Buttercreme, um die Kuchenkrümel zu binden.

Stelle sie dann für etwa 30 Minuten in den Kühlschrank.

6.

Verstreiche nun die restliche Buttercreme und ziehe sie zuerst mit einer Palette und dann mit einem flexiblen Kunststoffstück (zum Beispiel ein Stück eines Joghurt-Eimers) glatt.

Stelle die Torte für 30 Minuten in den Kühlschrank.

DONUT CAKE

7. TORTE DEKORIEREN

Knete den Fondant weich. Fette deine Hände mit Kokosöl, falls der Fondant kleben sollte. Rolle ihn auf einer Silikonmatte mit etwas Bäckerstärke ganz dünn aus.

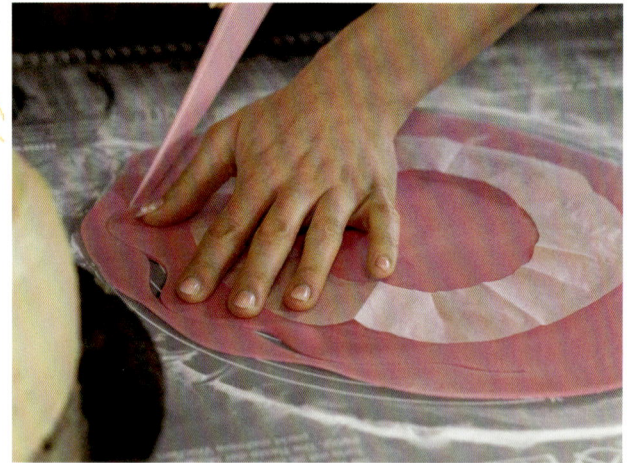

8. Erstelle eine runde Ring-Schablone, die etwas kleiner als die Torte ist. Schneide mithilfe dieser Schablone den Fondant als gewellten Ring aus und lege diese Fondantdecke nun auf die Buttercreme. Nun sieht es so aus, als würde die Zuckerglasur am Donut herunterlaufen.

9. Besprühe die Torte mit etwas Backtrennspray und verteile es mit einem Pinsel.

Klebe die Zuckerperlen mit essbarem Kleber oder Wasser an und stelle die Torte bis zum Verzehr kalt.

COCONUT FLAN

cremig und leicht

Der Coconut Flan ist ein ganz besonderes Dessert: Es schmeckt leicht, cremig, saftig mit einem zarten Kokosaroma und sieht dabei aus wie ein Dessert im Sternerestaurant. Die Zubereitung ist ganz simpel – zuerst wird Karamell hergestellt und darüber eine Kokosmasse gegossen, welche sich im Ofen aufspaltet und den Flan dann so aussehen lässt, als hätte man ein zweischichtiges Dessert gezaubert. Das Dessert kann wunderbar vorbereitet werden.

Am besten schmeckt es kalt aus dem Kühlschrank. Ich bereite es gerne zu und nehme es samt Blech mit zu Freunden. Dort vor Ort kann es dann auf eine Platte gestürzt und dekoriert werden.

 16 Stück   28 cm   Zubereitung: 40 Min.   Backzeit: 55–60 Min.

 160 °C O/U   mittlerer Einschub   Kühlzeit: 3 Std.

KARAMELL

200 g Zucker
50 g Wasser

KOKOSMASSE

6 Eiweiß
1 Prise Salz
1 TL Vanilleextrakt
400 g Kondensmilch (gezuckert)
800 g Milch
6 Eigelb
250 g Kokosraspeln

DEKORATION

50 g Zucker

COCONUT FLAN

1. KARAMELL

Heize den Ofen auf 160 °C O/U vor.
Verrühre den Zucker mit dem Wasser in einem 28 cm-Emailleblech. Stelle das Emailleblech auf den Herd und lasse den Zucker darin bei mittelhoher Hitze karamellisieren. Rühre hierbei nicht, sondern schwenke das Blech nur, wenn es nötig ist. Sei aber vorsichtig, denn das Karamell ist sehr heiß.
Lasse es karamellisieren, bis es bernsteinfarben ist. Ziehe das Blech vom Herd herunter und lasse das Karamell kurz abkühlen, während du die Kokoscreme herstellst.

2. KOKOSMASSE

Schlage das Eiweiß mit dem Salz steif. Vermixe das Vanilleextrakt mit der Kondensmilch, der Milch, dem Eigelb und den Kokosraspeln. Hebe den Eischnee vorsichtig unter und gieße nun diese Kokosmasse vorsichtig über das Karamell im kleinen Emailleblech.

3.

Fülle ein großes Emailleblech (36 cm Durchmesser) zu etwa einem Drittel mit Wasser und stelle das kleine Emailleblech mit der Kokosmasse hinein. Platziere nun die ineinander gestellten Bleche im Backofen auf der mittleren Einschubhöhe und backe das Dessert für etwa 55–60 Minuten.

4. KARAMELLDEKORATION

Schmilz etwas Zucker in einem kleinen Topf und lasse ihn bernsteinfarben karamellisieren.
Lasse das Karamell etwa fünf Minuten abkühlen und gieße es dann in dünnen Fäden kreuz und quer über die Außenseite eines Schöpflöffels. Lasse das Karamell darauf abkühlen.

5.

Nimm das Dessert aus dem Ofen, lasse es vollständig abkühlen und stelle es für mindestens eine Stunde in den Kühlschrank. Stürze es nun auf eine große Dessertplatte – beachte dabei, dass die in der Form befindliche Karamellsoße herunterläuft.
Dekoriere das Dessert mit dem Karamellgitter vom Schöpflöffel.

ERDBEER-JOGHURT-SCHICHTTORTE

mit Fruchtspiegel

Ich liebe frische Erdbeeren – vor allem die kleinen, aromatischen aus unserem eigenen Garten – um daraus zum Beispiel diese himmlisch frische und fruchtige Torte zu backen. Als Boden dient ein luftiger Biskuit, der mit frischen Erdbeeren und einer Joghurtcreme gefüllt wird. Lässt du das Grüne an den Erdbeeren dran, erhältst du zusätzlich einen hübschen Farbtupfer.

 8 Stück   Ø 18 cm   Zubereitung: 45 Min.   Backzeit: 13 Min.

 180 °C O/U   unterer Einschub   Kühlzeit: 6 Std.

BISKUIT

2 Eier
50 g Zucker
1 Prise Salz
0,5 TL Vanilleextrakt
50 g Mehl

ZUM BELEGEN

300 g Erdbeeren

CREME

12 g Gelatine (gemahlen)
100 g Milch (kalt)
400 g Sahne
50 g Puderzucker
400 g Sahnejoghurt (10 %)
¼ TL Limetten (Abrieb)
1 TL Vanilleextrakt

FRUCHTSPIEGEL

200 g Erdbeeren
100 g Wasser
20 g Zucker
1 TL Vanilleextrakt
0,5 Tüte Agaragar

DEKORATION

4 Erdbeeren

ERDBEER-JOGHURT-SCHICHTTORTE

1. BISKUIT

Heize den Backofen auf 180 °C O/U vor.

Stelle einen Backring auf 18 cm Durchmesser ein und setze ihn auf ein mit Backfolie belegtes Lochblech.

Verrühre die zimmerwarmen Eier gemeinsam mit dem Zucker, dem Salz und dem Vanilleextrakt in 8–10 Minuten weißcremig. Siebe das Mehl dazu und hebe es vorsichtig mit einem Schneebesen unter. Fülle den Biskuit in den Backring und backe ihn für 13–14 Minuten.

Nimm ihn aus dem Ofen und lasse ihn fünf Minuten ruhen. Löse den Backring mit einem Backformmesser und lasse den Biskuit anschließend vollständig abkühlen. Entferne den Backring dabei nicht.

3. CREME

Gib die Gelatine zur kalten Milch und lasse sie etwa zehn Minuten quellen. Schlage in der Zwischenzeit die Sahne steif. Verrühre den Puderzucker kurz mit dem Sahnejoghurt, dem Limettenabrieb und dem Vanilleextrakt.

VERWENDE LIMETTEN, DEREN SCHALE ZUM VERZEHR GEEIGNET IST, UM DIESE MIT EINER FEINEN KÜCHENREIBE ABZUREIBEN. RESTE KANNST DU WUNDERBAR EINFRIEREN.

2. TORTE FÜLLEN

Setze den Biskuit mit dem Backring auf einen Tortenretter. Entferne das Grün der Erdbeeren, halbiere einige und setze diese mit der offenen Schnittkante an den Rand der Torte.
Belege den Biskuit mit den restlichen Erdbeeren, bis der Boden komplett bedeckt ist.

4.

Gib die Gelatinemischung in einen kleinen Topf und lasse sie bei geringer Hitze schmelzen. Achte darauf, dass die Masse nicht kocht, da die Gelatine sonst die Bindeeigenschaften verliert.
Rühre den Joghurt esslöffelweise unter die Gelatine. Hebe anschließend die geschlagene Sahne unter.
Fülle die Creme auf die Erdbeeren und streiche sie glatt.

Stelle die Torte für mindestens fünf Stunden in den Kühlschrank.

5. FRUCHTSPIEGEL

Püriere die Erdbeeren mit dem Wasser. Füge das Erdbeerpüree in einen Topf und verrühre es noch kalt mit dem Zucker, dem Vanilleextrakt und dem Agaragar. Koche die Masse nun mindestens zwei Minuten sprudelnd, damit das Agaragar seine Wirkung entfalten kann. Lasse den Fruchtspiegel lauwarm abkühlen und gieße ihn auf die abgekühlte Torte.
Stelle die Torte erneut für mindestens eine Stunde in den Kühlschrank, bis die Fruchtschicht festgeworden ist.

6.

Dekoriere die Torte anschließend mit den vier frischen Erdbeeren.

ERDBEER-MANDEL-TARTE

glutenfrei

Diese Erdbeertorte ist komplett glutenfrei – wird also ohne Mehl zubereitet. Ich liebe diese dünnen Mandel-Böden, welche mit einer feinen Mandelcreme gefüllt und bestrichen werden. Die frischen Erdbeeren passen wirklich hervorragend dazu. Setze die Erdbeeren am besten erst kurz vor dem Verzehr auf die Torte, dann kannst du diese nämlich auch super vorbereiten und im Kühlschrank lagern.

 10–12 Stück   24 cm   Zubereitung: 60 Min.   Wartezeit: 30 Min.   Backzeit: 20 Min.

 160 °C Heißluft   oberer und unterer Einschub   Kühlzeit: 2 Std.

MANDELBAISER

5 Eiweiß
1 Prise Salz
120 g Zucker
200 g Mandeln
(blanchiert, gemahlen)

MANDELCREME

5 Eigelb
60 g Zucker
2 EL Mandelsirup od. -likör
20 g Stärke (Mais)
200 g Sahne
150 g Butter (weich)

BELAG

100 g Mandelblättchen
200 g Erdbeeren
Tortenguss zum Sprühen

ERDBEER-MANDEL-TARTE

♥ Tipp ♥

DIE TORTE SCHMECKT AM BESTEN, WENN SIE AM VORTAG ZUBEREITET WIRD. DIE ERDBEEREN WÜRDE ICH ABER AM TAG DES VERZEHRS DARAUFLEGEN.

DIE TORTE LÄSST SICH AM BESTEN KALT SCHNEIDEN. LASSE DIE TORTENSTÜCKE VOR DEM VERZEHR AM BESTEN 15 MINUTEN STEHEN, DAMIT SICH DER GESCHMACK DER BUTTERCREME VOLL ENTFALTEN KANN.

1. BISKUIT

Heize den Ofen auf 160 °C Heißluft vor.

Schlage das Eiweiß mit dem Salz steif. Füge den Zucker langsam hinzu und rühre das Baiser für etwa 10–15 Minuten, bis sich der Zucker aufgelöst hat.
Hebe die blanchierten, gemahlenen Mandeln vorsichtig unter und fülle die Masse in einen Spritzbeutel mit einer mittelgroßen Lochtülle ein.

2.

Lege zwei Backpapierbögen nacheinander auf eine Silikonmatte und spritze außen beginnend jeweils einen 24 cm großen Mandelbaiser-Kreis darauf. Streiche die Kreise bei Bedarf mit einer Palette vorsichtig glatt.

Backe sie im Ofen für etwa 20 Minuten.

3. MANDELCREME

Verrühre das Eigelb mit dem Zucker, dem Mandelsirup, der Stärke und der Sahne in einem Topf klümpchenfrei. Erhitze die Creme bei mittelhoher Hitze und lasse sie während des Rührens ein Mal kurz aufkochen. Streiche sie dann durch ein Haarsieb und decke sie direkt an der Oberfläche mit Frischhaltefolie ab, damit sich keine Haut bildet.
Lasse die Creme auf Zimmertemperatur abkühlen.

4. MANDELBAISER ABKÜHLEN LASSEN

Schneide die Böden nach Belieben rund zu, indem du einen Backring darauflegst und diesen als Schablone verwendest. Stürze das Mandelbaiser auf ein Abkühlgitter und bestreiche die Rückseite des Backpapiers bei Bedarf mit kaltem Wasser, falls es sich nicht ablösen lässt. Lasse die Böden abkühlen.

5. MANDELCREME FERTIGSTELLEN

Rühre die zimmerwarme Butter etwa 5–10 Minuten weißcremig und gib dann esslöffelweise die Mandelcreme dazu. Diese muss zu diesem Zeitpunkt abgekühlt sein, da ansonsten die Butter schmilzt.

6. TORTE FÜLLEN

Setze den ersten Boden auf eine Tortenplatte. Bestreiche ihn etwa fünf mm dick mit der Creme, setze den zweiten Boden auf und bestreiche die Oberfläche und den Rand mit der Creme. Kühle die Torte für etwa 30 Minuten.

7.

Bestreiche die Torte nun mit der restlichen Creme schön glatt und kühle sie für weitere 30 Minuten.

8. TORTE DEKORIEREN

Röste die Mandeln in einer Pfanne ohne Fett und lasse sie abkühlen. Drücke die Mandeln an den Rand der Torte.

Viertele die Erdbeeren und lege sie in die Mitte der Torte. Besprühe sie am Schluss mit dem Tortengussspray.

ZITRONENTORTE

mit Baiserhaube

Dass ich Baiser liebe, wisst ihr wahrscheinlich bereits. Inspiriert von der Himmelstochter-Torte, welche du online in meinen Rezepten oder auch im Sallys Classics findest, habe ich mir diese Zitronentorte einfallen lassen. Anders als bei der genannten Torte wird hier nur ein Backblech mit Backring verwendet und der Kuchen auf einmal gebacken, statt auf zwei Blechen. Das ist einfach und spart Zeit. Den Basiskuchen kannst du mit Zutaten deiner Wahl füllen. Weil Baiser und Zitronen für mich zusammenpassen wie Topf und Deckel, habe ich mich für diese Geschmacksvariante entschieden. Die selbstgemachte Zitronenpaste hält übrigens mehrere Wochen im Kühlschrank und schmeckt auch auf Brot echt lecker.

Die Torte schmeckt mir am besten frisch, wenn das Baiser noch schön knackig ist. Du kannst sie aber gut vorbereiten, indem du den Kuchen bäckst und bei Raumtemperatur abkühlen lässt. Fülle die Torte dann am nächsten Tag mit der Sahnecreme und lagere sie dann im Kühlschrank.

 12 Stück   26 cm   Zubereitung: 60 Min.   Backzeit: 23 Min. und dann 25 Min.

 170 °C O/U   dann 140 °C Heißluft   unterer Einschub   Kühlzeit: 120 Min.

RÜHRTEIG

200 g Butter (weich)
200 g Zucker
1 Prise Salz
1 TL Vanilleextrakt
3 Eigelb
2 Eier
250 g Mehl
1,5 TL Backpulver
1 Zitrone (Abrieb)
80–100 g Milch od. Limoncello (warm)

BAISER

3 Eiweiß
1 Prise Salz
120 g Zucker

ZITRONENPASTE

60 g Zitronenschale
180 g Zitronenfilets
80 g Zucker
30 g Stärke

ZITRONENCREME

300 g Sahne
3 TL Sanapart
250 g Quark
100 g Zitronenpaste
100 g Sahne

DEKORATION

5 g Glitzerschnee (gold)

ZITRONENTORTE

1. VORBEREITUNG

Heize den Ofen auf 170 °C O/U vor. Stelle einen Backring auf 26 cm ein und setze ihn auf ein mit Backfolie belegtes Lochblech.

2. RÜHRTEIG

Verrühre die Butter mit dem Zucker, dem Salz und dem Vanilleextrakt 4–5 Minuten schaumig. Füge die Ei-gelb und die Eier nach und nach hinzu. Lasse dabei jedes etwa 30 Sekunden einrühren, damit die Masse nicht gerinnt. Mische das Mehl mit dem Backpulver und reibe die Schale der Zitrone ab. Rühre diese nun gemeinsam mit der Milch oder dem Limoncello in die Buttermasse ein. Rühre dabei nur kurz, bis ein geschmeidiger Teig entstanden ist.

Fülle den Teig in den Backring ein, streiche ihn glatt und backe ihn im vorgeheizten Ofen für etwa 23 Minuten.

Tipp

BEGINNE 15 MINUTEN VOR ENDE DER BACKZEIT
MIT DER ZUBEREITUNG DER BAISERSCHICHT!

3. BAISER

Schlage das Eiweiß mit dem Salz steif. Füge nun langsam den Zucker hinzu und schlage es solange weiter, bis die Backzeit des Bodens zu Ende ist. Nimm den Kuchen aus dem Ofen heraus und streiche das Baiser darauf. Lasse dabei einen etwa 2 cm breiten Rand frei, da das Baiser noch aufgeht. Stelle den Ofen nun auf 140 °C Heißluft um und backe den Kuchen in 25 Minuten fertig.

Lasse den Kuchen für 20 Minuten im ausgeschalteten Ofen stehen. Nimm ihn dann heraus und lasse ihn vollständig abkühlen.

4. ZITRONENPASTE

Ziehe die Schale der Zitronen mit einem Sparschäler ab. Entferne die weiße Haut der Zitronen und filetiere sie. Verrühre die Zitronenschale und -filets mit dem Zucker und der Stärke und koche die Masse bei mittelhoher Hitze 2–3 Minuten, bis eine dickflüssige Paste entstanden ist. Püriere sie anschließend in einem Glasmixer und fülle sie noch heiß in ein steriles Glas.

Lasse die Zitronenpaste abkühlen.

5. CREME

Schlage die Sahne mit dem Sanapart steif. Verrühre den Quark mit 100 g Zitronenpaste und der übrigen Sahne. Rühre zum Schluss die geschlagene Sahne kurz unter.

6. TORTE FERTIGSTELLEN

Löse den Kuchen aus der Form heraus. Halbiere ihn mit einem Messer oder einer Tortensäge ein Mal waagrecht. Verstreiche die Creme auf dem unteren Boden und setze den Deckel auf. Bestreue ihn anschließend mit Glitzerschnee. Stelle den Kuchen bis zum Verzehr kalt.

DIE TORTE SOLLTE INNERHALB VON 1–2 TAGEN VERZEHRT WERDEN, DA SONST DAS BAISER IM KÜHLSCHRANK AUFWEICHT.

LAMINGTON CAKE

der Klassiker – abgewandelt

„Lamingtons", das sind kleine, australische Biskuitwürfel, welche mit Schokolade überzogen und dann in Kokosraspeln gewälzt werden. Benannt wurden sie nach dem schottischen Lord Lamington, der den Kuchen erstmals während seiner Zeit als Gouverneur von Queensland verspeiste. Aber auch in der Balkan-Küche kennt man dieses süße Dessert als „Čupavci" – abgeleitet von čupavi = haarig, fusselig, nach dem Aussehen der Kokosnussschale. Aber egal woher dieses kleine Gebäck auch stammt oder wie man es nennen mag: Davon habe ich mich inspirieren lassen und diese Torte kreiert. Weil ich den Rührölteig saftiger finde, habe ich diesen zum Backen verwendet. Mir persönlich schmeckt die Torte am besten, wenn sie einen Tag durchzieht. Die Schmandsahne passt übrigens hervorragend dazu – sie schmeckt herrlich leicht!

 12 Stück   24 cm   Zubereitung: 60 Min.   Backzeit: 60 Min.

 160 °C O/U   unterer Einschub   Kühlzeit: 3 Std.

RÜHRÖLTEIG

6 Eier
1 TL Vanilleextrakt
1 Prise Salz
300 g Zucker
150 g Sonnenblumenöl
190 g Milch (lauwarm)
375 g Mehl
3 TL Backpulver

GANACHE

400 g Zartbitterschokolade
200 g Sahne

DEKORATION

200 g Kokosraspeln

SCHMANDCREME

200 g Schmand
200 g Sahne
4 TL Sanapart
1 TL Vanilleextrakt

LAMINGTON CAKE

1. RÜHRÖLTEIG

Stelle einen Backring auf 24 cm Durchmesser ein und schlage ihn mit Backpapier ein. Setze ihn dann auf ein Lochblech und heize den Ofen auf 160 °C O/U vor. Verrühre die Eier mit dem Vanilleextrakt, dem Salz und dem Zucker in etwa 10–15 Minuten schaumig. Rühre langsam das Öl und die Milch hinzu. Verrühre das Mehl mit dem Backpulver und siebe es zur Rührmasse, rühre die Mehlmischung vorsichtig ein. Fülle die Rührmasse in den Backring und verstreiche sie. Backe den Kuchen für etwa 60 Minuten, nimm ihn nach der Stäbchenprobe aus dem Ofen und lasse ihn vollständig abkühlen. Löse den Backring und schneide den Kuchen nun zwei Mal mit der Tortensäge durch, damit drei Böden entstehen.

2. GANACHE

Brich die Schokolade in grobe Stücke. Lasse die Sahne in einem Topf aufkochen, ziehe sie vom Herd herunter und rühre die Schokolade ein, bis sie vollständig geschmolzen ist. Setze die Tortenböden nun auf Abkühlgitter und bestreiche Tortenboden und -deckel auf den Außenseiten und den mittleren Tortenboden rundherum mit der Ganache.

3.

Bestreue die Böden mit den Kokosraspeln. Lege die Tortenböden für etwa 15 Minuten in den Kühlschrank, damit die Ganache fest wird.

4. SCHMANDCREME

Verrühre den Schmand mit der Sahne, dem Sanapart und dem Vanilleextrakt und schlage die Creme steif.

5. TORTE ZUSAMMENSETZEN

Lege den Tortenboden mit der Schokoladenseite nach unten auf eine Tortenplatte, bestreiche ihn mit der Hälfte der Schmandcreme, lege den mittleren Boden darauf.
Bestreiche diesen mit der restlichen Creme und setze den Tortendeckel mit der Schokoladenseite nach oben auf die Torte. Lasse sie abgedeckt im Kühlschrank etwa zwei Stunden, oder besser über Nacht ziehen.

KIRSCH-STREUSELKUCHEN

mit Mascarpone-Creme

Den Boden und die Streusel für diesen Kirschkuchen stelle ich aus demselben Teig her. Die Füllung ist eine leckere Creme aus Mascarpone und Sahne, gemischt mit frischen, entsteinten Kirschen, welche mit Streuseln belegt wird. Bei diesem Kuchen ist es sogar von Vorteil, wenn du ihn einen Tag vorher zubereitest, damit Boden und die Streusel gut durchziehen.

Der Kuchen wirkt auf dem Bild relativ klein, da die Kirschen so riesig sind. An diese kann ich mich noch gut erinnern: Sie waren total groß, fleischig, aromatisch und saftig. Davon habe ich einige eingefroren.

 12 Stück   24 cm   Zubereitung: 60 Min.   Backzeit: je 13–15 Min.

 180 °C O/U   mittlerer Einschub   Kühlzeit: 4 Std.

STREUSEL & BODEN

250 g Butter (weich)
150 g Kokosblütenzucker
1 Prise Salz
1 TL Tonka Wonka
400 g Dinkelmehl (630)
100 g Mandeln (gestiftet)

ZUM BESTREICHEN

50 g Kirschgelee

CREME

500 g Mascarpone
20 g Puderzucker
1 TL Vanilleextrakt
500 g Sahne
10 TL Sanapart
50 g Schokoblättchen
200 g Kirschen (halbiert, entsteint)

FÜLLEN & DEKORIEREN

50 g Kirschgelee
100 g Kirschen (halbiert, entsteint)

KIRSCH-STREUSELKUCHEN

1. STREUSEL UND BODEN

Heize den Backofen auf 180 °C O/U vor.

Stelle einen Backring auf 24 cm Durchmesser ein und setze ihn auf ein mit Backfolie belegtes Lochblech. Lege eine weitere Folie auf ein weiteres Lochblech.

Verrühre die weiche Butter gemeinsam mit dem Zucker, der Prise Salz und dem Tonka Wonka.
Füge anschließend das Mehl hinzu und knete es kurz unter, bis ein krümeliger Teig entstanden ist. Füge nun auch die Mandeln hinzu und stelle die Streusel abgedeckt für 30 Minuten in den Kühlschrank.

2.
Halbiere die Streusel und drücke eine Hälfe in den Tortenring – entweder mit einem Glas oder einer Burgerpresse. Dies wird der Boden der Torte.

3.
Drücke die andere Hälfte leicht mit den Händen zusammen, sodass Streusel entstehen und lege sie auf das zweite, mit Backfolie belegte Blech.
Backe die Bleche nun nacheinander im vorgeheizten Ofen für 13–15 Minuten. Lasse beides anschließend vollständig abkühlen. Entferne den Tortenring dabei nicht.

4. CREME
Verrühre kurz den Mascarpone in einer Rührschüssel gemeinsam mit dem Puderzucker und dem Vanilleextrakt. Gieße langsam die Sahne hinzu und schlage die Masse gemeinsam mit dem Sanapart steif. Hebe die Schokoblättchen und die Kirschen unter.

5. TORTE FÜLLEN

Bestreiche den Boden mit der ersten Portion Kirschgelee. Fülle die Creme auf den Boden und streiche sie glatt. Streue die Streusel über die Torte und stelle sie für mindestens drei Stunden kalt.

6. DEKORATION

Entferne den Tortenring mit einem Backform-messer. Erwärme die zweite Portion Kirschgelee in einem Topf. Tauche die Kirschen in das Gelee und lege sie auf die Torte. Träufele das übrige Gelee über die Torte.

♥ Tipp ♥

DIE ÜBRIGEN STREUSEL LASSEN SICH WUNDERBAR AUFHEBEN.
GIB SIE DAZU EINFACH IN EIN LUFTDICHTES GEFÄSS.

LUISENKUCHEN

mit Kokosbaiser und Zwetschgen

Dieses Rezept stammt ursprünglich aus Neuseeland – eigentlich heißt der Kuchen „Louise Cake" und wird manchmal auch mit Marmelade gemacht statt frischen Früchten und traditionell mit einem Mürbeteig. Die Zubereitung mit einer Rührmasse ist aber einfacher, da man sie verstreichen kann. Die Kombination aus Kokos und Zwetschgen ist echt lecker, weil die Zwetschgen säuerlich sind; ebenfalls würden Himbeeren oder Kirschen auch sehr gut passen.

 10 Stück   20 cm   Zubereitung: 30 Min.   Backzeit: 15 Min., dann 20–25 Min.

 180 °C, dann 160 °C O/U   mittlerer Einschub

RÜHRMASSE
125 g Butter (weich)
100 g Zucker
1 Prise Salz
1 TL Vanilleextrakt
3 Eigelb
125 g Mehl
1,5 TL Backpulver
80 g Milch (lauwarm)
1 Prise Zitronen (Abrieb)
20 g Kokosraspeln

BELEGEN
300 g Zwetschgen
(halbiert, entsteint)
30 g Stärke

KOKOSBAISER
3 Eiweiß
1 Prise Salz
150 g Puderzucker
1 TL Vanilleextrakt
1 TL Stärke
100 g Kokosraspeln

LUISENKUCHEN

1. RÜHRMASSE

Stelle einen Backring auf 20 cm Durchmesser ein und stelle ihn auf ein mit Backfolie belegtes Lochblech. Heize den Ofen auf 180 °C O/U vor.

Verrühre die weiche Butter mit dem Zucker, dem Salz und dem Vanilleextrakt für etwa 5–6 Minuten cremig.

Rühre nun ein Eigelb nach dem anderen hinzu und rühre hierbei jedes Eigelb etwa 30 Sekunden ein.

Verrühre das Mehl mit dem Backpulver, siebe es zur Buttermasse und rühre es gemeinsam mit der Milch, dem Zitronenabrieb und den Kokosraspeln kurz ein.

Fülle die Rührmasse in den Backring und backe ihn für etwa 15 Minuten vor. Stelle in der Zwischenzeit das Baiser her und bereite die Zwetschgen vor.

2. BELAG VORBEREITEN

Verrühre die halbierten, entsteinten Zwetschgen mit der Stärke.

3. KOKOSBAISER

Schlage das Eiweiß mit dem Salz steif, füge den gesiebten Puderzucker hinzu und rühre die Baisermasse für etwa zehn Minuten, bis sie steif ist und glänzt. Hebe das Vanilleextrakt, die Stärke und die Kokosraspeln unter.

4. DAS BELEGEN FERTIGSTELLEN

Nimm den Kuchen aus dem Ofen, lege die Zwetschgen darauf und verstreiche das Kokosbaiser darüber.

Stelle den Ofen auf 160 °C O/U herunter und backe den Kuchen für weitere 20–25 Minuten auf der unteren Einschubleiste weiter, bis er gar ist.

Nimm ihn aus dem Ofen heraus, lasse ihn abkühlen, entferne den Backring und serviere ihn nach dem Abkühlen.

♥ Tipp ♥

TORTEN MIT BAISER LAGERE ICH UNGERN IM KÜHLSCHRANK, SONDERN LIEBER BEI RAUMTEMPERATUR. EINE AUSNAHME SIND NATÜRLICH BAISERTORTEN MIT SAHNE. DIESE MÜSSEN IN DEN KÜHLSCHRANK.

RUMBOMBE

der aromatische Klassiker

Die Rumbombe verdankt ihren Namen ihrer besonderen Zutat Rum, ist aber auch unter der Bezeichnung „Kuppeltorte" bekannt. Die Schicht aus Zartbitterschokolade bildet eine glatte Oberfläche, welche einen dekorativen Rand aus Krokant erhält. Den Rührteig und die Füllcreme kannst du mit echtem Rum oder als alkoholfreie Variante mit Kaffee oder Rumsirup zubereiten. Die Torte schmeckt am besten, wenn sie einen Tag durchziehen darf.

 12 Stück   20 cm   Zubereitung: 40 Min.   Backzeit: 30 Min.

 170 °C O/U   mittlerer Einschub   Kühlzeit: 4 Std.

RÜHRTEIG

125 g Butter (weich)
100 g Zucker
1 Prise Salz
1 TL Vanilleextrakt
3 Eier
250 g Mehl
1,5 TL Backpulver
80 g Milch (lauwarm)
50 g Rum od. weitere Milch

CREME

200 g Schmand
100 g Rum (od. Kaffee, Rumsirup)
100 g Butterkekse

BESTREICHEN

50 g Kirschkonfitüre

DEKORATION

250 g Zartbitterkuvertüre
30 g Kokosöl
100 g Haselnusskrokant

NACH BELIEBEN

300 g Marzipanrohmasse
80 g Puderzucker

RUMBOMBE

1. RUMBOMBE

Heize den Backofen auf 170 °C O/U vor. Stelle einen Backring auf 20 cm Durchmesser ein und setze in auf ein mit Backfolie belegtes Lochblech. Verrühre die Butter gemeinsam mit dem Zucker, der Prise Salz und dem Vanilleextrakt in 4–5 Minuten weißcremig. Füge nun die Eier einzeln zur Buttermasse hinzu und rühre sie gut ein. Vermische das Mehl mit dem Backpulver und rühre es abwechselnd mit der Milch und nach Belieben dem Rum in die Masse ein. Fülle den Teig in den Backring und backe ihn für etwa 30 Minuten.

Lasse den Kuchen nach dem Backen etwa fünf Minuten abkühlen, löse den Backring mit einem Backformmesser. Lasse ihn anschließend vollständig auskühlen.

2. CREME

Verrühre für die Creme den Schmand gemeinsam mit dem Rum oder Kaffee.

3. TORTE FÜLLEN

Schneide einen etwa ein cm breiten Deckel am Kuchen ab – das sind etwa 300 Gramm Kuchen. Zerkrümele den Kuchen und die Butterkekse und vermische sie mit der Creme. Setze den Boden auf ein Abkühlgitter und bestreiche ihn mit der Kirschkonfitüre.

Forme mit der Cremekuchenmasse eine Kuppel darauf. Stelle die Torte 30 Minuten kalt.

4. DEKORATION

Temperiere die Kuvertüre wie auf Seite 27 beschrieben. Rühre das Kokosöl ein. Stelle den Kuchen auf dem Abkühlgitter über ein Blech oder einen Teller. Gieße nun die flüssige Schokolade über die Torte. Lasse die Schokolade 3–4 Minuten abtropfen.

Setze die Torte auf eine Tortenplatte und drücke den Krokant, solange die Schokolade noch weich ist, an den unteren Rand. Lasse die Schokolade festwerden und serviere die Torte.

♡ Tipp ♡

DAMIT DIE TORTE SCHÖN GLATT WIRD, KANNST DU SIE VOR DER SCHOKOLADENSCHICHT MIT EINER MARZIPANDECKE ÜBERZIEHEN. VERKNETE DAZU DAS MARZIPAN MIT DEM PUDERZUCKER. ROLLE DAS MARZIPAN ANSCHLIESSEND AUF ETWAS WEITEREM PUDERZUCKER 3–5 MM DICK AUS UND DECKE DIE TORTE DAMIT EIN.

VICTORIA SPONGE CAKE

traditionell mit frischen Himbeeren

Dieses hübsche, essbare Kunstwerk ist nach Queen Victoria benannt, welche nach Überlieferung ihren „Afternoon Tea" zelebriert hatte, indem sie sich einen Sponge Cake, zu deutsch „Schwammkuchen", servieren ließ. Dieser traditionelle Kuchen hatte wohl bereits als Zutaten Himbeeren, Himbeermarmelade und Vanillecreme. Es versteht sich von selbst, dass ich das Rezept möglichst originalgetreu nachbacke – und wer weiß, vielleicht hat Queen Victoria damals auch die Himbeeren für ihren Sponge Cake selbst gepflückt … ☺

 12 Stück   2 x 20 cm   Zubereitung: 60 Min.   Backzeit: 25 Min.

 170 °C O/U   mittlerer Einschub   Kühlzeit: 2 Std.

RÜHRMASSE
250 g Butter (weich)
200 g Zucker
1 Prise Salz
1 TL Vanilleextrakt
5 Eier
400 g Mehl
2 TL Backpulver
250 g Milch (lauwarm)

CREME
300 g Sahne
1 TL Vanilleextrakt
20 g Puderzucker
3 TL Sahnapart
100 g Himbeermarmelade
200 g Himbeeren

DEKORATION
20 g süßer Schnee
50 g Himbeeren

VICTORIA SPONGE CAKE

1. VORBEREITUNG

Heize den Backofen auf 170 °C O/U vor. Schlage zwei Backringe mit 20 cm Durchmesser in Backpapier ein und setze sie auf ein Lochblech.

2. RÜHRTEIG

Schlage die weiche Butter gemeinsam mit dem Zucker, dem Salz und dem Vanilleextrakt 4–5 Minuten weißcremig.

Füge nun nacheinander die Eier hinzu – lasse jedes dabei etwa 30 Sekunden einrühren, bevor das nächste Ei hinzukommt. Vermische das Mehl mit dem Backpulver und rühre es abwechselnd mit der lauwarmen Milch in 3–4 Portionen unter die Buttermasse.
Verteile die Masse gleichmäßig auf die zwei Backringe, streiche sie glatt und backe sie im vorgeheizten Ofen für 20–25 Minuten, bis sie gar sind. Lasse die Böden danach mit einem Tuch abgedeckt komplett abkühlen.

3. CREME

Schlage die Sahne gemeinsam mit dem Vanilleextrakt, Puderzucker und Sanapart steif.

4. TORTE ZUSAMMENSETZEN

Löse die beiden Tortenböden mit einem Backformmesser aus der Form. Bestreiche beide Böden mit der Marmelade. Streiche die Sahne auf den unteren Boden und lege die Himbeeren in die Creme.

Setze den zweiten Boden mit der Marmeladenseite nach unten auf die Torte. Stelle sie anschließend etwa zwei Stunden kalt.

5. DEKORATION

Bestreue die Torte anschließend mit süßem Schnee und lege die Himbeeren darauf. Serviere sie am besten noch frisch.

GUINNESSKUCHEN

ein megasaftiger Schokoladenkuchen

Dieser Kuchen ist der absolute Liebling bei uns! Du kannst hierfür das original Guinness Bier aus Irland verwenden oder die alkoholfreie Variante, das Malzbier, zum Backen benutzen. Sobald ich diesen Kuchen im Ofen habe, stürmen die Jungs und Mädels aus meinem Team in die Küche und wissen alle schon: Es gibt Schokoladenkuchen! Der Geschmack ist leicht malzig, sehr schokoladig und gar nicht zu süß. Ich muss ehrlich sein: Mit der Schokoladencreme sieht er faszinierend aus und glänzt auch wunderbar als Geburtstagstorte, allerdings schmeckt er uns ohne Creme am besten.

 12 Stück   2 x 20 cm   Zubereitung: 45 Min.   Backzeit: 35–40 Min.

 170 °C O/U   unterer Einschub   Kühlzeit: 60 Min.

SCHOKOLADENTEIG

250 g Butter
250 g Zucker
3 Eier
1 TL Vanilleextrakt
1 Prise Salz
250 g Guinness od. Malzbier
250 g Mehl

100 g Kakao
½ TL Natron
2 TL Backpulver
150 g Naturjoghurt (3,5 %)

SCHOKOLADENCREME

300 g Sahne
400 g Zartbitterkuvertüre

GUINNESSKUCHEN

1. VORBEREITUNG

Heize den Ofen auf 170 °C O/U vor. Stelle zwei Backringe auf 20 cm ein, schlage sie mit Backpapier ein und setze sie auf ein Lochblech.

2. SCHOKOLADENTEIG

Schmilz die Butter gemeinsam mit dem Zucker in einem Topf. Schlage in der Zwischenzeit die Eier mit dem Vanilleextrakt und der Prise Salz schaumig.
Füge das Guinness oder Malzbier zu der geschmolzenen Buttermasse hinzu und lasse die Masse kurz abkühlen. Rühre es anschließend in die schaumige Eiermasse ein.

3.

Vermische die trockenen Zutaten und gib sie zusammen mit dem Joghurt hinzu. Rühre die Zutaten kurz mit einem Schneebesen vorsichtig ein. Fülle den Teig gleichmäßig in die zwei Backringe ein. Backe die Kuchen im vorgeheizten Ofen für 35–40 Minuten. Lasse sie anschließend vollständig in den Ringen abkühlen.

Tipp

FALLS DIE CREME ZU FEST WERDEN SOLLTE, KANNST DU SIE NOCHMALS KURZ IN DER MIKROWELLE ODER IN EINEM TOPF ERWÄRMEN.

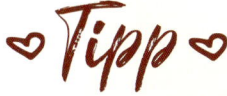

4. SCHOKOLADENCREME

Koche die Sahne in einem Topf ein Mal auf und ziehe sie vom Herd herunter. Hacke oder reibe die Kuvertüre fein und rühre sie in die Sahne ein.
Lasse die Creme nun vollständig auf Zimmertemperatur abkühlen.

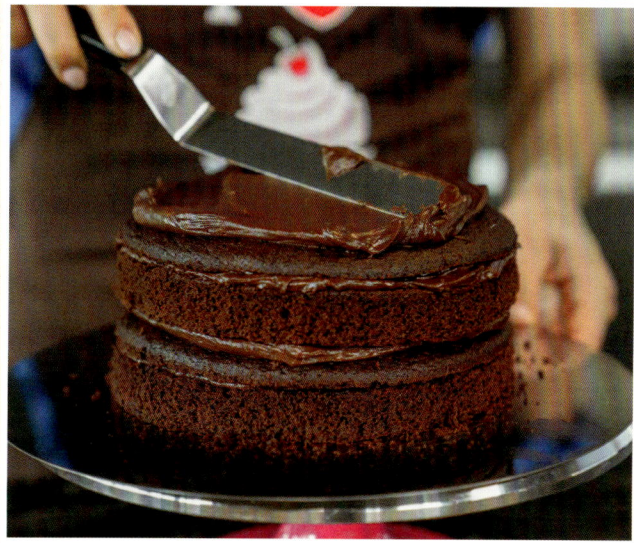

5. TORTE ZUSAMMENSETZEN

Löse die Kuchenböden aus den Ringen heraus. Schneide beide Böden nun einmal waagerecht durch. Setze die Böden nun immer mit Creme dazwischen aufeinander. Schließe die Torte mit einer letzten Schicht Creme ab und verteile diese leicht gewellt.

Stelle die Torte bis zum Verzehr kalt.

Tipp

DIE TORTE KANNST DU EIN PAAR TAGE DURCHZIEHEN LASSEN. DANN WIRD SIE NOCH SAFTIGER!

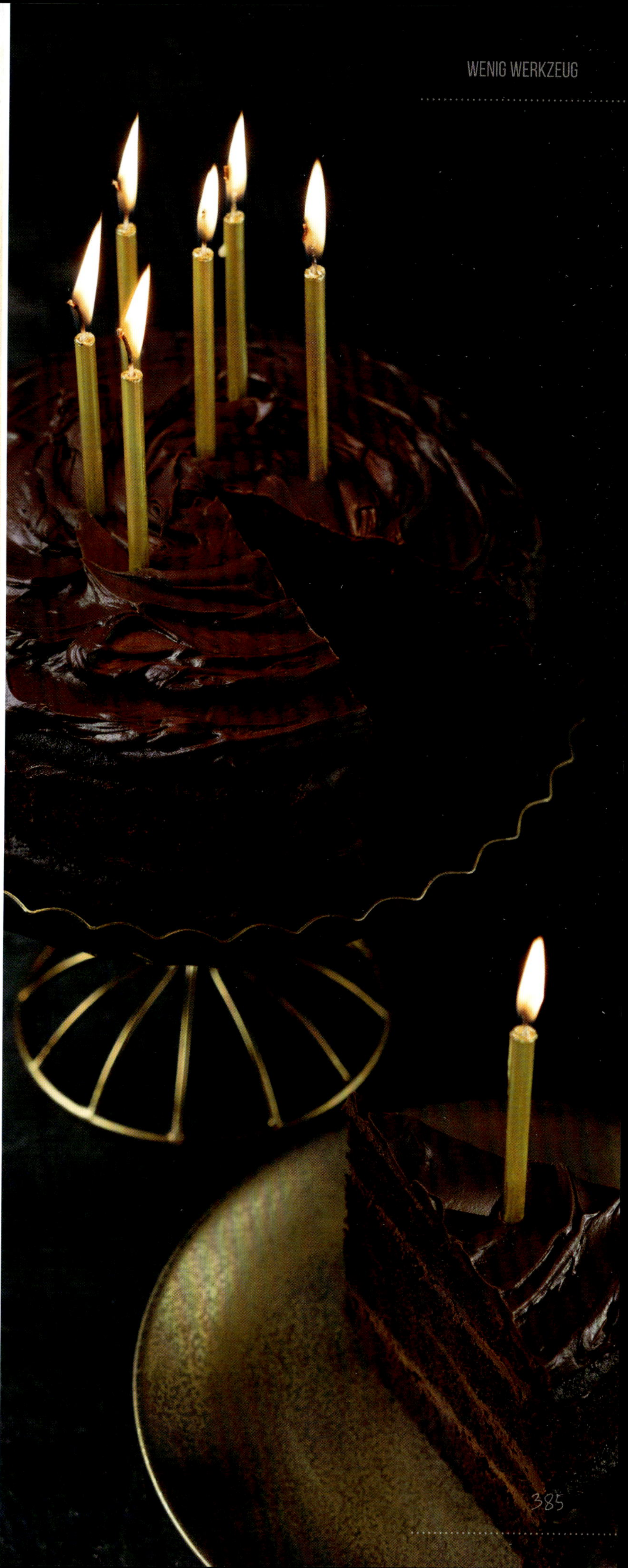

WEISSER MAULWURFKUCHEN

den Klassiker abgewandelt

Der weiße Maulwurfkuchen ist das perfekte Dessert für Sommertage. Üppig befüllt mit Erdbeeren, welche mit einer erfrischenden Sahnecreme überzogen sind, machen die Torte zu einem verführerischen Genuss. Auch die kleinen Genießer haben ihre Freude daran, weil diese Form einfach fasziniert und die Zutaten viele Leckermäuler ansprechen.

 12 Stück   22 cm   Zubereitung: 45 Min.   Backzeit: 30 Min.

 170 °C O/U   mittlerer Einschub   Kühlzeit: 3 Std.

TEIG

125 g Butter (weich)
100 g Zucker
1 Prise Salz
1 TL Vanilleextrakt
3 Eier
200 g Mehl
2 TL Backpulver
125 g Milch (lauwarm)

CREME

500 g Sahne
200 g Saure Sahne
7 TL Sanapart
1 TL Vanilleextrakt

ZUM BEFÜLLEN

300 g Erdbeeren
60 g Erdbeermarmelade

WEISSER MAULWURFKUCHEN

1. VORBEREITUNG

Heize den Ofen auf 170 °C O/U vor. Stelle einen Backring auf 22 cm ein und setze ihn auf ein mit Backfolie belegtes Lochblech.

2. TEIG

Verrühre die weiche Butter mit dem Zucker, dem Salz und dem Vanilleextrakt 4–5 Minuten cremig.
Füge die Eier nach und nach hinzu. Rühre jedes dabei etwa 30 Sekunden ein, damit die Masse nicht gerinnt.
Mische das Mehl mit dem Backpulver und rühre es gemeinsam mit der Milch ein.
Fülle den Teig in den Backring und streiche ihn glatt.
Backe den Kuchen im vorgeheizten Ofen für etwa 30 Minuten.
Nimm den Kuchen aus dem Ofen heraus, löse den Backring und lasse ihn vollständig abkühlen.

3. CREME

Schlage alle Zutaten miteinander steif.

4. KUCHEN FERTIGSTELLEN

Schneide den Deckel des Kuchens etwa fünf mm dick ab und zerbrösele ihn. Entferne das Grün der Erdbeeren. Streiche die Erdbeermarmelade auf den Boden und setze die Erdbeeren mit der Schnittkante auf die Marmelade. Lasse dabei einen etwa zwei cm breiten Rand frei, damit die Erdbeeren später von außen nicht zu sehen sind.
Streiche die Creme kuppelförmig auf den Boden.
Drücke zum Schluss die Kuchenkrümel an die Creme.

Stelle den Kuchen bis zum Verzehr mindestens zwei Stunden kalt.

ZUPFKRANZ MIT ZWETSCHGENKOMPOTT

zum Abzupfen und Dippen

Diese ofenwarme Köstlichkeit ist aus Hefeteig gezaubert und sorgt für gemütliche Kaffee- oder Teepausen. Den Zupfkranz kannst du mit dem Zwetschgenkompott megaeinfach zubereiten. Serviere ihn warm aus dem Ofen. Vernascht wird der Zupfkranz, indem man die Stücke mit der Hand abzupft und in das Kompott dippt.

 12 Stück   28 cm   Zubereitung: 40 Min.   Wartezeit: 30–60 Min.

 Backzeit: 45 Min.   170 °C O/U   mittlerer Einschub

HEFETEIG

1 Würfel Hefe
20 g Wasser (lauwarm)
50 g Zucker
1 TL Vanilleextrakt
500 g Mehl
230 g Milch (lauwarm)
1 TL Salz
2 Eigelb
80 g Butter (weich)

FÜR DIE FORM

20 g Butter

BESTREICHEN

60 g Butter (weich)
50 g Zucker
1 TL Zimt

ZWETSCHGENKOMPOTT

600 g Zwetschgen (halbiert, entkernt)
100–150 g Zucker
10 g Stärke
1 Zimtstange
1 Sternanis

ZUPFKRANZ MIT ZWETSCHGENKOMPOTT

1. HEFETEIG

Verrühre die Hefe mit dem Wasser und dem Zucker. Füge das Vanilleextrakt, das Mehl, die Milch, das Salz, das Eigelb und zum Schluss die weiche Butter hinzu und knete daraus in 8–10 Minuten einen weichen, geschmeidigen Hefeteig. Forme den Teig zu einer Kugel und lege ihn in die Form zurück.

Lasse die Teigkugel abgedeckt an einem warmen Ort für etwa 30–60 Minuten aufgehen.

3.

Vermische den Zucker mit dem Zimt und streue ihn darüber. Schneide mit einem stumpfen Marzipanmesser den Teig in fünf cm Streifen und halbiere die Streifen längs.

Lege jeden einzelnen Streifen in Ziehharmonikaform und lege nun alle gefalteten Teigstreifen mit der gezackten Seite nach oben in das Emailleblech.
Lasse die Mitte frei.

2. AB IN DIE FORM

Fette eine Emaille-Ofenform mit der Butter.

Rolle den Teig auf einer leicht bemehlten Silikonmatte etwa 50 x 40 cm groß aus und bestreiche die Teigplatte mit der weichen Butter.

4. ZWETSCHGENKOMPOTT

Viertele die Zwetschgen und entferne den Kern. Verrühre sie mit dem Zucker und der Stärke. Gib sie in die Mitte des Blechs und lege die Zimtstange und den Sternanis dazu. Rühre das Kompott durch.

Stelle das Emailleblech in den kalten Ofen, stelle ihn dann auf 170 °C O/U und backe den Zupf-Kranz für etwa 40–45 Minuten. Am besten schmeckt der Zupfkranz noch warm aus dem Ofen.

No Bake
einfach ♥-betörend

NO BAKE
EINFACH ♥-BETÖREND

Kuchen und Desserts ohne Backen

Sicherlich haben viele Backbegeisterte von euch schon von folgendem Trend gehört: No-Bake-Torten. Was ist daran so besonders? Nun, wie die Bezeichnung bereits vermuten lässt, handelt es sich hierbei um Torten, die tatsächlich nicht gebacken werden müssen und sich daher perfekt auch ohne Backofen zubereiten lassen. Es ist also vollkommen egal, ob euer Backofen gerade kurz vor einem wichtigen Anlass den Geist aufgegeben hat oder ihr einfach keine Lust habt, den Backofen einzuschalten:

No-Bake-Rezepte kommen vollkommen ohne Backwärme aus und lassen sich schnell und einfach zubereiten. Häufig werden sie daher vor allem mit der heißen Jahreszeit im Sommer in Verbindung gebracht, da es sich hierbei oftmals um gekühlte Rezepte handelt. Ich persönlich finde ja, dass man beispielsweise eine leckere Eistorte auch im Winter essen kann – wer von euch stimmt mir zu?

AFTER-EIGHT-TORTE

lecker minzig und edel

Diese feine Torte ist schnell zubereitet und wirkt sehr edel. Die leckere Cheesecake-Creme unterstreicht die minzige Frische. Ich liebe die Kombination aus Pfefferminze und Zartbitterschokolade!

 12 Stück   24 cm   Zubereitung: 30 Min.   Kühlzeit: 4 Std.

BODEN
150 g Löffelbiskuits
100 g Butter
100 g After Eight
(Minz-Schoko-Süßigkeit)

CHEESECAKE-CREME
300 g Sahne
5 TL Sanapart
500 g Frischkäse
50 g Minzsirup
1 g grüne Lebensmittelfarbe
(nach Belieben)
150 g After Eight

DEKORATION
50 g Zartbitterkuvertüre
1 TL Kokosöl
50 g After Eight

1. RÜHRTEIG

Zerkleinere den Löffelbiskuit in einem Mixer sehr fein. Schmilz die Butter und lasse die After Eight in der Butter zergehen. Verrühre sie mit den Biskuitbröseln. Setze einen Backring mit 24 cm Durchmesser auf einen mit Backpapier oder Backfolie belegten Tortenretter. Fülle die Keksmasse hinein und drücke sie mit der Burgerpresse oder einem Glas flach. Stelle den Boden in den Kühlschrank.

2. CHEESE-CAKE-CREME

Schlage die Sahne mit dem Sanapart steif. Verrühre den Frischkäse mit dem Sirup und der grünen Lebensmittelfarbe. Hebe die Sahne unter.

Schneide die After Eight in grobe Stücke. Fülle die Hälfte der Creme in den Backring ein, verteile die Afte Eight-Stückchen darin und decke sie mit der übrigen Creme ab. Stelle die Torte für etwa vier Stunden kalt. Löse den Backring ab und setze sie auf einen Tortenteller. Schmilz die Kuvertüre über einem warmen Wasserbad, rühre das Kokosöl ein und verteile es über der Torte. Dekoriere die Torte mit klein gestückelten After Eight Stückchen.

Ganz besonders gut schmeckt diese Torte, wenn sie noch für etwa eine Stunde eingefroren wird, damit sie geeist ist.

HIMBEER-EISTORTE

für sommerliche Tage

Die traumhafte No-Bake-Torte schmeckt frisch und fruchtig, nach Himbeeren und weißer Schokolade.
Die Eismasse kreiere ich selbst, indem ich eine Grundmasse herstelle und daraus die Geschmacksrichtung Himbeer
und weiße Schokolade mache. Die Torte passt perfekt in den Sommer, zum Kaffee oder für jede Grillparty.
Lasse die Torte für den Anschnitt 10–15 Minuten antauen, dann lässt sie sich besser schneiden.

 8–10 Stück   20 cm   Zubereitung: 40 Min.   Kühlzeit: 6 Std.

BODEN

100 g Giotto
170 g Dinkelkekse
65 g Butter

HIMBEEREIS

200 g Himbeeren (frisch oder TK)
30 g Wasser od. Himbeergeist
50 g Puderzucker
75 g Mandeln (blanchiert)

EIS-GRUNDMASSE

500 g Mascarpone
250 g Sahne
400 g Sahnejoghurt (10 %)
1 TL Vanilleextrakt

SCHOKOLADENEIS

150 g weiße Kuvertüre
15 g Himbeeren (gefriergetrocknet)

DEKORATION

250 g Himbeeren
50 g weiße Kuvertüre

HIMBEER-EISTORTE

1. VORBEREITUNG

Stelle einen Backring auf 20 cm Durchmesser ein und setze ihn auf einen mit Backfolie oder Backpapier belegten Tortenretter.

2. BODEN

Zerkleinere die Giotto und die Dinkelkekse in einem Mixer oder gib sie in einen Gefrierbeutel und rolle mit einem Ausrollstab darüber. Schmilz die Butter und verrühre sie mit den Kekskrümeln.

Halbiere die Masse und drücke sie mit einer Burgerpresse oder einem Glas in dem Tortenring fest. Lasse den Boden im Kühl- oder Gefrierschrank fest werden.

Löse den Ring anschließend ab und fülle die restliche Masse in den Ring. Drücke diese ebenfalls in den Ring und erstelle somit einen zweiten Boden. Löse beim zweiten Boden den Ring nicht ab und stelle beide Böden in den Gefrierschrank.

3. HIMBEEREIS VORBEREITEN

Zerdrücke die Himbeeren mit dem Wasser oder Himbeergeist und dem Puderzucker.

Koche sie nun solange ein, bis fast das ganze Wasser verdunstet ist. Streich die Himbeeren durch ein Haarsieb, damit die Kerne entfernt werden.

Lasse das Himbeerpüree anschließend abkühlen.

4. EISGRUNDMASSE

Verrühre den Mascarpone leicht cremig, rühre die Sahne und langsam den Sahnejoghurt und das Vanilleextrakt ein. Stelle die Eismasse kurz in den Kühlschrank.

5. HIMBEEREIS FERTIGSTELLEN

Verrühre die passierten Himbeeren mit der Hälfte der Eisgrundmasse.

Hacke die Mandeln grob und hebe sie unter. Fülle das Himbeereis über den No-Bake-Boden und streiche es glatt.

Lege den zweiten Keksboden auf das Himbeereis und stelle die Torte für etwa eine Stunde in den Gefrierschrank.

6. SCHOKOLADENEIS FERTIGSTELLEN

Hacke die weiße Kuvertüre fein und schmilz sie über einem warmen, aber nicht kochenden Wasserbad. Lasse sie dabei aber nicht zu warm werden.

Verrühre die geschmolzene Kuvertüre mit der restlichen Eisgrundmasse. Hebe dann die gefriergetrockneten Himbeeren unter. Fülle das Schokoladeneis in den Tortenring ein und streiche es glatt. Lasse die Torte nun im Gefrierschrank für mindestens fünf Stunden gefrieren.

7. DEKORATION

Löse den Tortenring mit einem Backformmesser. Setze etwa 3–4 Reihen Himbeeren an den Rand der Torte. Ziehe die Kuvertüre mit einem Sparschäler ab, sodass kleine Schokoladenröllchen entstehen. Setze diese mittig auf die Torte.

SOLERO CAKE

mit Fruchtspiegel

Der Solero Cake erinnert mit seinem leckeren Fruchtspiegel aus Mango und Maracuja an warme Karibiknächte und vor allem an das Solero-Eis. Diese Torte gehört definitiv zu Murats Lieblingstorten. Wenn er mich loben möchte, dann sagt er auch immer gerne: "Die Torte schmeckt wie ein fruchtiger Joghurt" – damit möchte er ausdrücken, dass sie leicht schmeckt und fruchtig ist.

Die Cremeschicht darunter ist mit Zitrone und Vanilleextrakt verfeinert. Obwohl diese Torte sehr sommerlich wirkt, kannst du sie gut zu jeder Jahreszeit zubereiten.

 10 Stück   20 cm   Zubereitung: 45 Min.   Kühlzeit: 2 Std.

BODEN

100 g Löffelbiskuits
70 g Butter

CREME

250 g Magerquark
150 g Frischkäse
70 g Puderzucker
1 TL Vanilleextrakt
1 TL Zitronensaft
200 g Sahne
6 TL Sanapart

SOLERO-GLASUR

100 g Mango
50 g Maracujafruchtfleisch
400 g Maracujasaft
40 g Zucker
20 g Stärke
10 g Agaragar

SOLERO CAKE

1. BODEN

Zerkleinere den Löffelbiskuit in einem Mixer fein. Schmilz die Butter und verrühre sie mit den Keksbröseln.

Stelle einen Backring auf 20 cm ein und setze ihn auf einen mit Backpapier oder Backfolie belegten Tortenretter. Fülle die Keksmasse hinein und drücke sie mit der Burgerpresse flach. Stelle den Boden kühl.

2. CREME

Verrühre den Magerquark mit dem Frischkäse, dem Puderzucker, dem Vanilleextrakt und dem Zitronensaft und rühre langsam die Sahne hinein.

Füge das Sanapart hinzu und rühre die Creme steif. Streiche sie auf den Keksboden und stelle die Torte erneut kühl.

Tipp

FALLS DU KEINE MARACUJAS FINDEST, KANNST DU AUCH NUR DEN SAFT VERWENDEN. ALLERDINGS IST ER NATÜRLICH NICHT STARK KONZENTRIERT UND SCHMECKT DEUTLICH WENIGER NACH DER FRUCHT. NIMM HIERFÜR ALSO DIE DOPPELTE MENGE AN SAFT UND LASSE SIE BIS ZUR HÄLFTE EINKOCHEN, DAMIT SICH DER GESCHMACK INTENSIVIERT.

3. SOLERO-GLASUR

Schneide die Mango in feine Stücke, püriere sie und verrühre sie mit dem Maracujafleisch. Streiche das Fruchtpüree durch ein Sieb, damit die Maracuja-Kerne entfernt werden können.

4.

Rühre nun den Maracujasaft, den Zucker, die Stärke und das Agaragar ein, lasse es aufkochen und mindestens zwei Minuten lang sprudelnd kochen, damit das Agaragar wirken kann.

5.

Lasse es lauwarm abkühlen und gieße es dann auf die Creme. Stelle die Torte nun für zwei Stunden kühl. Entferne anschließend den Backring und serviere die Torte.

MOSAIK CAKE

ideal bei Überraschungsbesuch

Der Mosaik Cake ist blitzschnell und mega einfach zubereitet. Ich kenne ihn aus meiner Kindheit in den Türkei-Urlauben. Immer wenn plötzlich Besuch vor der Tür stand, bereiteten meine Tanten und Cousinen diesen typischen Kuchen zu. Die Zutaten dafür hat man immer bereit und er schmeckt einfach herrlich nach Keksen und Pistazien.

 12 Stück   25 x 9 cm   Zubereitung: 10 Min.   Kühlzeit: 60 Min.

TEIG

100 g Butter
100 g Zucker
100 g Zartbitterschokolade
60 g Kakao
200 g Milch
350 g Butterkekse
100 g Pistazien
½ TL Vanilleextrakt

DEKORATION

50 g Kokosflocken

♡ Tipp ♡

DER KUCHEN HÄLT SICH IM GEFRIERFACH EIN PAAR WOCHEN. AUCH HALB GEFROREN SCHMECKT ER WUNDERBAR.

MOSAIK CAKE

1. VORBEREITUNG

Schmilz die Butter mit dem Zucker in einem Topf bei niedriger Stufe. Ziehe die Buttermischung vom Herd herunter und rühre die Schokolade ein, bis sie geschmolzen ist. Füge den Kakao und die Milch hinzu.

Zerkleinere die Kekse grob mit den Händen, füge die Pistazien hinzu und übergieße die Zutaten mit der Schokoladenmischung. Füge das Vanilleextrakt hinzu und verrühre alle Zutaten.

2. FÜLLUNG

Fülle die Zutaten in eine Silikonform oder in eine mit Frischhaltefolie belegte Form (wie zum Beispiel eine Kastenform) ein. Drücke sie flach und stelle den Kuchen nun für etwa eine Stunde in den Kühlschrank.

3.

Nimm den Kuchen aus der Form heraus und bestreue ihn mit den Kokosflocken. Schneide ihn in Scheiben und serviere ihn.

MOUSSE-AU-CHOCOLAT-TORTE

typisch französisch

 10 Stück   22 cm Zubereitung: 30 Min.   Kühlzeit: 4 Std.

NO-BAKEBODEN
150 g Löffelbiskuits
85 g Butter

MOUSSE AU CHOCOLAT
50 g Sahne
200 g Zartbitterschokolade
4 Eiweiß (sehr frisch)
1 Prise Salz
50 g Zucker
200 g Sahne
4 Eigelb (sehr frisch)
1 Prise Chiliflocke (getrocknet)

DEKORATION
50 g Borkenschokolade
(od. grob gehackte Schokolade)

1. VORBEREITUNG
Stelle einen Backring auf 22 cm Durchmesser ein und setze ihn auf einen mit Backfolie belegten Tortenretter.

2. NO BAKE-BODEN
Zerkleinere den Löffelbiskuit in einem Mixer oder fülle ihn in einen Gefrierbeutel und rolle mit einem Ausrollstab darüber. Schmilz die Butter in einem Topf. Füge die Keksbrösel hinzu und rühre sie ein. Fülle die Masse in den vorbereiteten Backring ein und drücke sie mit einer Burgerpresse oder einem Glas fest.
Lasse den Boden nun im Kühlschrank fest werden.

3. MOUSSE AU CHOCOLAT
Koche die Sahne auf und ziehe den Topf dann vom Herd herunter. Hacke die Zartbitterschokolade fein, gib sie zur Sahne und rühre sie ein.

Schlage das Eiweiß mit der Prise Salz steif. Rühre den Zucker ein und schlage den Eischnee für 5–6 Minuten weiter, bis er schön glänzt und sich der Zucker aufgelöst hat. Schlage die Sahne steif und stelle sie in den Kühlschrank. Schlage das Eigelb mit dem Chili 1–2 Minuten cremig. Rühre die Schokoladenmasse ein und hebe zuerst den Eischnee und dann die Sahne unter. Fülle die Mousse auf den festgewordenen Boden und streiche sie glatt.

Stelle die Torte für mindestens vier Stunden in den Kühlschrank, damit sie fest werden kann.

4. DEKORATION
Entferne den Tortenring mit einem Backformmesser und lege die Borkenschokolade als Dekoration darauf. Die Torte kannst du auch 1–2 Stunden in den Gefrierschrank stellen. So friert sie leicht an.

ERDBEER-BISKUIT-TORTE

himmlisch frisch und keksig

 8 Stück 18 cm Zubereitung: 30 Min. Kühlzeit: 4 Std.

BODEN UND RAND

250 g Löffelbiskuit

CREME

30 g Gelatine (gemahlen)
200 g Milch
500 g Erdbeeren (frisch od. TK)
1 TL Vanilleextrakt
1 EL Zitronensaft
750 g Magerquark
200 g Schlagsahne
100 g Puderzucker

DEKORATION

100 g Erdbeeren (frisch)

1. VORBEREITUNG

Stelle einen Tortenring auf 18 cm ein und setze ihn auf einen mit Backfolie belegten Tortenretter.

2. BODEN UND RAND

Lege den Boden mit dem Löffelbiskuit flächendeckend aus und schneide sie hierzu gerne auch durch, damit sie in die Form passen und alle Lücken verschlossen sind. Schneide das restliche Löffelbiskuit in 6–8 cm Stücke. Stelle diese mit der Zuckerschicht nach außen und der glatten Seite nach unten an den Rand des Backrings.

3. CREME

Verrühre die gemahlene Gelatine mit der Milch und lasse sie für 10 Minuten quellen. Püriere die Erdbeeren mit dem Vanilleextrakt und dem Zitronensaft.

Lasse das Erdbeerpüree nun in einem Topf für etwa 1–2 Minuten leicht köcheln und ziehe es dann vom Herd herunter.

Schlage in der Zwischenzeit den Magerquark mit der Schlagsahne und dem Puderzucker steif.
Füge die gequollene Gelatine zu den noch warmen Erdbeeren hinzu und löse sie darin auf. Rühre etwa 2–3 Esslöffel der Quarksahne zum Erdbeerpüree und hebe sie dann vollständig und zügig unter. Fülle die Erdbeercreme in den Tortenring ein und streiche sie glatt.
Lasse die Torte für mindestens vier Stunden im Kühlschrank fest werden.

4. DEKORATION

Schneide die Erdbeeren in Scheiben und lege sie fächerförmig auf die Torte.

MINZ-SCHOKOLADEN-PARFAIT

eisig und süss

Der Name „Parfait" kommt aus dem französischen und heißt übersetzt „vollkommen" oder „hervorragend". Für diese eisige Süßspeise erstelle ich meinen eigenen Minzsirup, welchen ich auch gerne für Getränke und ähnliches nutze. Du kannst aber auch Minzsirup kaufen. Übergieße vor dem Servieren das Parfait nach Belieben mit flüssiger Kuvertüre.

 12 Stück  25 x 9 cm   Zubereitung: 45 Min.   Kühlzeit: 12 Std.

MINZSIRUP

100 g Minzblätter
½ Zitrone (Saft)
1 Liter Wasser
500 g Zucker

PARFAIT

4 Eier
150 g Minzsirup
100 g Zartbitterkuvertüre
15 g Agaragar
150 g Wasser
400 g Schlagsahne
1-2 Tropfen Lebensmittelfarbpaste
(grün)

SERVIEREN

50 g Zartbitterkuvertüre

MINZ-SCHOKOLADEN-PARFAIT

1. MINZSIRUP

Wasche die Minze und gib sie gemeinsam mit dem Zitronensaft und dem Wasser in einen Topf.

Lasse die Mischung abgedeckt 24 Stunden ruhen – durch den Zitronensaft kommt das Aroma der Minze besser zur Geltung und kann ideal extrahiert werden.

Füge dann den Zucker hinzu und lasse den Sirup dickflüssig einkochen – das kann einige Minuten dauern. Entferne die Minzblätter mithilfe eines Haarsiebs oder püriere sie, dann wird der Sirup allerdings nicht klar.

Du kannst die Blätter für das Parfait aufheben und zwei EL davon püriert ins Parfait einrühren.
Fülle den heißen Sirup in saubere Flaschen ab und lasse ihn abkühlen. Im Kühlschrank hält er so mehrere Monate.

2. PARFAIT

Verrühre die Eier mit dem noch heißen Sirup und erwärme sie für zehn Minuten über einem kochenden Wasserbad – so wird es erhitzt und mögliche Keime im Ei werden abgetötet. Rühre die Eiermasse anschließend mit dem Handrührgerät oder der Küchenmaschine so lange, bis sie abgekühlt ist.
Schmilz in der Zwischenzeit die Kuvertüre über einem warmen, aber nicht kochenden Wasserbad und schlage die Sahne steif.
Verrühre das Agaragar mit dem Wasser und koche es in einem kleinen Topf auf. Lasse es zwei Minuten lang sprudelnd kochen.

WENN DU MINZSIRUP DIREKT IN GROSSER MENGE HERSTELLST, ERSPARST DU DIR VIEL ARBEIT. ER IST GUT ZU LAGERN; ODER DU VERSCHENKST EINE PORTION IN EINER HÜBSCHEN FLASCHE ABGEFÜLLT AN LIEBE FREUNDE.

3. Rühre nun 3–4 Esslöffel der Eier-Minzmischung in das Agaragar ein und rühre es anschließend komplett in die Eiermischung.

Hebe nach Belieben die pürierte Minzmasse, etwas grüne Farbpaste und die steif geschlagene Sahne unter.

4. Fülle etwa ein Drittel des Parfaits in eine Silikonform (25 x 9 cm) ein. Gieße etwas flüssige Kuvertüre darüber und schichte nun das Parfait abwechselnd mit der Kuvertüre ein. Klopfe die Form 2–3 Mal auf die Arbeitsplatte, damit sich alles verteilt.

♡ Tipp ♡

FALLS DU KEINE SILIKONFORM HAST, KANNST DU JEDE BELIEBIGE FORM (Z.B. KASTENFORM) MIT FRISCHHALTEFOLIE AUSKLEIDEN UND DAS PARFAIT HINEINFÜLLEN ODER GANZ EINFACH IN KLEINEN GLASSCHÄLCHEN EINFRIEREN UND DIREKT PORTIONIERT SERVIEREN.

5. Friere das Parfait für zwölf Stunden ein. Stürze es aus der Form heraus und übergieße es vor dem Servieren nach Belieben erneut mit flüssiger Kuvertüre.

KIWITORTE MIT LIMETTEN

erfrischend in Grün und Weiss

Als ich während der Backbuchproduktion viele verschiedene Torten an Freunde verteilt habe, kam unter anderem Feedback zu dieser Kiwitorte, welche bei vielen das absolute Highlight war. Die Kiwitorte ist seither bei vielen die Lieblingstorte geworden.

 12 Stück   24 cm   Zubereitung: 35 Min.   Kühlzeit: 3 Std.

BODEN

150 g Butterkekse
50 g Kokosflocken
125 g Butter
1 Limette (Abrieb)

KIWIFÜLLUNG

450 g Kiwi (grün, reif)
100 g Wasser
50 g Zucker
50 g Stärke

CREME

300 g Frischkäse
250 g Quark
1 Limette (Abrieb)
2 Limetten (Saft)
100 g Puderzucker
200 g Sahne
6 TL Sanapart

DEKORATION

1 Limette

KIWITORTE MIT LIMETTEN

1. VORBEREITUNG

Stelle einen Backring auf 24 cm Durchmesser ein und setze ihn auf einen mit Backfolie oder Backpapier belegten Tortenretter.

2. BODEN

Zerkleinere die Butterkekse in einem Mixer oder fülle sie in einen Gefrierbeutel und rolle mit dem Ausrollstab darüber. Röste die Kokosflocken in einer Emailleschale oder einer beschichten Pfanne an, bis sie leicht bräunlich werden und duften. Schalte den Herd aus. Gib die Butter hinzu und lasse sie mit der Restwärme schmelzen. Rühre die zerkleinerten Kekse und die Limettenschale ein.

Fülle die Masse in den Backring ein und drücke sie mit einer Burgerpresse oder einem Glas fest. Lasse den Boden im Kühl- oder Gefrierschrank festwerden.

♥ Tipp ♥

AM EINFACHSTEN GEHT KIWI SCHÄLEN MIT DEM RÜHRBESEN EINES HANDRÜHRGERÄTES. HALBIERE DIE KIWI UND DRÜCKE DEN RÜHRBESEN HINEIN, DREHE IHN, UND SCHON IST DIE KIWI GESCHÄLT UND GEVIERTELT.

3. KIWIFÜLLUNG

Schäle die Kiwis und schneide sie in grobe Stücke. Gib die Kiwistücke mit dem Wasser, dem Zucker und der Stärke in einen Topf, zerdrücke sie mit dem Whacker und lasse die Masse aufkochen und etwa eine Minute lang köcheln, damit der Pudding eindicken kann.

Fülle den Pudding noch heiß auf den Keksboden und streiche ihn glatt. Stelle die Torte erneut kalt.

4. CREME

Verrühre den Frischkäse mit dem Quark, dem Limettensaft, der Limettenschale und dem Puderzucker. Gieße die Sahne langsam hinzu und schlage die Creme gemeinsam mit dem Sanapart steif. Streiche die Creme auf den komplett abgekühlten Pudding und lege dabei etwa sechs EL Creme für die Dekoration zur Seite.

5. DEKORATION

Fülle die Creme in einen Spritzbeutel mit einer großen, feingezackten Sterntülle ein. Spritze zwölf gleichmäßige Tupfen auf die Torte. Schneide die Limetten in dünne Scheiben. Halbiere sie und setze sie auf die Tupfen. Stelle die Torte für etwa zwei Stunden kühl. Entferne den Backring mit einem Backformmesser und serviere die Torte.

SMOOTHIE-TORTE

mit der eigenen Fruchtsüsse

Die Smoothie-Torte wird nur mit der Süße aus Früchten hergestellt und enthält somit keinen zugesetzten Industriezucker. Achte darauf, sie aus regionalen und saisonalen Früchten zuzubereiten, damit sie gut schmeckt und die Früchte einen aromatischen Geschmack haben.

 8–10 Stück   20 cm   Zubereitung: 45 Min.   Kühlzeit: 90 Min.

NO-BAKE-BODEN

150 g Dinkelkekse ohne Zucker
100 g Butter

GRUNDMASSE

460 g Bananen (sehr reif)
400 g Sahnejoghurt (10 %)
2 EL Zitronensaft
300 g Buttermilch

HELLE CREME

100 g Wasser
15 g Agaragar

APRIKOSENCREME

100 g Aprikosen
100 g Wasser
15 g Agaragar

HIMBEERCREME

100 g Himbeeren
100 g Wasser
15 g Agaragar

DEKORATION

120 g Himbeeren

SMOOTHIE-TORTE

1. VORBEREITUNG

Stelle einen Backring auf 20 cm Durchmesser ein und setze ihn auf einen mit Backfolie oder Backpapier belegten Tortenretter.

2. NO BAKE-BODEN

Zerkleinere die Kekse in einem Mixer fein oder fülle sie in einen Gefrierbeutel und rolle mit einem Ausrollstab darüber. Schmilz die Butter in einem Topf.

Füge die Keksbrösel hinzu und verrühre die Zutaten miteinander.

Fülle die Masse in den Backring ein und drücke sie mit einer Burgerpresse oder einem Glas fest. Lasse den Boden im Kühl- oder Gefrierschrank fest werden.

3. GRUNDMASSE

Püriere alle Zutaten miteinander in einem Mixer. Nimm nun 100 g der Masse heraus und fülle sie in eine Schüssel ein.

Drittele die restliche Creme und gib die entnommenen 100 g in eine der drei Schüsseln hinzu – diese Creme ist die helle Schicht.

4. HELLE CREME

Verrühre das Wasser mit dem Agaragar und lasse es in einem Topf etwa zwei Minuten lang sprudelnd kochen. Rühre nun zunächst 2–3 Esslöffel der hellen Creme ein und verrühre sie dann komplett.

Fülle die helle Creme auf den Keksboden und lasse sie im Gefrierschrank etwa 30 Minuten fest werden.

5. APRIKOSENCREME

Püriere die Aprikosen mit einer Portion der Grundcreme. Verrühre das Agaragar mit dem Wasser, lasse es zwei Minuten lang kochen und rühre 2–3 Esslöffel der Aprikosencreme ein.

Verrühre nun alle Zutaten miteinander und fülle die Aprikosencreme auf die fest gewordene helle Creme. Stelle die Torte erneut für 30 Minuten ins Gefrierfach.

6. HIMBEERCREME

Püriere die Himbeeren mit der restlichen Grundcreme und verfahre mit dem Agaragar und Wasser genauso wie zuvor.

7.

Fülle die Himbeercreme als letzte Creme auf die Torte und stelle die Torte für etwa zwei Stunden ins Gefrierfach.
Nimm den Backring mit einem Backformmesser ab und setze die Torte auf eine Tortenplatte.

8. DEKORATION

Setze die Himbeeren an den Rand der Torte.

♥-haft Gebackenes

♥ - HAFT GEBACKENES

als Snacks oder warme Mahlzeiten

Backen muss nicht immer süß sein – in diesem letzten Kapitel möchte ich euch daher ein paar Rezepte mitgeben, die ♥-lich ♥-haft sind. ♥-hafte Backrezepte haben den Vorteil, dass sie vielen Gästen bei den unterschiedlichsten Anlässen gar nicht so häufig serviert werden. Backen wird sehr häufig auf die Kategorie „Süßspeisen" beschränkt.

Umso mehr freuen sich unsere Familienmitglieder und Freunde, wenn das Buffet beispielsweise auch ♥-hafte Quiches oder ♥-hafte Muffins enthält. Zudem möchte ich mit euch auch meine abwechslungsreichen Baguette- und Brot-rezepte teilen, die sich bei uns zu den verschiedensten Anlässen bereits bewährt haben. Egal ob als zusätzliche Beilage oder auch als vollwertige Mahlzeit: ♥-hafte Rezepte sind sehr wandelbar und vielfältig einsetzbar.

Natürlich lasse ich es mir in dieser Kategorie auch nicht nehmen, orientalische ♥-hafte Rezepte einzubringen – lasst euch überraschen und freut euch auf allerlei Rezeptkreationen.

KÜRBISBROT

ganz ohne Kneten

Der Teig zu diesem leckeren Kürbisbrot lässt sich ganz unkompliziert und ohne Kneten zubereiten. So lässt sich schnell auch mal nach Feierabend ein Brot zaubern, das supersaftig schmeckt. Falls du gerne Abwechslung magst: das Rezept klappt auch mit Zucchini oder Karotten.

 1 Brot   Zubereitung: 15 Min.   Wartezeit: 2–3 Std.   Backzeit: 45 Min.

 200 °C O/U   unterer Einschub

TEIG

200 g Kürbis
1/2 Würfel Hefe
1 TL Zucker
20 g Honig od. Zuckerrübensirup
300 g Wasser (warm)
500 g Dinkelmehl (630)
2 TL Salz
1 EL Essig
50 g Kürbiskerne

♡ Tipp ♡

FÜR DIESES REZEPT HABE ICH HOKKAIDO-KÜRBIS VERWENDET, WEIL MAN BEI DIESEM DIE SCHALE NICHT ENTFERNEN MUSS UND DER KÜRBIS DEM BROT EINE SCHÖNE FARBE GIBT. DU KANNST ABER AUCH ANDERE KÜRBISSORTEN VERWENDEN – BEI DEN MEISTEN MUSST DU ALLERDINGS DIE SCHALE ENTFERNEN. STATT KÜRBIS KANNST DU AUCH KAROTTEN, KARTOFFELN, ÄPFEL ODER ZUCCHINI VERWENDEN – AUCH DIESE GEBEN DEM BROT EINE WUNDERBARE KONSISTENZ.

KÜRBISBROT

1. TEIG

Raspele den Kürbis fein. Verrühre die Hefe gemeinsam mit dem Zucker, dem Honig oder Zuckerrübensirup und dem lauwarmen Wasser.

Füge das Mehl, das Salz, den Essig, den geraspelten Kürbis und die Kürbiskerne hinzu und rühre den Teig kurz mit einem Kochlöffel durch, bis er sich verbunden hat. Der Teig muss nicht geknetet werden.

Lasse den Teig abgedeckt an einem warmen Ort 2–3 Stunden ruhen.

3.

Lege das Brot mit der Naht nach unten in einen mit Backtrennspray gefetteten Gusseisentopf. Lege den Deckel auf den Topf und stelle das Brot in den kalten Ofen.

4.

Schalte den Ofen auf 200 °C O/U und backe das Brot darin für 30 Minuten. So erwärmt sich der Gusseisentopf langsam und das Brot hat noch genügend Zeit darin aufzugehen.
Nimm nach der Backzeit den Deckel ab und backe das Brot offen für weitere 15 Minuten. Nimm es anschließend aus dem Bräter heraus und lasse es auf einem Abkühlgitter auskühlen.

2. BROT FORMEN

Schütte genügend Mehl auf eine Silikonmatte. Gieße den Teig vorsichtig in die Mitte, ohne dass zu viel Luft daraus entweicht. Ziehe nun den Teig von außen immer wieder nach innen, ohne ihn zu kneten.

Falte das Brot so 8–10 Mal, bis eine schöne, glatte Außenfläche entstanden ist.

CHEESEBURGER-HÖRNLE

auch vegetarisch lecker

Diese Variante zum klassischen Cheeseburger kannst du mit einem schnellen Hefeteig zubereiten. Die Hörnle sind super zum Mitnehmen, als Snack für unterwegs, zur Arbeit oder als kleines Pausenfrühstück in der Schule. Selbst am nächsten Tag schmecken sie noch megafrisch, und sie sind auch gut einfrierbar. Und sie lassen sich einfach vegetarisch zubereiten, indem das Hackfleisch z. B. mit gestampften Kartoffeln, Karotten oder Lauch ersetzt wird.

 32 Stück   Zubereitung: 60 Min.   Backzeit: 20–25 Min.

 200 °C O/U   mittlerer Einschub

BLITZTEIG

1 Würfel Hefe
½ TL Zucker
20 g Wasser (warm)
250 g Milch (warm)
500 g Mehl
1 TL Salz
3 TL Backpulver
100 g Olivenöl
1 Eigelb

FÜLLUNG

20 g Olivenöl
800 g Hackfleisch (Rind)
2 Zwiebeln
2 Knoblauchzehen
60 g Tomatenmark
1 TL Salz
½ TL Pfeffer
100 g Wasser
30 g Senf
150 g Cornichons (würzig)
200 g Cheddar

ZUM BESTREICHEN & BESTREUEN

1 Ei
1 Eiweiß
50 g Sesam

CHEESEBURGER-HÖRNLE

1. BLITZTEIG

Verrühre die Hefe mit dem Zucker und Wasser. Füge die Milch, das Mehl, Salz, Backpulver, Olivenöl und Eigelb hinzu und knete daraus schnell einen geschmeidigen Hefeteig. Stelle ihn kurz abgedeckt zur Seite – er muss aber nicht aufgehen.

2. FÜLLUNG

Erhitze das Olivenöl in einer Pfanne bei mittelhoher Temperatur und brate das Hackfleisch darin krümelig an. Schäle inzwischen die Zwiebeln und Knoblauchzehen und schneide sie in feine Würfel. Brate sie etwa zwei Minuten mit dem Hackfleisch an. Füge das Tomatenmark, das Salz, den Pfeffer und das Wasser hinzu und lasse die Zutaten kurz aufkochen. Schalte den Herd aus und rühre den Senf ein. Lasse die Füllung kurz abkühlen. Schneide die Cornichons in feine Scheiben und reibe den Cheddar. Rühre beide Zutaten in die Füllung ein.

3. ZUBEREITUNG DER HÖRNLE

Viertele den Teig und rolle jede Portion zu einer Kugel. Rolle jede Kugel auf einer Silikonmatte mit ganz wenig Mehl zu einem etwa 35 cm großen Kreis aus. Verwende den Torteneinteiler und markiere 16 Stücke – drücke ihn aber nicht durch. Schneide nun mit einem stumpfen Marzipanmesser jede zweite Markierung durch. So entstehen acht gleichgroße Dreiecke.
Lege mit dem mittleren Eisportionierer die Füllung hinein und verteile sie leicht länglich.
Rolle nun das Hörnle auf und drehe die Spitzen zu, damit die Füllung beim Backen nicht ausläuft.
Lege die Hörnle mit etwas Abstand auf die Backfolien.

4. BESTREICHEN & BESTREUEN

Verrühre das Ei mit dem Eiweiß und bestreiche die Hörnle damit. Bestreue sie mit Sesam.
Stelle nun das erste Blech in den kalten Ofen, stelle ihn auf 200 °C O/U ein und backe die Hörnle für etwa 20–25 Minuten. Backe das nächste Blech dann etwa fünf Minuten kürzer.
Oder backe zwei Bleche gleichzeitig bei 180 °C Heißluft in der unteren und oberen Einschubleiste.
Die Hörnle schmecken warm und kalt hervorragend und bleiben 3–4 Tage saftig.

FOCACCIA

typisch italienisch

Die Focaccia ist ein ligurisches Fladenbrot aus Hefeteig und wird oft als Vorgänger der Pizza gesehen. Sie passt super als Snack für zwischendurch oder zum Mitnehmen, wenn man zum Grillen eingeladen ist oder einfach mal so für abends. Ich habe mich hier für die Variante mit Cocktailtomaten entschieden. So schmeckt die Focaccia besonders fruchtig. Du kannst natürlich einfach das klassische Rezept machen, indem du die Tomaten weglässt und nur Rosmarin verwendest.

 6 Portionen   28 cm   Zubereitung: 20 Min.   Wartezeit: 45–90 Min.

 Backzeit: 20–25 Min.   220 °C O/U   mittlerer Einschub

HEFETEIG

1 Würfel Hefe
340 g Wasser (warm)
1 TL Zucker
500 g Mehl
1 TL Salz
60 g Olivenöl

BELAG

100 g Cocktailtomaten
2 Knoblauchzehen
60 g Olivenöl
0,5 TL Fleur de Sel
1 Rosmarinstängel

FOCACCIA

1. HEFETEIG

Verrühre die Hefe mit dem Wasser und dem Zucker. Füge das Mehl, das Salz und das Öl hinzu und knete daraus in 5–7 Minuten einen glatten und sehr weichen Hefeteig. Lasse ihn abgedeckt 30–60 Minuten ruhen, bis er sich verdoppelt hat.

2. BELAG

Halbiere die Tomaten und schneide die geschälten Knoblauchzehen in feine Scheiben. Vermische sie mit dem Öl und lasse die Tomaten so lange ziehen, bis der Hefeteig aufgegangen ist.

3. IN DIE FORM

Nimm einen Esslöffel des Tomaten-Olivenöls heraus und bestreiche das Emailleblech damit.
Fülle den Hefeteig hinein. Fette die Hände mit etwas Öl und streiche den Teig glatt.

Drücke ein paar Vertiefungen in den Teig.
Verteile die Tomaten, das restliche Öl, die Knoblauchzehen, den gezupften Rosmarin und das Fleur de Sel darüber und lasse die Focaccia erneut abgedeckt 30 Minuten ruhen (oder 15 Minuten bei Gärstufe).

4.

Heize den Ofen auf 220 °C O/U vor. Besprühe den Teig mit reichlich Wasser und backe die Focaccia in der mittlere Einschubleiste für etwa 20–25 Minuten. Wenn du einen Dampfbackofen hast, dann musst du die Focaccia nicht mit Wasser besprühen, sondern kannst die Dampfstufe 2 wählen.

5.

Decke sie nach dem Backen mit einem sauberen Geschirrtuch ab und lasse sie etwa zehn Minuten ruhen. Anschließend kann sie direkt im Emailleblech geschnitten und warm oder kalt serviert werden.

♡ Tipp ♡

FALLS DU EINE ABGEKOCHTE KARTOFFEL ÜBRIGHAST, DANN KANNST DU DIESE ZERDRÜCKEN ODER REIBEN UND IN DEN HEFETEIG EINRÜHREN – DAS GIBT DER FOCACCIA EINEN BESONDEREN GESCHMACK UND EINE TOLLE KONSISTENZ.

HERZHAFTE MINI-MUFFINS

mit Tomaten- und Lachscreme

Diese Mini-Muffins bekommen zweierlei Toppings. Als Basic für beide dient Frischkäse. Das Tomatencreme-Topping bekommt seine besondere Note durch Tomatenmark und frische Basilikumblätter und beim Lachs-Topping dominiert der Räucherlachs mit Dill. Als Fingerfood machen sich die herzhaften Minis auf jedem Buffet gut.

 48 Stück   Zubereitung: 25 Min.   Kühlzeit: 60 Min.   Backzeit: 15 Min.

 170 °C Heißluft   oberer + unterer Einschub

TEIG

300 g Mehl
¼ TL Natron
½ TL Backpulver
¼ TL Salz
1 Prise Zucker
1 TL Minze (getrocknet)
1 Prise Pfeffer
1 TL Oregano (getrocknet)
1 TL Chiliflocken (getrocknet)
3 Eier
150 g Olivenöl
200 g Buttermilch

TOMATENCREME

6 Basilikumblätter
¼ Knoblauchzehe
300 g Frischkäse
80 g Tomatenmark
1 Prise Salz
1 Prise Pfeffer
1 Spritzer Zitronensaft

LACHSCREME

200 g Frischkäse
150 g Räucherlachs
1 Prise Pfeffer
1 TL Dill (getrocknet)

DEKORATION

1 TL Dill (getrocknet)

HERZHAFTE MINI-MUFFINS

1. VORBEREITUNG

Heize den Ofen auf 170 °C Heißluft vor und lege zwei Mini-Muffinbleche mit Papierförmchen aus.

2. TEIG

Verrühre die trockenen Zutaten, inklusive der Gewürze mit einem Schneebesen in einer Schüssel. Verrühre die Eier, das Öl und die Buttermilch mit dem Schneebesen in einer anderen Schüssel.

Verrühre nun die trockenen und flüssigen Zutaten miteinander und fülle den Teig mit einem kleinen Eisportionierer in zwei Mini-Muffinformen ein.

Backe beide Bleche gleichzeitig in der oberen und unteren Einschubleiste für ca. 15 Minuten, bis die Muffins gar sind.

Nimm sie aus dem Ofen, stürze sie auf ein Abkühlgitter und lasse sie vollständig abkühlen.

3. TOMATENCREME

Hacke die Basilikumblätter fein und reibe den Knoblauch. Verrühre dann alle Zutaten miteinander zu einer Creme. Fülle diese in einen Spritzbeutel mit großer Lochtülle. Bespritze nun die Hälfte der Muffins mit einem Tomatencreme-Tupfen.

Nach Belieben kannst du sie mit geriebenem Parmesan und einer Viertel Cocktail-Tomate garnieren.

4. LACHSCREME

Zerkleinere den Lachs in einem Mixer. Füge die restlichen Zutaten hinzu und vermische sie.

Fülle die Creme in einen Spritzbeutel mit einer feingezackten, großen Sterntülle ein und spritze je einen Tupfen auf die restlichen Muffins. Dekoriere die Muffins nach Belieben mit etwas Dill.

ZUCCHINIROSEN

mit Ricotta-Creme

Für die Zucchini-Rosen verwende ich einen Hefeteig, welcher mit einer leckeren Ricotta-Creme und Zucchini-Streifen gefüllt wird. Sie eignen sich einfach hervorragend für einen Snack zwischendurch, als Vorspeise oder um sie auf einem Buffet glänzen zu lassen. Samira und Ela lieben die cremige Füllung und die hübsche Form! Die Zucchini-Rosen schmecken warm und kalt hervorragend.

 10 Stück

 Zubereitung: 45 Min.

 Wartezeit: 60 Min.

 Backzeit: erst 20 Min. dann 10 Min.

 erst 170 ° C Heißluft

 dann 170 °C O/U

 mittlerer Einschub

HEFETEIG

10 g Hefe
1 TL Zucker
340 g Wasser (warm)
300 g Mehl
1 TL Salz
¼ TL Pfeffer
30 g Olivenöl

CREMEFÜLLUNG

1 Knoblauchzehe
250 g Ricotta
2 TL Gemüsebrühepulver
½ TL Minze (getrocknet)

ZUCCHINISTREIFEN

1 Zucchini (grün)
1 Zucchini (gelb)

ZUCCHINIROSEN

♥ Tipp ♥

FÜR DIESES REZEPT KANNST DU AUCH
EIN PERFORIERTES MUFFINBLECH VERWENDEN,
DAMIT DER TEIG NOCH GLEICHMÄSSIGER BÄCKT.

1. TEIG

Verrühre die Hefe mit dem Zucker und dem Wasser. Füge nun die restlichen Zutaten hinzu – dabei das Olivenöl zuletzt – und knete daraus in etwa 8–10 Minuten einen weichen, geschmeidigen Hefeteig.

Forme den Teig mit den Händen zu einer Kugel. Fette die Rührschüssel mit etwas Backtrennspray und lege die Teigkugel hinein. Lasse sie abgedeckt für etwa 60 Minuten aufgehen, bis sie sich mindestens verdoppelt hat.

2. CREMEFÜLLUNG

Reibe die Knoblauchzehe fein und verrühre sie mit dem Ricotta, der Gemüsebrühe und der Minze.

4. ZUCCHINIROSEN FORMEN

Heize den Ofen auf 170 °C Heißluft vor und fette ein Muffinblech mit Backtrennspray.

Rolle den Teig auf einer leicht bemehlten Arbeitsplatte zu einem etwa 50 x 30 cm großen Rechteck aus.

3. ZUCCHINISTREIFEN

Hobele die Zucchini in sehr dünne Streifen, halbiere die Streifen, indem du das Kerngehäuse entfernst. Zum Hobeln habe ich einen V-Hobel verwendet.

5. Verteile nun die Cremefüllung gleichmäßig darüber.

6. Schneide die Platte anschließend in 5 x 30 cm große Streifen zu. Lege die Zucchinischeiben überlappend auf die obere Hälfte der einzelnen Teigstränge – sie dürfen auch leicht über den Teig hinaus liegen.

7. Klappe die untere Hälfte nun nach oben hin zu und rolle die Teigstreifen zu Rosen auf. Stelle die Rosen in die Muffin-Vertiefungen und backe sie im Ofen für 20 Minuten. Stelle den Ofen danach auf 170 °C O/U und backe sie für weitere zehn Minuten.

Die Zucchinirosen können warm und kalt gegessen werden.

HERZHAFTER RAHMKUCHEN

mit frischen Trauben

Sobald die Traubensaison beginnt, ist die Zeit da, diesen schönen, cremigen und herzhaften Rahmkuchen zu backen. Die Trauben gleichen die milde Schärfe der Zwiebeln aus und bringen eine leichte Süße in den herzhaften Kuchen. Dieses Rezept ist auch mit Speck als Belag möglich.

Falls du dir nicht ganz sicher bist, ob dir Trauben auf einem Rahmkuchen schmecken, dann serviere sie doch dazu, statt den Rahmkuchen damit zu belegen. Dann bleibt es dir offen, ob du beides gemeinsam isst oder nicht. Halbierte Cocktailtomaten passen übrigens auch gut dazu.

 12 Stück   30 cm   Zubereitung: 45 Min.   Kühlzeit: 3 Std.   Backzeit: 45 Min.

 190 °C O/U   mittlerer Einschub

FÜLLUNG

2 rote Zwiebeln
2 Zwiebeln

RAHMSCHICHT

400 g Crème Fraîche
200 g Saure Sahne
1 TL Zitronensaft
¼ TL Salz
1 Prise Pfeffer
20 g Stärke

TEIG

300 g Mehl
3 TL Backpulver
1 TL Salz
1 Ei
250 g Quark
90 g Olivenöl

ZUM BELEGEN

400 g helle Trauben

HERZHAFTER RAHMKUCHEN

1. VORBEREITUNG

Fette eine Tarteform mit Hebeboden mit 30 cm Durchmesser mit Backtrennspray und heize den Ofen auf 190 °C O/U vor.

2. FÜLLUNG

Schäle die Zwiebeln und hobele sie in dünne Ringe.

3. RAHMSCHICHT

Verrühre die Crème Fraîche, die Saure Sahne, den Zitronensaft, das Salz, den Pfeffer und die Stärke klümpchenfrei miteinander.

4. TEIG

Verrühre das Mehl mit dem Backpulver und dem Salz. Gib das Ei in eine Rührschüssel und füge den Quark und das Öl hinzu. Verbinde die Zutaten kurz miteinander und füge die Mehlmischung hinzu. Verknete nun alle Zutaten.

Rolle den Teig auf einer leicht bemehlten Silikonmatte zu einem etwa 35 cm großen Kreis aus und lege diesen in die Tarteform. Drücke ihn vorsichtig hinein, sodass ein Rand entsteht. Lege die Zwiebelringe hinein. Verteile die Creme über den Zwiebeln und streiche sie mit einer Palette glatt. Backe die Tarte im Ofen für etwa 45 Minuten.

Nimm sie aus dem Ofen heraus und lasse sie in der Tarteform etwas abkühlen.

5. BELEGEN

Halbiere die Trauben und setze sie mit der Schnittkante nach unten auf die Tarte. Stelle die Tarte vor dem Anschnitt für mindestens zwei Stunden in den Kühlschrank.

AÇMA

gefüllte Teigkringel

Dieses leckere Rezept ist von meiner Mama. Die Teigkringel sind mit einem herzhaften Weichkäse gefüllt und mit Schwarzkümmel bestreut. Wir essen sie gerne zum Frühstück als Abwechslung zu einem süßen Aufstrich. Du kannst sie warm oder kalt genießen. Wenn du die Füllung weglässt, kannst du sie als Sandwich verwenden. Dazu passt ein guter Schwarztee.

 35 Stück   Zubereitung: 2 Std.   Wartezeit: 60 Min.   Backzeit: 20 Min.

 200 °C O/U   mittlerer Einschub   oder   190 °C Heißluft   oberer + unterer Einschub

HEFETEIG

1 Würfel Hefe
250 g Wasser (warm)
1 TL Zucker
1000 g Mehl
2 Eiweiß
1 TL Salz
250 g Milch
125 g Sonnenblumenöl

ZUM FÜLLEN

½ Bund Petersilie (glatt)
500 g Gazi Weichkäse (60 %)

ZUM BESTREICHEN & BESTREUEN

2 Eigelb
2 EL Wasser
2 EL Sahnejoghurt (10 %)
40 g Schwarzkümmel

AÇMA

1. HEFETEIG

Verrühre die Hefe mit dem Wasser und dem Zucker. Füge nun etwa zwei Drittel des Mehls, das Eiweiß, das Salz, die lauwarme Milch und das Öl hinzu und knete den Teig. Füge nun nach und nach das restliche Mehl hinzu, bis ein sehr weicher Teig entstanden ist. Der Teig soll weich sein, aber nach zehn Minuten Kneten nicht mehr kleben.
Besprühe ihn mit Backtrennspray und lasse ihn abgedeckt etwa eine Stunde aufgehen.

4.
Drücke den Teig nun länglich zu einem Oval und verteile etwa einen Esslöffel der Käsefüllung mittig darin. Verschließe den Teig gut, indem du die Ober- und Unterseite nun einklappst, und drücke die Enden mit den Fingern zusammen, damit der Käse nicht ausläuft.

2. KÄSEFÜLLUNG

Hacke die Petersilie klein und zerdrücke den Käse mit den Händen. Vermische die Zutaten.

3. FORME DIE TEIGKRINGEL

Lege mehrere Lochbleche mit Backfolie aus und heize den Ofen auf 200 °C O/U vor.

Breite den Teig auf einer Silikonmatte aus und wiege jeweils 55 Gramm Teiglinge ab. Forme diese zu einer Kugel. Fette deine Hände bei Bedarf mit etwas Backtrennspray.

5.
Zwirble den Teigstrang vorsichtig ein paar Mal und lege ihn dann zu einem Knoten zusammen auf die Backfolie.

6. Verrühre das Eigelb mit dem Wasser und dem Joghurt und bestreiche die Açma mit einem Pinsel damit. Bestreue sie mit Schwarzkümmel und backe sie im Ofen für etwa 18–20 Minuten.

◦ *Tipp* ◦

BACKE DIE AÇMA MIT DAMPFSTUFE 1,
FALLS DU EINEN DAMPFBACKOFEN BESITZT.

BRUSCETTA-PIDE

gefüllt mit Käse

Die Bruscetta-Pide eignen sich als leckere Vorspeise und sind kalt oder warm genießbar. Die Balsamico-Tomaten kannst du entweder zu den Schiffchen auf dem Teller anrichten, auf den Schiffchen verteilen oder extra als Fingerfood anbieten. Dazu verteilst du die Balsamico-Tomaten auf den Schiffchen.

 32 Stück   Zubereitung: 2 Std.   Wartezeit: 60 Min.   Backzeit: 20 Min.

 210 °C O/U   mittlerer Einschub

HEFETEIG

1 Würfel Hefe
1 EL Zucker
250 g Wasser (warm)
250 g Milch
1000 g Mehl
1 TL Salz
120 g Olivenöl

FÜLLUNG

300 g Weichkäse
300 g Hartkäse (Kashkaval-Käse od. Gouda)

ZUM BESTREICHEN

1 Ei
100 g Butter (flüssig)

TOMATENSALAT

750 g Cocktail-Tomaten
½ Knoblauchzehe
1 EL Balsamico (weiß)
1 Prise Zucker
8 Blätter Basilikum
1 Prise Pfeffer
1 Prise Salz

BRUSCETTA-PIDE

1. HEFETEIG

Verrühre die Hefe mit dem Zucker und dem Wasser und knete nun die Milch, das Mehl, das Salz und das Öl ein. Knete den Teig für etwa 7–9 Minuten zu einem geschmeidigen, nicht mehr klebenden Hefeteig. Forme diesen zu einer Kugel und lasse ihn in einer Schüssel abgedeckt für etwa eine Stunde aufgehen.

2. FÜLLUNG

Zerkrümele den Weichkäse und reibe den Kashkaval-Käse fein. Verrühre beide Sorten miteinander.

3. BEREITE DIE SCHIFFCHEN ZU

Heize den Backofen auf 210 °C O/U vor und belege einige Lochbleche mit der Backfolie.
Teile den Teig in 32 Portionen mit jeweils 50 Gramm ein und forme diese zu Kugeln. Rolle die Kugeln auf einer bemehlten Arbeitsfläche zu einem langen Oval aus.

4.

Verwende nun den mittleren Eisportionierer und setze damit zwei Käse-Kugeln auf den Teig und verteile sie mittig. Lasse außenherum einen etwa 3 cm breiten Rand frei. Drücke nun zuerst die Enden zu Spitzen zusammen und klappe dann die Seitenteile zur Mitte hin zu.

5.

Lege die Schiffchen auf die Backfolie. Verrühre das Ei mit einem Schneebesen und bestreiche sie damit. Backe die Bleche nun nacheinander für etwa 20 Minuten, bis die Schiffchen goldgelb sind. Alternativ kannst du sie bei 190°C Heißluft auf mehreren Ebenen gleichzeitig backen. Bestreiche sie direkt nach dem Backen mit flüssiger Butter.

6. TOMATENSALAT

Schneide die Tomaten in feine Würfel. Reibe den Knoblauch fein und schneide die Basilikumblätter in Streifen. Vermische nun alle Zutaten gemeinsam zu einem Salat. Verteile den Tomatensalat auf den Schiffchen oder reiche ihn dazu.

♡Tipp♡

DIE PIDE KÖNNEN WARM, ABER AUCH KALT GEGESSEN WERDEN UND EIGNEN SICH HERVORRAGEND ALS FINGERFOOD.

STROMBOLI

würzig gefüllter Hefeteig

Das Rezept für Stromboli, welches sehr der Calzone ähnelt, wurde nicht in Italien, sondern in Philadelphia erfunden. Im Jahr 1950 hat ein italienischer Restaurantbesitzer experimentiert – und heraus kamen Stromboli. Der Hefeteig bekommt von mir eine würzige Füllung. In Streifen geschnitten kannst du Stromboli auch als Fingerfood servieren.

 1 Stromboli   Zubereitung: 40 Min.   Wartezeit: 60 Min.   Backzeit: 35–40 Min.

 180 °C Heißluft   mittlerer Einschub

HEFETEIG

10 g Hefe
2 TL Zucker
340 g Wasser
300 g Mehl
1 TL Salz
¼ TL Pfeffer
30 g Olivenöl

FÜLLUNG

30 g Tomatenmark
10 g Wasser
1 Prise Salz
1 Prise Pfeffer
1 TL Oregano (getrocknet)
200 g Käse (Gouda od. Kashkaval)
50 g Peperoni (eingelegt)
200 g Salami
50 g schwarze Oliven

ZUM BESTREICHEN & BESTREUEN

1 EL Olivenöl
1 TL Oregano (getrocknet)
½ TL Salz
¼ TL Pfeffer

STROMBOLI

1. TEIG

Verrühre die Hefe mit dem Zucker und dem Wasser. Füge nun die restlichen Zutaten hinzu – dabei das Olivenöl zuletzt – und knete daraus in etwa 8–10 Minuten einen weichen, geschmeidigen Hefeteig. Forme den Teig in den Händen zu einer Kugel. Fette die Rührschüssel mit etwas Backtrennspray und lege die Teigkugel hinein.
Lasse sie abgedeckt für etwa 60 Minuten aufgehen, bis sie sich mindestens verdoppelt hat.

2. FÜLLUNG

Verrühre das Tomatenmark mit dem Wasser, dem Salz, dem Pfeffer und dem Oregano. Reibe den Käse fein und schneide die Peperoni grob.
Entferne bei den Oliven bei Bedarf den Stein.

3. STROMBOLI FORMEN

Rolle den Hefeteig auf einer leicht bemehlten Arbeitsplatte zu einem 40 x 30 cm großen Rechteck aus.

Bestreiche die Teigplatte in der Mitte mit dem Tomatenmark, bestreue es mit der Hälfte des Käses und lege nun die Salami, die Oliven und die Peperoni darüber und bestreue sie mit dem übrigen Käse.
Lasse hierbei oben und unten einen etwa 5 cm breiten, und seitlich einen 10 cm breiten Rand frei.

4.

Schneide die Teigplatte rechts und links von der Füllung schräg mit einem Pizzarad in Streifen.

5.

Klappe die Ober- und Unterseite ein. Lege die Streifen nun abwechselnd zur Mitte hin über die Füllung.

6.

Bestreiche das Stromboli mit dem Olivenöl und bestreue es mit den Gewürzen.
Stelle das Stromboli in den kalten Ofen und backe es bei 180 °C Heißluft für 35–40 Minuten.
Mir persönlich schmeckt es am besten, wenn es ganz frisch aus dem Ofen kommt.

♡ Tipp ♡

DER TEIG LÄSST SICH PRIMA AM TAG ZUVOR
VORBEREITEN UND IM KÜHLSCHRANK LAGERN.
HALBIERE DAFÜR ABER DIE HEFEMENGE.

PIZZABÄLLCHEN

mit Sucuk

Dieses schnelle Rezept kann super als Resteverwertung verwendet werden. Murat liebt die Pizzabällchen, weil sie mit Sucuk gefüllt sind. Hast du gerade keine Wurst zur Hand, verwende vegetarische Zutaten. Alles, was dein Kühlschrank und dein Vorratsschrank hergeben und dir auch noch schmeckt, ist in diesem Rezept willkommen.
Die Bällchen sind ein perfektes Fingerfood und schmecken warm und kalt sehr lecker.

 32 Stück   Zubereitung: 15 Min..   Backzeit: 20 Min.

 180 °C Heißluft   oberer und unterer Einschub

QUARK-ÖLTEIG

250 g Magerquark
40 g Öl
1 Ei
75 g Milch
½ TL Salz
300 g Mehl
2 TL Backpulver
¼ TL Pfeffer

PIZZA-FÜLLUNG

125 g Sucuk (Wurst)
125 g Käse (Kashkaval od. Gouda)
4 Blätter Basilikum
1 Stängel Oregano
30 g Röstzwiebeln

PIZZABÄLLCHEN

1. QUARK-ÖLTEIG

Verrühre den Magerquark mit dem Öl, dem Ei und der Milch. Füge das Salz, das Mehl, das Backpulver und den Pfeffer hinzu und verrühre den Teig nur kurz, bis er geschmeidig und homogen ist.

2. PIZZA-FÜLLUNG

Heize den Ofen auf 180 °C Heißluft vor und belege zwei Lochbleche mit Backfolie.

Schneide die Wurst und den Käse in Würfel und hacke die Kräuter fein.
Verrühre nun alle Zutaten mit dem Teig und stich mit einem mittleren Eisportionierer kleine Kugeln ab.

Lege sie mit etwas Abstand nebeneinander auf die Backfolie und backe sie im Ofen für etwa 20 Minuten.
Die Pizzabällchen können warm und kalt gegessen werden.

KNUSPER-DREIECKE

aus Yufka-Teig

Dieses Rezept ist superschnell gemacht und schmeckt einfach köstlich. Für die Füllung habe ich eine Käsemasse mit Petersilie und Pinienkernen gewählt. Wusstest du schon, dass die Kerne in den Pinienzapfen heranreifen, bevor sie geerntet und von der Samenschale befreit werden?

 36 Stück   Zubereitung: 20 Min.   Backzeit: 20 Min.

 180 °C Heißluft   oberer, mittlerer und unterer Einschub

KÄSEFÜLLUNG

400 g Weichkäse od. Feta
½ Bund Petersilie
100 g Pinienkerne

TEIG

1 P. Yufka-Blätter (Baklava)
od. Filoteig
50 g Wasser
50 g Sonnenblumenöl
1 TL Essig

ZUM BESTREICHEN & BESTREUEN

1 Eigelb
20 g Schwarzkümmel

KNUSPER-DREIECKE

1. VORBEREITUNG

Heize den Ofen auf 180 °C Heißluft vor und lege drei Lochbleche mit Backfolie aus.

2. KÄSEFÜLLUNG

Zerkrümele den Käse mit den Händen oder reibe ihn fein. Hacke die Petersilie und röste die Pinienkerne nach Belieben in einer Pfanne ohne Fett. Vermische nun alle drei Zutaten.

3. BEREITE DIE SCHIFFCHEN ZU

Lege etwa 3–4 Yufka- oder Filoteigblätter übereinander auf ein großes Schneidebrett.
Verrühre das Wasser mit dem Öl und dem Essig und bestreiche die Blätter damit.

4. Gib nun ein Drittel der Füllung länglich ins untere Drittel der Teigplatten und schlage die Teigplatten so zusammen, sodass eine Art flache Rolle entsteht.

5. Schneide nun Dreiecke daraus, indem du das Messer einmal im 45 Grad Winkel ansetzt und es dann in die entgegengesetzte Richtung hältst.

6. Hebe etwa 1 EL des Wassergemischs auf und verrühre es mit dem Eigelb. Bestreiche die Dreiecke damit und bestreue sie mit dem Schwarzkümmel. Backe sie gleichzeitig auf drei Ebenen für etwa 20 Minuten im Backofen.
Die Knusper-Dreiecke können warm und kalt gegessen werden.

TOMATEN-KÄSE-QUICHE

aus Quark-Ölteig

Für dieses vegetarische Quiche-Rezept verwende ich als Basis einen Quark-Ölteig, welchen ich mit würziger Käsecreme fülle und mit Cocktail-Tomaten belege. Der hübsche Farbmix passt eigentlich ideal in den Sommer. Ich verwende frischen Mangold aus unserem Garten, aber auch Spinat oder Grünkohl würde geschmacklich super passen.

 1 Stück   30 cm   Zubereitung: 45 Min.   Kühlzeit: 10 Min.   Backzeit: 45 Min.

 180 °C O/U   mittlerer Einschub

FÜLLUNG

1 Zwiebel
2 EL Olivenöl
300 g Mangold
1 Prise Salz
1 Prise Pfeffer

CREME

5 Eier
150 g Sahne
150 g Milch
0,5 TL Salz
0,5 TL Pfeffer
1 TL Chili
1 Prise Muskat
200 g Schafskäse
300 g Cocktail-Tomaten

QUARK-ÖLTEIG

350 g Mehl
1 TL Backpulver
1 TL Salz
0,5 TL Chiliflocken
150 g Magerquark
2 Eier
40 g Olivenöl

TOMATEN-KÄSE-QUICHE

1. FÜLLUNG

Schneide die Zwiebel in feine Würfel. Erhitze das Olivenöl in einer beschichteten Pfanne auf mittelhoher Hitze und brate die Zwiebelwürfel darin 2–3 Minuten glasig an. Schneide den Mangold in feine Streifen und gib ihn zu den Zwiebeln. Brate ihn etwa fünf Minuten mit, bis er zusammengefallen und die Flüssigkeit komplett verkocht ist. Würze das Gemüse mit etwas Salz und Pfeffer.

2. CREME

Verrühre die Eier mit der Sahne, der Milch, dem Salz, dem Pfeffer, dem Chili und der Muskatnuss. Zerkrümele den Käse mit den Händen grob.

3. QUARK-ÖLTEIG

Heize den Ofen auf 180 °C O/U vor und fette eine Tarteform mit Hebeboden (30 cm) mit Backtrennspray. Verrühre das Mehl mit dem Backpulver, dem Salz und den Chiliflocken. Verrühre den Quark mit den Eiern und dem Olivenöl und verbinde nun die trockenen und flüssigen Zutaten in einer Schüssel.

4.

Rolle den Teig auf einer bemehlten Silikonmatte zu einem 35 cm großen Kreis aus. Lege die Teigplatte in die Tarteform und drücke sie am Rand fest.

5.

Fülle den Mangold in die Tarte ein und gieße die flüssige Creme darüber.

6.

Streue den Schafskäse darüber und lege die Cocktail-Tomaten darauf.Schneide bei Bedarf den überschüssigen Teig am Rand ab.

7.

Backe die Tarte für etwa 45 Minuten. Lasse sie anschließend in der Form etwa zehn Minuten abkühlen, nimm sie heraus und serviere sie warm oder kalt.

SLIDERS

herzhafte Buchteln

Sliders sind aus Brioche-Teiglingen gemacht, die nach Belieben gefüllt werden können. Bei diesem Rezept bekommen die Sliders eine vegetarische Füllung aus selbstgemachtem Pesto, Käsescheiben und Tomaten. In den USA sind die Sliders schon in vielen Restaurants zu finden. Oft werden sie wie Cheeseburger mit Patties gefüllt serviert. Ich finde aber, dass diese vegetarische Variante sehr köstlich und saftig schmeckt. Auch ohne Füllung könnt ihr sie gerne zubereiten und als Sonntagsbrötchen selbst belegen und genießen.

 20 Stück   Ø 36 cm   Zubereitung: 45 Min.   Wartezeit: 105 Min.   Backzeit: 45 Min.

 175 ° C O/U, dann 180 ° C O/U   mittlerer Einschub

BRIOCHE-TEIG

1 Würfel Hefe
150 g Wasser (warm)
30 g Zucker
30 g Zuckerrübensirup
260 g Buttermilch
2 Eier
1000 g Dinkelmehl
4 TL Salz
150 g Butter (weich)

FÜR DAS BLECH

20 g Butter

ZUM BESTREICHEN

1 Eigelb
50 g Wasser
20 g Sesam
70 g Butter (flüssig)

GRÜNES PESTO

100 g Pinienkerne
100 g Olivenöl
100 g Parmesan
100 g Basilikumblätter
2 Knoblauchzehen
1/2 TL Salz

ZUM BELEGEN

200 g Tomaten
100 g Käse (Gouda od. Kashkaval-Käse)

SLIDERS

1. BRIOCHE-TEIG

Löse die Hefe im warmen Wasser auf und verrühre sie mit dem Zucker und dem Zuckerrübensirup. Decke die Hefemischung ab und lasse sie etwa 15 Minuten aufgehen. Verrühre nun die Hefemischung mit den restlichen Zutaten und knete draus in etwa 8–10 Minuten einen geschmeidigen Hefeteig.
Fette die Rührschüssel mit etwas Backtrennspray und lege die Teigkugel hinein. Lasse den Teig abgedeckt an einem warmen Ort für 60 Minuten aufgehen, bis er sich mindestens verdoppelt hat.

2. SLIDERS FORMEN

Stich 20 etwa 90 g schwere Teiglinge ab und forme diese jeweils zu einer glatten Kugel.
Gib die Butter in eine Emailleform mit 36 cm Durchmesser, schmilz sie darin und bestreiche die gesamte Emailleform damit. Setze die Teigkugeln nun hinein. Lege dazu erst eine Kugel genau in die Mitte, in die zweite Reihe sechs und in die äußerste Reihe 13 Teigkugeln. Lasse die Teiglinge erneut abgedeckt für 30 Minuten aufgehen. Heize den Ofen auf 175 °C O/U vor.

3. BESTREICHEN

Verrühre das Eigelb mit dem Wasser und streiche es vorsichtig auf die Teiglinge.

4.

Bestreue sie mit dem Sesam und backe sie im vorgeheizten Ofen bei 175 °C O/U für 35 Minuten. Bestreiche sie nach dem Backen direkt mit der weichen Butter und lasse sie mit einem sauberen Geschirrtuch abgedeckt lauwarm abkühlen.

5.

Die Sliders schmecken so schon himmlisch und können nach Belieben wie Brötchen belegt und gegessen werden. Ich habe sie allerdings noch mit Pesto, Tomaten und Käse gefüllt und erneut überbacken. Nimm die Sliders dazu aus der Emailleform heraus und halbiere sie waagerecht, um sie zu füllen.

PESTO FÜR SLIDERS

6. GRÜNES PESTO

Röste die Pinienkerne in einer Pfanne ohne Fett, bis sie lecker duften. Zerkleinere sie anschließend mit den restlichen Zutaten zu feinem Pesto und fülle es in verschließbare Gläser.

7.

Streiche etwa die Hälfte des Pestos auf die aufgeschnittenen Sliders, lege Tomaten- und nach Belieben Käsescheiben darüber und backe sie im Ofen bei 180 °C O/U für weitere zehn Minuten.

INDEX

immer möglich ist das Gleiche zu haben😞 Dankbar, dass meine Mutter noch lebt und ich so großartige Schwiegereltern habe. Ich finde es toll, wie sich meine Frau an den kleinen Dingen dieser Welt erfreut wie z. B. wenn uns Ela, die Kleinste, im Kindergarten etwas gemalt hat. Ich bin erschrocken begeistert wie talentiert und intelligent meine große Tochter Samira ist. Ich war das leider nie 😞 Ich liebe die Menschen in unserem Sally Team, in unserer Sally Familie und bin aber auch gerade etwas traurig, dass ich nicht jeden Tag die Zeit und den Mut habe, es ihnen zu sagen. Vielleicht lesen sie gerade diese Zeilen und bekommen es so mit ❤️😊 Ich finde dich besonders toll, weil du gerade diese Zeilen liest. Ich weiß, dass du ein guter Mensch bist, denn ein Diktator, ein Schwerverbrecher, ein Investmentbanker oder ein böser Mensch würde nicht so ein Buch lesen ❤️😊

Ihr merkt, jeden Tag schwirren in meinem Kopf tausende Dinge und Emotionen herum, die teilweise wichtig sind, teilweise nicht. Vielleicht ist jemand von euch Psychiater und diagnostiziert jetzt, dass was mit mir nicht stimmt🤔 Mir ist es eigentlich auch egal, denn ich habe eine wundervolle Frau, die ein tolles Buch geschrieben hat. Bitte lies dir meinen Text nochmal durch und lies auch zwischen den Zeilen, du wirst unglaubliche Dinge bemerken und mitnehmen. Es gehört alles dir! Mach was daraus, dein Murat

Ach ja folge mir auf Instagram unter der_murat_

Sally übernimmt übrigens keine Haftung über die Rechtschreibfehler, den Syntax und die fehlenden Satzzeichen in meinem Text.

euer

Murat

IMPRESSUM

Sallys Shop GmbH & Co. KG
Lindenhofplatz 11
78727 Oberndorf am Neckar
Deutschland

www.sallyswelt.de
www.sallys-shop.de

1. Auflage 2020

Für die gedruckte Ausgabe:
© HÄRTER Verlag, Reutlingen
www.haerterverlag.de

Druck & Bindung:
abcdruck GmbH

ISBN 978-3-942906-41-8

Text und Rezepte:
Saliha Özcan | Sallys® | www.sallyswelt.de

Grafische Gestaltung, Satz und Coverdesign:
CN Grafik | www.cn-grafik.de

Lektorat: Claus R. Kullak | www.prepon.de

Fotografie: Sallys Welt

Unser kleiner Wirbelwind, der
alle zum Lachen bringt.

Wir lieben dich, Ela. ♥

Unsere große Künstlerin, die uns jeden Tag mit neuen, eigenen Ideen überrascht.

Wir lieben dich, Samira. ♥